南昌地铁
关键技术经济指标

南昌轨道交通集团有限公司 著
上海市政工程造价咨询有限公司

同济大学 出版社
TONGJI UNIVERSITY PRESS
·上海·

内 容 提 要

本书通过挖掘南昌轨道交通8条地铁线路(1号线、2号线一期、2号线南延线、3号线一期、4号线一期、1号线北延、1号线东延和2号线东延)在概算阶段和合同阶段的造价数据,针对每个类别的轨道交通投资结构,从一级线路层面、二级整体层面、三级分部构成层面、四级分项层面和五级数量指标层面纵向深度剖析并给出了关键技术经济指标。

本书共20章,第1章为经济指标搭建思路及总体指标分析,一、二级指标主要在第1章整体汇总分析;第2章至第19章则根据《城市轨道交通工程设计概预算编制办法》以及工程类别的划分,细分为车站土建、车站装修、区间、轨道、通信系统、信号系统、供电系统、车站及区间风水电等18项内容,着重分析各专业的三~五级指标;第20章为限额分解示例及展望。

本书对于轨道交通新线的政府审批立项、限额设计、招投标限价控制具有指导意义和参考价值。建议政府行政审批部门、财政部门、建设融资平台以及在轨道交通建设中的参建单位参考本书指标,通过对关键技术经济指标限额控制,从而充分发挥投资效益,合理节约政府投入,缓解政府财政压力,在轨道交通建设投资控制中打造"江西样板"。

图书在版编目(CIP)数据

南昌地铁关键技术经济指标／南昌轨道交通集团有限公司,上海市政工程造价咨询有限公司著. —上海:同济大学出版社,2022.12

ISBN 978-7-5765-0496-5

Ⅰ. ①南… Ⅱ. ①南… ②上… Ⅲ. ①地下铁道-铁路工程-施工技术-技术经济指标-南昌 Ⅳ. ①U231

中国版本图书馆CIP数据核字(2022)第224346号

南昌地铁关键技术经济指标

南昌轨道交通集团有限公司 著
上海市政工程造价咨询有限公司

责任编辑 陆克丽霞 **责任校对** 徐春莲 **封面设计** 陈益平

出版发行	同济大学出版社　www.tongjipress.com.cn	
	(地址:上海市四平路1239号　邮编:200092　电话:021-65985622)	
经　　销	全国各地新华书店	
排　　版	南京文脉图文设计制作有限公司	
印　　刷	常熟市华顺印刷有限公司	
开　　本	787mm×1092mm　1/16	
印　　张	12.25	
字　　数	306 000	
版　　次	2022年12月第1版	
印　　次	2022年12月第1次印刷	
书　　号	ISBN 978-7-5765-0496-5	
定　　价	128.00元	

本书若有印装质量问题,请向本社发行部调换　　版权所有　侵权必究

编 委 会

主　　编： 姜　涛
副 主 编： 唐检军　曹鹏飞
顾　　问： 马晓燕　徐里迪
参编人员： 俞晓敏　尹水金　戴　翔　刘丽菁　梁新欢
　　　　　　陈裕满　张剑波　朱　蔚　张　鹏　田　蕾
　　　　　　贺子瑛　赵　狮　张　炜　周洪建　马　羚
　　　　　　徐香英　罗　滔　高　峰　明　亮　鲍振宇
　　　　　　黄　勇　徐丽珍　陈智贤　陈海滩　范昭琳
　　　　　　陈　迎　江　平　唐中良　杜　宁　朱雅倩

前　言

截至2021年12月,南昌轨道交通已开通运营4条地铁线路,分别是1号线、2号线、3号线和4号线。从2009年南昌轨道交通1号线概算批复至2021年南昌轨道交通1号线东延、北延及2号线东延概算批复,在这12年的轨道交通建设过程中积累了大量的经济数据,其中包括各类合同数据。

为更好地服务于南昌"十四五"规划中轨道交通后续项目的建设,南昌轨道交通集团有限公司组织造价咨询单位(即上海市政工程造价咨询有限公司)及其他配合的参建单位,对既有线路的概算与合同两阶段指标进行收集、筛选和归纳,同时采用SPSS软件对数据进行分析研究,并撰写了本书,以期为政府及企业投资决策、造价指标类比、工程造价管理等提供参考。

本书将轨道交通投资结构处理为工作分解结构(Work Breakdown Structure,WBS),最终分为五级指标,反向提炼后得到:一级线路指标、二级各专业章节整体指标、三级专业章节深化指标、四级分部分项的技术参数及经济指标,以及在四级指标基础上进一步提取各构件的五级数量指标。

本书共20章,第1章为经济指标搭建思路及总体指标分析,一、二级指标主要在第1章整体汇总分析;第2章至第19章则根据《城市轨道交通工程设计概预算编制办法》以及工程类别的划分,细分为车站土建、车站装修、区间、轨道、通信系统、信号系统、供电系统、车站及区间风水电等18项内容,着重分析各专业的三～五级指标;第20章为限额分解示例及展望。

本书依据的编制原则为:统一性原则、普适性原则、总结性原则和指导性原则。

统一性原则。统一性原则可细分为信息价格统一和指标口径统一。其中,信息价格统一是指以南昌轨道交通概算、施工合同价的真实数据为基础进行编制,为避免因价格信息不统一而造成指标分析失真,价格信息统一调差到最新的1号线东延、北延及2号线东延概算批复日期即2020年11月。另外,指标口径统一是指本书各章节中概算指标的拆分方法、指标范围、工作内容和合同指标保持一致,从而确保概算、合同两阶段指标对比的合理性,原则上调整合同口径使其与概算保持一致。

普适性原则。本书各章节中对于指标样本离散度大的情况均给出了理由和相应的分析说明,究其原因主要是这部分指标的技术参数、工况等存在特殊性。因此,在总结指标时剔除了离散度大的样本,从而使指标具有普适性。

总结性原则。专业工程造价指标的分析结果是基于SPSS软件对于各条地铁线路同类型工程的分析总结,样本具有普遍性,数据来源亦可追溯。本书在车站、区间章节四、五级指标基础上探索性地归纳总结出了快速估算模型。

指导性原则。本书各章节指标均对比分析了概算、合同两阶段的指标。其中,合同阶段指标给未来新线概算及控制价的编制提供了一定的参考。

本书在撰写过程中得到了各参建单位的各级领导的大力支持,各专业总工程师和设计人员也给予了大量帮助;同时,湖南、安徽、江苏等周边省市的轨道交通工程初步设计文件及各省市发展改革委批复的概算均给本书的指标对比提供了宝贵的数据资料,在此一并表示衷心的感谢。

限于时间仓促、作者水平有限,书中难免存在不妥或错漏之处,敬请各位专家、同仁批评指正。

南昌轨道交通集团有限公司

上海市政工程造价咨询有限公司

2022 年 10 月 26 日

目 录

前言

第1章 经济指标搭建思路及总体指标分析 ··· 001
1.1 研究背景和必要性 ··· 001
1.2 研究内容、关键技术路线和研究方法 ··· 002
1.3 各部分投资占比 ··· 005
1.4 一级指标总体分析 ··· 007
1.5 二级指标总体分析 ··· 012

第2章 车站土建 ··· 022
2.1 概述 ··· 022
2.2 车站土建(不含装修)三级指标 ··· 024
2.3 车站土建四级指标 ··· 030
2.4 车站土建五级指标 ··· 035
2.5 指标探索性分析 ··· 039

第3章 车站装修 ··· 042
3.1 装修工作内容整体描述及分类说明 ··· 042
3.2 车站装修二级指标 ··· 043
3.3 车站装修三级指标 ··· 043
3.4 车站装修四级指标 ··· 044
3.5 车站装修五级指标 ··· 048

第4章 区间 ··· 049
4.1 区间形式及整体数据统计情况 ··· 049
4.2 区间三级指标工法特点及指标分析 ··· 050
4.3 各类区间四级指标及各线路区间指标分析 ··· 056
4.4 各类区间五级指标 ··· 060
4.5 回归模型分析 ··· 063

第 5 章 轨道

5.1 轨道工程整体描述及分类说明 ·· 065

5.2 轨道工程三级指标 ·· 066

5.3 轨道工程四级指标 ·· 068

5.4 轨道工程五级指标 ·· 072

第 6 章 通信系统

6.1 通信系统工程整体描述、数据统计及标准模型 ······················ 075

6.2 通信系统三级指标及各子系统指标分析 ·································· 076

6.3 通信系统四级价格指标 ·· 091

6.4 通信系统五级数量指标 ·· 091

第 7 章 信号系统

7.1 信号系统工程整体描述和指标数据分析 ·································· 098

7.2 线路指标标准模型及三级指标分析 ·· 099

7.3 四级价格指标 ·· 103

7.4 五级数量指标 ·· 103

第 8 章 供电系统

8.1 供电系统指标整体描述 ·· 106

8.2 线路指标标准模型及三级指标分析 ·· 107

8.3 供电系统各子系统造价占比 ·· 107

8.4 供电系统各子系统三级指标分析 ·· 109

8.5 供电系统四级价格指标 ·· 116

第 9 章 车站及区间风水电

9.1 风水电指标描述 ·· 118

9.2 数据分析整体说明及指标标准模型分析 ·································· 119

9.3 各条线路三级指标各专业特点分析 ·· 125

9.4 费用组成占比分析 ·· 129

9.5 四级单价指标及五级数量指标 ·· 130

第 10 章 综合监控系统

10.1 综合监控系统指标整体情况分析 ·· 134

10.2 线路指标标准模型及三级指标分析 ·· 135

10.3 ISCS 各子系统造价占比 ·· 138

10.4　ISCS 四级价格指标 ·· 138
10.5　ISCS 五级数量指标 ·· 139

第 11 章　环境与设备监控系统

11.1　环境与设备监控系统指标整体情况分析 ·· 141
11.2　BAS 三级指标及线路指标标准模型 ·· 141
11.3　BAS 各子系统指标分析 ·· 142
11.4　BAS 四级价格指标 ·· 143
11.5　BAS 五级数量指标 ·· 143

第 12 章　火灾自动报警系统

12.1　火灾自动报警系统指标整体情况分析 ·· 145
12.2　FAS 三级指标及线路指标标准模型 ·· 146
12.3　FAS 各子系统造价占比 ·· 147
12.4　FAS 四级价格指标 ·· 147

第 13 章　安防和门禁系统

13.1　安防和门禁系统指标整体情况分析 ·· 149
13.2　ACS 三级指标及线路指标标准模型 ·· 150
13.3　ACS 四级价格指标 ·· 153

第 14 章　气体灭火系统

14.1　气体灭火系统指标整体情况分析 ·· 154
14.2　三级指标及线路指标标准模型 ·· 154
14.3　气体灭火系统四级价格指标 ·· 155

第 15 章　自动售检票系统

15.1　自动售检票系统指标整体情况分析 ·· 156
15.2　三级指标及线路指标标准模型 ·· 157
15.3　AFC 系统四级价格指标 ·· 159

第 16 章　车站辅助设备

16.1　车站辅助设备指标整体情况分析 ·· 161
16.2　三级指标及线路指标标准模型 ·· 162
16.3　车站辅助设备四级价格指标 ·· 163

第 17 章 停车场、车辆段及综合基地 …………………………………………… 164
17.1 停车场、车辆段及综合基地工程指标整体情况分析 …………… 164
17.2 停车场、车辆段及综合基地三级指标 ……………………………… 166
17.3 停车场、车辆段及综合基地四级指标 ……………………………… 169

第 18 章 人防工程单位站点指标 …………………………………………………… 172
18.1 人防工程二级指标 ………………………………………………………… 172
18.2 人防工程三级指标 ………………………………………………………… 173

第 19 章 工程建设其他费、基本预备费、专项费用 …………………………… 174
19.1 工程建设其他费指标概述 …………………………………………… 174
19.2 工程建设其他费三级指标 …………………………………………… 174
19.3 基本预备费 ………………………………………………………………… 177
19.4 专项费用 …………………………………………………………………… 178

第 20 章 限额分解示例及展望 ……………………………………………………… 180
20.1 限额分解 …………………………………………………………………… 180
20.2 展望 ………………………………………………………………………… 182

参考文献 ……………………………………………………………………………………… 183

第1章 经济指标搭建思路及总体指标分析

1.1 研究背景和必要性

1. 国内外现状、水平和发展趋势

从轨道交通的整体发展来看,截至2021年年底,全球共有72个国家和地区的493座城市开通了城市轨道交通,运营里程超26 100 km,车站数超26 900个。其中,56个国家和地区的179座城市开通了地铁,总里程达14 219.36 km,车站数超10 631个;20个国家和地区的53座城市开通了轻轨,总里程达1 293.68 km,车站数达1 077个;58个国家和地区400座城市开通了有轨电车,其中有里程数据来源的236座城市的有轨电车总里程达10 609.05 km,车站数超15 200个。从城市层面来看,全球共有63座城市的轨道交通运营总里程超过100 km,其中更有16座城市的轨道交通运营总里程超过300 km,上海、北京、莫斯科的轨道交通运营总里程超过500 km。从世界上第一条地铁线路——伦敦大都会铁路开通到后来的纽约地铁、巴黎地铁、莫斯科地铁、东京地铁等,世界各地的轨道交通建设不仅始终未停止前进的脚步,而且越来越往科技化、创意化、艺术化、生活化的方向发展。

从国内城市轨道交通的发展现状来看,根据中国城市轨道交通协会的统计,截至2021年年底,中国(港澳台除外)共有35座城市开通了轨道交通,运营里程达5 766.7 km。其中,33座城市开通了地铁,运营里程达5 013.3 km;9座城市开通了轻轨,运营里程达420.8 km;15座城市开通了有轨电车,运营里程达332.6 km。2018年,中国(港澳台除外)新开通的城市轨道交通线路的总里程达734 km,新增运营线路22条,新开通14个延伸段,涉及16座城市,其中地铁线路总里程为627.7 km,轻轨线路总里程为19.7 km,有轨电车线路总里程为86.6 km。

南昌首条地铁线路于2015年12月26日开通载客试运营。截至2021年12月31日,南昌已开通运营4条地铁线路,分别是1号线、2号线、3号线和4号线,共设94座车站(含9座换乘站),运营线路总里程为128.45 km。

轨道交通工程建设在全球范围内方兴未艾,且逐渐呈现出多样化和差异化的特点,各类新型施工技术层出不穷,而与之相关的经济指标理应朝着系统化、合理化的方向发展。目前,国内城市轨道交通工程从前期策划到投入运营历时可逾十年,即时间跨度大;同时,花费也巨大,每公里造价动辄数亿元。并且,建设期间各阶段的造价管理工作涉及多家单位,由于各阶段造价编制单位和管理单位不一致,且均只形成了阶段性成果,导致造价数据缺少系统性分析;另外,在项目设计的各个阶段,设计人员与造价管理人员无法实现数据共享或协同,且造价管理人员也无法在经济指标上辅佐设计人员的限额设计或在施工过程中控制设计变更,因此技术与经济相结合的现状不甚理想。

随着南昌轨道交通的建设发展,以及建造技术的成熟与推广,对于经济指标的系统性整理与分析就显得尤为必要。这一工作不仅可作为对以往建设经验的总结回顾,还可进一步指导后续轨道交通建设的技术经济合理性。

2. 研究的必要性

众所周知,项目的前期决策和方案阶段是决定项目成本的关键,而当前轨道交通设计普遍"重技术、轻经济",注重设计效果,忽视成本控制;同时,造价人员因为对设计、施工的相关知识了解不够,所以无法准确判断设计方案中哪些技术经济指标会对成本造成决定性影响,即无法合理地确定设计方案的限额值,因而也难以向设计单位提出反向要求,导致项目成本控制难以达标。

若能对轨道交通项目中的关键技术经济指标进行系统性的梳理研究,这对于实现真正意义上的限额控制将大有裨益。一方面,能实现成本控制的指标化、数据化,从而便于成本、设计与投资三方在内部统一语言,并利于有效地理解和执行方案;另一方面,对关键技术经济指标进行定量化梳理后方案更容易落地执行,每一阶段的设计方案在满足投资方需求的前提下能实现成本的"事先决策、过程控制"。另外,通过对关键技术经济指标进行限额控制,可实现跨越专业管理边界的项目成本无缝管理。

基于未来南昌轨道交通更完善且主动的投资控制需要,在已有轨道交通造价资料积累的基础上,分析并提炼出关键技术经济指标的工作就变得十分迫切且必要。本书聚焦南昌轨道交通关键技术经济指标,从一级线路层面、二级各专业章节整体层面、三级各专业章节分部构成层面、四级分项层面和五级数量指标层面出发,纵向深度剖析关键技术经济指标,以期指导后续轨道交通建设工程的限额设计和投资控制。

1.2 研究内容、关键技术路线和研究方法

1.2.1 研究内容

本书的研究内容涵盖南昌已建及在建共8条地铁线路(1号线、2号线一期、2号线南延线、3号线一期、4号线一期、1号线北延、1号线东延和2号线东延)在概算阶段、合同阶段的造价数据,并区分指标层级、专业类型进行分类指标统计分析,最终汇总形成一个完整的轨道交通项目的投资结构占比体系及体系内各专业子目在相应技术参数条件下的经济指标范围。

一~五级指标的专业范畴如下:一级指标为线路层面指标;二级指标为各专业章节整体指标;三、四、五级指标将根据专业章节内容进行深化并结合资料收集情况做适应性调

整,具体涵盖车站土建、车站装修及风水电、区间、轨道、机电系统[通信、信号、供电(含牵降变、接触网、环网电缆、防迷流)、综合监控、环境与设备监控、火灾自动报警、安防和门禁]、停车场及车辆段等多方面。

1.2.2 关键技术路线

本书从实践总结及应用角度出发,通过资料收集整理、信息系统化梳理及数据挖掘分析来对南昌地铁关键技术经济指标进行研究。

本书在分析指标数据的基础上给出匹配一定技术参数的建议指标范围。而指标的梳理及提炼主要结合概算章节划分和招标合同结构综合考虑,并以南昌在建地铁线路概算子目划分架构作为统一口径进行细部分解,指标设计路线如下(图1-1):

(1) 一级指标:地铁线路层面指标,给出各条地铁线路的技术概况以及所匹配的各阶段单位正线公里投资,并给出建安工程费、工程建设其他费、基本预备费和专项费用在总线路指标中的占比及相应的正线公里指标。

(2) 二级指标:在一级指标的基础上继续深化到各专业章节层面,给出第一部分建安工程费中车站土建、车站装修、区间、轨道、机电各系统、车站风水电等的经济指标及第二部分工程建设其他费中征地动迁、管线搬迁的单位正线公里指标和单位车站数量指标。

(3) 三、四、五级指标:在二级指标的基础上选择建安部分的各关键专业进行指标深化。以车站土建为例,将二级指标划分为三级车站层面指标、四级分部层面指标、五级分项层面指标。经济指标从五级分项层面开始为数量指标统计,例如车站各分部(围护、土方、加固、结构)下的分项工程(地墙、桩、支撑等),并区分混凝土、钢筋、钢材、土方进行数量统计,针对地下工程特点,除提取单位长度、单位面积指标以外,另外提取相对围护空间、结构空间等指标。

(4) 基于所收集资料的情况,按专业汇总技术参数要点,以满足后续的指标适应性调整要求。

1.2.3 研究方法

本书所采取的技术路线是基于《城市轨道交通工程设计概预算编制办法》,并在南昌轨道交通工程概算常规子目划分架构的前提下,结合施工合同价情况,以概算子目划分口径为标准,拆分合同数据并对应到相应的概算子目后,在同一口径下对比纵向时间轴上概算数据、合同数据的变化情况,同时在各线路之间,也统一以概算子目划分口径为标准,进行线路间各阶段指标的横向对比,从而保证无论是时间上纵向对比还是线路间横向对比,其口径标准是一致的。

本书将轨道交通投资结构进行 WBS 分解,反向提炼后得到:一级线路层面(建安工程费、工程建设其他费、基本预备费、专项费用)、二级单项层面(如车站土建、车站装修、区间、轨道、机电各系统等)、三级专业章节深化层面(如车站按结构形式分为地下车站、高架车站等)、四级分部分项层面(如车站各分部:围护、土方、加固、结构)的技术参数及经济

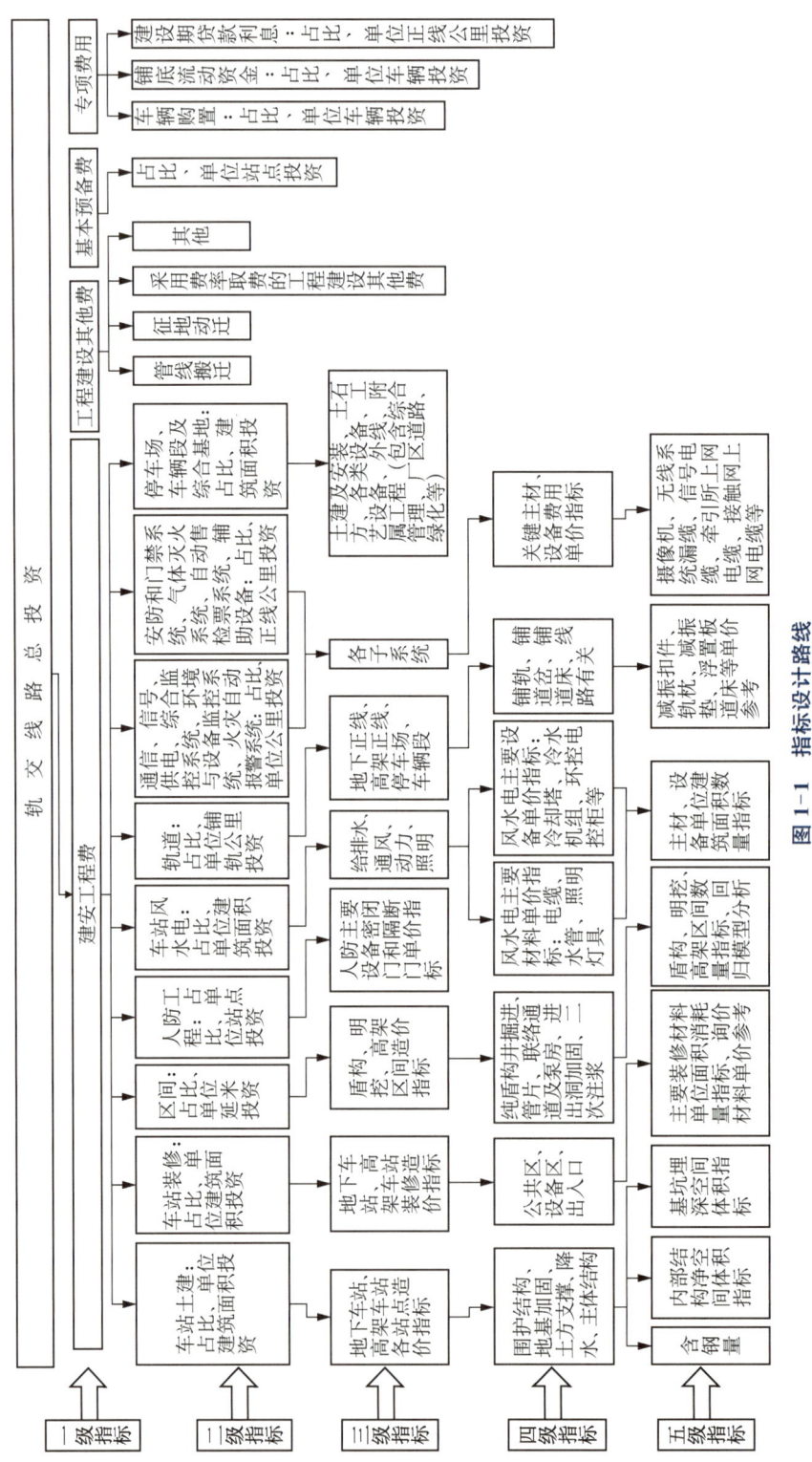

图1-1 指标设计路线

指标,并在四级指标的基础上进一步提取出各构件的数量指标,例如车站各类分项构件的含钢量、风水电各类设备数量、线缆数量等,以期在系统整理和定量化对比分析的基础上形成整个轨道交通投资结构各部分占比及技术经济指标范围,从中总结经验及问题,以便指导后续线路的限额设计及投资控制。

本书关键指标的界定如下:

(1) 技术参数。技术参数分为线路层面(如本线路长度、是否为无人驾驶等)、单项层面(如车站层数、面积、是否为换乘站等)、内部构成层面(主要是围护形式、基坑开挖深度、结构混凝土标号、加固方式等)。各专业的技术参数在各章节中均有详尽的描述说明。

(2) 经济指标。本书经济指标统计到分部层面,这主要是考虑到施工合同、概算价格的可比性有限,且时间跨度大、影响因素众多,比如经济指标与人工、材料、机械消耗量、信息价波动趋势、市场竞争等均有关系。本书根据各专业造价对整体影响的占比情况和所收集资料的完整性以及合同投标报价的习惯,仅对车站土建、车站区间章节中的消耗量、信息价进行详尽分析;另外,机电安装部分中的设备购置费、安装工程费中的主材费均会随着国内技术水平的不断进步与国产化率的不断提升呈下降趋势,但同时随着时间的推移,机电系统新技术不断涌现,而采用了新技术的设备往往价格较高,因此综合考虑下来,设备购置费、安装工程费中的主材费相对而言比较稳定,可不做调整。

(3) 数量指标。从分项层面开始统计数量指标,通常施工图阶段数量指标更有意义,在技术成熟的前提下,数量指标波动性不大,相比单价更有规律可循,例如车站土建中构件含钢量、动力照明中单位面积电缆长度等。

在资料收集、信息采集、数据分析(借助 Excel、SPSS 软件)、数据调整修正的基础上,结合专家经验及已建、在建线路的数据校验,最终给出研究结论。

另外,为获得可信赖的指标范围区间,本书采用 SPSS 软件针对指标数据进行描述统计学(descriptive statistics)的 Explore 分析。对于符合正态分布的指标样本则给出合理的指标区间。

数据分析处理说明:通常大样本($n>50$)用 K-S 检验,小样本($8<n\leqslant50$)用 S-W 检验,取 95% 置信区间检验数据的正态性,若指标离散度过大,复核分析后找出原因,并剔除异常值或进行数值修正,之后再重复进行正态检验,直到检验通过为止。

通过显著性分析,取 95% 置信区间,区间的上限和下限即构成了指标的区间范围。

1.3 各部分投资占比

考虑到轨道交通线性分布以及功能相对标准化的工程特性,加之与民用建筑相比更有限额设计的条件,因此本书对南昌轨道交通投资中各部分的费用占比情况进行了统计,以便于后续经济指标或总投资的分解。目前,南昌轨道交通所有线路均为 6B 编组车型,投资中各部分的费用占比详见表 1-1。

表 1-1　轨道交通投资中各部分的占比

子目	一级子目名称	占总投资比例 概算阶段	二级子目名称	占上一级投资比例 概算阶段	占上一级投资比例 合同阶段	占总投资比例 概算阶段	备注
总投资	建安工程费	56.02%	车站土建	28.91%	28.71%	16.19%	
			车站装修	3.30%	3.91%	1.85%	
			区间	24.93%	24.34%	13.96%	
			轨道	4.78%	5.14%	2.69%	
			通信系统	3.23%	3.24%	1.81%	
			信号系统	3.49%	3.27%	1.95%	
			供电系统(不含动力照明)	8.90%	8.73%	4.98%	
			动力照明	3.35%	3.41%	1.88%	
			综合监控系统(ISCS)及环境与设备监控系统(BAS)	1.08%	1.24%	0.61%	
			火灾自动报警系统(FAS)	0.51%	0.57%	0.28%	
			安防和门禁系统(ACS)	0.43%	0.26%	0.24%	
			环控通风空调	2.19%	2.30%	1.23%	
			给排水与消防	0.98%	1.00%	0.55%	
			气体灭火系统	0.36%	0.41%	0.20%	
			自动售检票系统(AFC系统)	1.50%	1.30%	0.84%	
			车站辅助设备	2.77%	3.15%	1.55%	
			控制中心/房屋建筑	0.85%	0.46%	0.47%	
			停车场、车辆段及综合基地	7.56%	7.87%	4.23%	
			人防工程	0.88%	0.69%	0.51%	
	工程建设其他费	26.06%	动迁	56.32%		14.68%	
			管线搬迁	5.92%		1.54%	
			除动迁、管线外其他费	37.76%		9.84%	
	基本预备费	4.06%	基本预备费	100.00%		4.06%	
	专项费用	13.86%	车辆购置费	47.62%		6.60%	
			建设期贷款利息	51.65%		7.16%	
			铺底流动资金	0.73%		0.10%	

注：ISCS—Integrated Supervisory Control System。
　　BAS—Building Automatic System。
　　FAS—Fire Alarm System。
　　ACS—Access Control System。
　　AFC—Automatic Fare Collection。

由于合同阶段的工程建设其他费、基本预备费和建设期利息支付等涉及财务部门,非本书关注的重点,因此不做占比分析。

从表 1-1 可以看出,概算阶段建安工程费占总投资的比例为 56.02%、工程建设其他费占比 26.06%、基本预备费及专项费合计占比 17.92%。因为合同阶段工程建设其他费不全,故对于该费用指标不做统计。

以建安工程费为基数,概算阶段土建工程占建安工程费的平均比例为 71.21%,即车站土建占比 28.91%、车站装修占比 3.30%、区间占比 24.93%、轨道占比 4.78%、控制中心/房屋建筑占比 0.85%、停车场、车辆段与综合基地占比 7.56%、人防工程占比 0.88%。

概算阶段机电安装工程占建安工程费的平均比例为 28.79%,即通信系统占比 3.23%、信号系统占比 3.49%、供电系统(不含动力照明)占比 8.90%、动力照明占比 3.35%、综合监控系统 ISCS 及环境与设备监控系统(BAS)占比 1.08%、火灾自动报警系统(FAS)占比 0.51%、安防和门禁系统(ACS)占比 0.43%、环控通风空调占比 2.19%、给排水与消防占比 0.98%、气体灭火系统占比 0.36%、自动售检票系统占比 1.50%、车站辅助设备占比 2.77%。

同理,以建安工程费为基数,合同阶段土建工程占建安工程费的平均比例为 71.12%,合同阶段机电安装工程占建安工程费的平均比例为 28.88%。

1.4 一级指标总体分析

南昌轨道交通各线路技术概况如表 1-2 所列。从技术概况表可知,已建及在建的 8 条地铁线路(1 号线、2 号线一期、2 号线南延、3 号线一期、4 号线一期、1 号线北延、1 号线东延、2 号线东延)项目概算编制时间跨度从 2009 年到 2020 年。本书主要选取概算、合同阶段线路指标进行提取分析,而撰写本书时新线延长线未进行施工招标,因此不做合同阶段指标分析。各条地铁线路建设投资及各部分造价费用如表 1-3 所列。

由于各条线路批复概算时建安投资不含代建部分,而合同招标一般会把代建部分包含在内,在其他线路已经实施的分摊部分(主要是换乘车站)费用未在相应概算中包含,故应增加。在调整统一口径后,修正的各条地铁线路建设投资及各部分造价费用如表 1-4 所列。相应地,修正的各条线路每正线公里建设投资及各部分造价费用如表 1-5 所列。

表 1-2 南昌轨道交通各线路技术概况

技术概况	1 号线	2 号线一期	2 号线南延	3 号线一期	4 号线一期	1 号线北延	1 号线东延	2 号线东延
线路长度/正线公里	28.843	23.78	7.9	28.5	39.6	16.984	4.36	10.42
敷设方式	全地下	全地下	全(明挖)地下	全地下	地下+高架	地下+高架	全地下	全地下

(续表)

技术概况	1号线	2号线一期	2号线南延	3号线一期	4号线一期	1号线北延	1号线东延	2号线东延
车站数量/个	24	21	7	22	29	8	2	9
平均站间距/正线公里	1.20	1.13	1.13	1.30	1.37	2.10	2.18	1.15
车辆基地/个	2	1	0	2	2	1	0	1
控制中心/个	1	1	0	1	1	0	0	1
车辆数量/辆	162	132	72	192	276	156	24	156
车辆编组/节	6	6	6	6	6	6	6	6
车辆形式（A或B）	B	B	B	B	B	B	B	B
概算编制日期（编制年月）	2009年10月	2012年1月	2015年7月	2015年2月	2016年7月	2020年11月	2020年11月	2020年11月
建安合同日期（起始年月）	2010年7月	2013年8月	2014年1月	2015年9月	2017年7—9月			
实施日期（通车年月）	2015年12月	2017年8月	2017年8月	2020年12月	2021年12月	在建	在建	在建
是否无人驾驶	否							

由于2号线东延的建安工程费概算中包含较多的同步实施的车站区间概算内容，调整统一口径修正后的总投资额约为105.55亿元，长度仅为10.42正线公里，包括同步实施的车站区间土建及征地拆迁等费用，因此，在进行指标区间分析时应去除。合同阶段，由于工程建设其他费的相关合同难以收集齐全，故在表1-5中不做分析，因此分析合同阶段的指标区间仅为建安部分。通过SPSS分析，概算阶段指标呈正态分布，给出指标区间如表1-6所列。合同阶段由于样本数过少，因此不做正态分析，直接给出指标区间。

表 1-3 南昌轨道交通各线路建设投资及各部分造价费用

单位:万元

序号	名称	1号线概算	1号线合同	2号线一期概算	2号线一期合同	2号线南延概算	2号线南延合同	3号线一期概算	3号线一期合同	4号线一期概算	4号线一期合同	1号线北延概算	1号线东延概算	2号线东延概算
一	建安工程费	1 164 185	942 627	1 009 665	764 767	268 388	184 692	1 207 228	962 649	1 452 442	1 233 577	647 223	154 475	724 595
二	工程建设其他费	415 208		344 733		94 551		557 940		975 905		266 143	49 002	359 215
三	基本预备费	74 582		64 276		18 147		88 258		121 417		45 668	10 174	54 191
四	专项费用	221 296		178 680		69 229		305 106		458 549		172 408	29 212	172 539
五	总投资	1 875 271		1 597 354		450 315		2 158 532		3 008 313		1 131 442	242 863	1 310 540
	其中:动迁费	205 937		168 212		44 905		309 402		619 269		153 422	24 271	196 156
六	扣除动迁总投资	1 669 334		1 429 142		405 410		1 849 130		2 389 044		978 020	218 592	1 114 384

表 1-4 修正的南昌轨道交通各线路建设投资及各部分造价费用

单位:万元

序号	名称	1号线概算	1号线合同	2号线一期概算	2号线一期合同	2号线南延概算	2号线南延合同	3号线一期概算	3号线一期合同	4号线一期概算	4号线一期合同	1号线北延概算	1号线东延概算	2号线东延概算
一	建安工程费	1 086 314	878 388	1 009 595	766 853	275 595	180 502	1 207 228	948 355	1 507 985	1 261 939	651 920	159 722	565 928
二	工程建设其他费	415 208		344 733		94 551		557 940		987 471		266 143	49 002	288 483
三	基本预备费	74 582		64 276		18 147		88 258		124 785		45 668	10 174	42 772
四	专项费用	221 296		178 680		69 229		305 106		462 742		172 408	29 212	158 366
五	总投资	1 797 400		1 597 284		457 522		2 158 532		3 082 983		1 136 139	248 110	1 055 549
	其中:动迁费	205 937		168 212		44 905		309 402		619 269		153 422	24 271	166 262
六	扣除动迁总投资	1 591 463		1 429 072		412 617		1 849 130		2 463 714		982 717	223 839	889 287

表1-5 修正的南昌轨道交通各线路每正线公里建设投资及各部分造价费用

单位：万元/正线公里

序号	名称	1号线概算	1号线合同	2号线一期概算	2号线一期合同	2号线南延概算	2号线南延合同	3号线一期概算	3号线一期合同	4号线一期概算	4号线一期合同	1号线北延概算	1号线东延概算	2号线东延概算
一	建安工程费	37 663	30 454	42 456	32 248	34 885	22 848	42 359	33 276	38 080	31 867	38 384	36 633	54 312
二	工程建设其他费	14 395		14 497		11 968		19 577		24 936		15 670	11 239	27 686
三	基本预备费	2 586		2 703		2 297		3 097		3 151		2 689	2 333	4 105
四	专项费用	7 672		7 514		8 763		10 705		11 685		10 151	6 700	15 198
五	总投资	62 316		67 170		57 913		75 738		77 852		66 894	56 905	101 301
	其中：动迁费	7 140		7 074		5 684		10 856		15 638		9 033	5 567	15 956
六	扣除动迁费总投资	55 176		60 096		52 229		64 882		62 214		57 861	51 338	85 345

表1-6 概算阶段指标区间　　　　　　　　　　　单位:万元/正线公里

序号	名称	概算阶段指标范围
一	建安工程费	36 025.25～41 249.03
二	工程建设其他费	11 628.99～20 451.58
三	基本预备费	(建安工程费+工程建设其他费)×5%
四	专项费用	7 307.09～10 747.2
五	总投资	58 866.18～73 931.52
	其中:动迁费	5 567～15 638(也可依据实际情况)
六	扣除动迁总投资	52 191.4～62 399.46

合同阶段的建安工程费指标范围为30 455万～33 276万元/正线公里。

1.5 二级指标总体分析

1.5.1 各线路二级指标数据统计

由于工程建设其他费、基本预备费和专项费用在合同阶段合同数量众多,但未到项目财务决算阶段时合同较难收集齐全,因此合同阶段这三类费用参考概算值,并不做深入分析。需要着重分析的是建安工程费的二级指标,修正后的工程概况见表1-7,修正后的工程造价指标见表1-8。

1.5.2 二级、三级指标概览

二级指标的取值为各专业三级指标的反向提炼,通过建立标准模型来进行指标的梳理和汇总。由于南昌轨道交通各条线路的资料完善程度不一,且各专业章节中技术参数本身存在差异,加之部分专业的二级指标具有离散性,因此需对指标进行拆解,以建立标准的指标模型,如此得出的指标范围才具有实际意义。结合南昌轨道交通各条线路的特点,最终本书采用的标准指标模型的技术参数如下:

(1) 6B编组下正线公里数为30 km,全地下车站的间距为1.2 km,包括中央控制中心1个、车站25个、车辆段1座和停车场1座。

(2) 地下车站采用地下岛式站台车站,车站采用明挖顺筑法施工。站台中心处基坑埋深为16～18 m,覆土深度为3～4 m。主体围护工程均采用800～1 000 mm厚地下连续墙,采用全包防水结构;出入口围护工程采用钻孔灌注桩+止水帷幕或SMW工法桩。支撑首道撑为混凝土支撑,其余二～四道撑采用钢管支撑。车站主体采用现浇钢筋混凝土箱形结构形式,包括垫层、地板、侧墙、顶板和内部二次结构混凝土等。土石方工程含挖土、弃运和回填。

表1-7 工程概况（修正表）

序号	一级子目名称	二级子目名称	单位	1号线概算	1号线合同	2号线一期概算	2号线一期合同	2号线南延概算	2号线南延合同	3号线一期概算	3号线一期合同	4号线一期概算	4号线一期合同	1号线北延概算	1号线东延概算	2号线东延概算
1	建安	车站土建建筑面积	m²	321 431.82	321 431.82	351 822.98	346 241.16	84 840.22	77 751.50	355 773.25	308 118.68	424 666.87	393 306.75	123 078.60	41 931.36	173 455
2	建安	区间单延米长度	m	48 472.19	48 013.00	33 532.52	33 677.81	13 460.92	13 475.35	52 762.72	52 762.72	79 200.00	79 200.00	33 960.00	7 022.40	16 803.62
3	建安	轨道铺轨长度	铺轨公里	79.24	66.59	67.96	48.28	37.69	36.29	79.84	79.84	118.17	128.86	41.81	9.00	32.95
4	建安	控制中心/房屋建筑	座	1	1	1	—	—	—	1	1	1	1	1	0	1
5	建安	车辆段及综合基地	hm²[①]	33.80	23.50	56.92	56.92	—	—	25.44	25.44	47.98	47.98	13.35	0.00	12.90
6	专项	车辆购置	辆	162	162	132	132	72	72	192	192	276	276	156	24	156

注：① 1 hm² = 10⁴ m²。

表1-8 工程造价指标（修正表）

序号	一级子目名称	二级子目名称	单位	1号线概算	1号线合同	2号线一期概算	2号线一期合同	2号线南延概算	2号线南延合同	3号线一期概算	3号线一期合同	4号线一期概算	4号线一期合同	1号线北延概算	1号线东延概算	2号线东延概算
1	建安	车站土建	万元/m²	1.04	0.82	0.99	0.76	0.68	0.65	1.00	0.82	0.87	0.79	0.99	1.21	1.07
2	建安	车站装修	万元/m²	0.111	0.083	0.101	0.101	0.141	0.140	0.123	0.101	0.167	0.130	0.156	0.124	0.125
3	建安	区间	万元/单延米	4.96	5.01	6.39	4.21	5.47	3.48	6.05	4.21	4.78	4.08	6.81	6.42	5.72
4	建安	轨道	万元/铺轨公里	487.83	596.88	709.67	769.30	434.17	371.73	734.44	712.41	650.26	518.23	1 007.51	776.33	659.97
5	建安	通信系统	万元/正线公里	1 462.78	792.32	1 550.00	967.33	1 504.94	797.45	1 406.76	1 364.56	1 097.83	1 004.61	954.99	798.26	1 362.09
6	建安	信号系统	万元/正线公里	1 464.28	839.02	1 365.00	958.32	1 578.31	738.22	1 241.65	1 204.40	1 264.22	1 140.36	1 621.07	1 390.15	1 817.56
7	建安	供电（不含动力照明）	万元/正线公里	3 962.36	2 247.16	3 475.09	2 641.41	2 605.68	1 909.44	3 443.86	3 340.55	3 400.33	2 894.10	3 724.38	3 127.42	4 538.61
8	建安	动力照明	万元/正线公里	1 439.40	852.29	1 517.90	1 119.51	1 242.26	971.01	1 339.45	1 299.27	1 311.50	1 061.98	949.84	1 117.52	1 721.41
			万元/m²	0.12	0.07	0.12	0.09	0.11	0.10	0.12	0.12	0.11	0.10	0.15	0.12	0.09
9	建安	综合监控系统及环境与设备监控系统	万元/正线公里	455.25	281.34	504.54	377.04	369.21	295.77	503.43	488.33	418.29	419.55	344.87	287.31	368.62
10	建安	火灾自动报警系统	万元/正线公里	130.66	132.77	254.49	208.43	214.63	178.46	207.32	201.10	215.85	182.72	169.94	126.38	327.54

第 1 章 经济指标搭建思路及总体指标分析

（续表）

序号	一级子目名称	二级子目名称	单位	1号线概算	1号线合同	2号线一期概算	2号线一期合同	2号线南延概算	2号线南延合同	3号线一期概算	3号线一期合同	4号线一期概算	4号线一期合同	1号线北延概算	1号线东延概算	2号线东延概算
11	建安	安防和门禁系统	万元/正线公里	37.83	46.60	130.15	55.63	50.67	43.71	219.45	212.86	169.43	39.45	261.56	192.27	448.20
12	建安	环控通风空调	万元/正线公里	871.24	430.51	947.74	744.33	837.20	694.09	972.33	943.16	800.38	764.60	594.89	870.96	1 326.68
13	建安	给排水与消防	万元/m²	0.07	0.03	0.08	0.06	0.07	0.07	0.09	0.09	0.07	0.07	0.09	0.09	0.07
			万元/正线公里	322.86	233.49	451.50	271.19	405.92	257.97	457.61	443.88	355.59	313.45	382.66	433.16	429.65
			万元/m²	0.03	0.02	0.04	0.02	0.04	0.03	0.04	0.04	0.03	0.03	0.06	0.05	0.02
14	建安	气体灭火系统	万元/正线公里	153.91	124.48	185.59	144.19	155.63	146.82	135.35	131.28	127.34	116.40	94.96	93.98	214.18
15	建安	自动售检票系统	万元/站	752.58	408.32	893.25	482.22	615.86	435.93	779.53	756.15	642.11	406.50	937.79	895.23	950.14
16	建安	车站辅助设备	万元/正线公里	1 062.99	1 063.03	1 139.38	899.36	1 072.16	907.85	1 202.67	1 166.59	1 141.13	882.43	773.84	654.87	1 623.75
17	建安	控制中心/房屋建筑	万元/座	5 024.00	5 024.00	5 414.84	—	—	—	2 004.38	2 004.38	9 838.00	9 838.00	9 131.76	—	9 131.76
18	建安	车辆段及综合基地	万元/hm²	2 240.50	3 222.51	1 708.52	1 372.13	—	—	3 403.71	2 092.89	2 312.55	2 311.28	3 813.63	—	5 152.03

(续表)

序号	一级子目名称	二级子目名称	单位	1号线概算	1号线合同	2号线一期概算	2号线一期合同	2号线南延概算	2号线南延合同	3号线一期概算	3号线一期合同	4号线一期概算	4号线一期合同	1号线北延概算	1号线东延概算	2号线东延概算
19	建安	人防工程	万元/站	483.40	483.40	456.40	322.57	573.38	227.95	519.99	144.99	510.80	197.02	581.36	780.84	478.58
20	工程建设其他费		万元/正线公里	14 395.45	14 395.45	14 496.78	14 496.78	11 968.49	11 968.49	19 576.82	19 576.82	24 644.07	24 644.07	15 670.23	11 239.03	27 685.50
20.1	其中:	动迁	万元/站	8 580.71	8 580.71	8 010.10	8 010.10	6 415.06	6 415.06	14 063.74	14 063.74	21 354.10	21 354.10	19 177.79	12 135.27	18 473.56
20.2	其中:	管线搬迁	万元/站	354.42	354.42	456.42	456.42	667.86	667.86	1 930.38	1 930.38	1 427.94	1 427.94	2 720.32	1 866.69	1 836.98
20.3	其中:	其他	万元/正线公里	6 960.61	6 960.61	7 020.04	7 020.04	5 692.49	5 692.49	7 230.49	7 230.49	7 227.93	7 227.93	11 369.79	10 499.14	10 142.80
21	基本预备费		万元/正线公里	2 585.78	2 585.78	2 702.95	2 702.95	2 297.08	2 297.08	3 096.79	3 096.79	3 066.09	2 985.77	2 688.90	2 333.45	4 104.76
22	专项费用	车辆购置费	万元/辆	650.00	650.00	650.00	650.00	650.00	650.00	650.00	650.00	650.00	622.08	650.00	650.00	650.00
23	专项费用	建设期货款利息	万元/正线公里	3 965.47	3 965.47	3 850.27	3 850.27	2 748.03	2 748.03	6 259.16	6 259.16	6 979.51	6 979.51	4 089.02	3 066.89	5 317.29
24	专项费用	铺底流动资金	万元/辆	10.00	10.00	10.00	10.00	10.00	10.00	10.00	10.00	10.00	10.00	10.00	10.00	10.00

（3）盾构区间均为外径6 000 mm的圆形断面结构形式,绝大部分盾构机类型为土压平衡盾构机,只有过赣江和瑶湖等水下隧道时采用泥水平衡盾构机。

（4）专用通信含11个子系统,公安通信含5个子系统,民用通信含4个子系统。

（5）初期配车按33辆计,信号系统采用CBTC制式,车辆段1座,停车场1座。新建主变电站2座,设1座车辆段和1座停车场,采用DC1500V接触网受电。

二级指标技术参数为标准模型下的技术参数,不同之处会在三级指标中进行拆解和分析,读者可查找各个专业章节依据公式反向推算。例如,区间的二级指标是依据标准模型盾构区间给定的,实际若存在高架、明挖区间,则依据各类型区间的三级指标及区间长度占比来推算整体区间指标。

南昌轨道交通常规技术参数下建安工程费的二级指标取值范围如表1-9所列,三级指标取值范围如表1-10所列。由于概算指标和合同指标之间存在差异,故取值范围分别按概算建议取值范围及合同建议取值范围进行统计,详细内容见后续各章节,而所获得的指标取值范围已经剔除了离散数据,并且对离散数据进行了原因分析。另外,受价格影响较大的车站土建、区间等指标为信息价统一到2020年11月的修正指标。四级、五级指标详见各章节具体分析。工程建设其他费、基本预备费和专项费用详见对应章节的具体分析。

表1-9 南昌轨道交通常规技术参数下建安工程费的二级指标取值范围

序号	专业	单位	概算建议取值范围	合同建议取值范围
1	车站土建	万元/m²	0.98～1.17	0.78～0.90
2	车站装修	元/m²	1 011.55～1 560.11	830.97～1 399.04
3	区间	万元/单延米	4.99～5.78	3.78～4.21
4	轨道	万元/铺轨公里	487.84～1 007.52	371.76～769.30
5	通信系统	万元/正线公里	1 233.27～1 485.97	1 033.22～1 312.94
5.1	其中:(1)专用通信	万元/正线公里	760.76～873.29	545.09～754.89
5.2	（2）公安通信	万元/正线公里	223.44～313.02	239.06～258.39
5.3	（3）民用通信	万元/正线公里	249.07～299.66	参考概算
6	信号系统	万元/正线公里	1 244.30～1 634.46	871.58～1 222.09
7	供电(不含车站、区间动力照明)	万元/正线公里	3 592.44～3 973.53	2 607.95～2 857.05
8	风水电安装总指标	万元/正线公里	2 626～3 457	2 270～2 844
8	风水电安装总指标	元/m²	1 900～2 557	1 710～2 280
8.1	其中:(1)动力照明	万元/正线公里	1 245～1 677	1 076～1 447
8.1	其中:(1)动力照明	元/m²	910～1 117	730～1 050
8.2	（2）环控通风空调	万元/正线公里	909～1 128	859～1 006
8.2	（2）环控通风空调	元/m²	780～1 130	770～960

(续表)

序号	专业	单位	概算建议取值范围	合同建议取值范围
8.3	（3）给排水与消防	万元/正线公里	472～652	335～391
		元/m²	210～310	210～270
9	综合监控系统	万元/正线公里	199.78～268.53	144.86～172.68
10	环境与设备监控系统	万元/正线公里	180.14～243.45	125.33～137.01
11	火灾自动报警系统	万元/正线公里	263.16	212.4
12	安防和门禁系统	万元/正线公里	238.95	214.02
13	气体灭火系统	万元/正线公里	161.03～190.01	134.81～171.24
14	自动售检票系统	万元/正线公里	421.65～475.82	207.22～278.03
15	车站辅助设备	万元/正线公里	1 276	907
16	停车场、车辆段及综合基地	万元/m²	0.76～1.13	0.59～0.67
17	人防工程	万元/站	478.58～581.36	144.99～197.02

表 1-10　南昌轨道交通常规技术参数下建安工程费的三级指标取值范围

序号	二级专业	三级指标名称	单位	概算建议取值范围	合同建议取值范围
1	车站土建	地下岛式站台车站(不含装修)	万元/m²	0.98～1.17	0.78～0.90
2		地下侧式站台车站(围护大开挖、不含装修)	万元/m²	0.60～0.79	0.45～0.58
3		高架车站(不含装修)	万元/m²	0.45～0.47	0.33
4	车站装修	地下车站装修	元/m²	1 011.55～1 560.11	830.97～1 399.04
5		高架车站装修	元/m²	3 096.07～3 327.98	3 228.35
6	区间	盾构区间	万元/单延米	4.99～5.78	3.78～4.21
7		明挖区间(仅针对大开挖)	万元/双延米	8.50～13.58	5.58～7.56
8		高架区间	万元/双延米	7.26～9.18	5.14～7.22
9	轨道	地下正线一般减振段	万元/铺轨公里	430.22	315.55
10		地下正线中等减振段	万元/铺轨公里	537.07	404.26
11		地下正线高等减振段	万元/铺轨公里	1 146.86	1 314.87
12		地下正线特殊减振段	万元/铺轨公里	1 832.84	1 535.37
13		高架一般减振段	万元/铺轨公里	439.40～538.90	268.70
14		高架中等减振段	万元/铺轨公里	—	327.90
15		停车场	万元/铺轨公里	396.83	233.46
16		车辆段与综合基地	万元/铺轨公里	343.67	359.38

(续表)

序号	二级专业	三级指标名称	单位	概算建议取值范围	合同建议取值范围
17	通信	专用传输系统	万元/正线公里	130.01~177.33	81.35~164.23
18		专用公务电话系统	万元/正线公里	27~53.16	18.18~30.31
19		专用电话系统	万元/正线公里	33.48~138.63	13.19~119.65
20		专用无线通信系统	万元/正线公里	103~153	75.58~125.24
21		专用广播系统	万元/正线公里	27.61~37.86	22.78~30.88
22		专用视频监视系统	万元/正线公里	120.38~147	95.18~127.63
23		专用时钟系统	万元/正线公里	20.04~22.95	9~13.85
24		专用办公自动化系统	万元/正线公里	22.65~45.33	20.21~28.35
25		专用乘客信息系统	万元/正线公里	83.27~174.02	131.87~139.77
26		专用集中告警系统	万元/正线公里	2.06~4.58	1.96~4.02
27		专用电源及接地系统	万元/正线公里	17.82~66.62	14.98~54.84
28		公安数据网络系统	万元/正线公里	31.6~109.02	50.15~61.45
29		公安视频监控系统	万元/正线公里	59.85~77.03	40.64~90
30		公安无线通信引入系统	万元/正线公里	94.5~116	84.99~126.86
31		公安专用电话系统	万元/正线公里	0.36~8.13	4.91~7.43
32		公安电源系统	万元/正线公里	19.6~31.26	18.31~26.92
33		民用传输系统	万元/正线公里	65.13~89	民用由产权单位代建
34		民用无线引入系统	万元/正线公里	146.52~191.45	民用由产权单位代建
35		民用集中告警系统	万元/正线公里	2.29~4.5	民用由产权单位代建
36		民用电源接地及防雷系统	万元/正线公里	22.12~38.58	民用由产权单位代建
37	信号	控制中心	万元/处	1 284.77~1 994.98	598.6~1 065.98
38		正线车站及轨旁设备	万元/正线公里	701.19~921.61	529.14~721.18
39		试车线	万元/条	710.84~1 355.99	577.7~1 078.4
40		车载设备	万元/列	251.49~318.62	176.7~196.3
41		车辆基地、车辆段、停车场	万元/联锁道岔	54.61~66.95	26.41~54.61
42		维修与培训中心	万元/处	1 465.81~1 963.11	1 073.91~1 872.26
43	供电	主变电站工程	万元/座	5 039~5 977	3 673.07~4 312
44		变电隔间	万元/个	205~351	137.32~277
45		电力进线	万元/km	724.83~878.61	621.98~688.83
46		牵引降压变电所	万元/km	1 177.25	852.11

(续表)

序号	二级专业	三级指标名称	单位	概算建议取值范围	合同建议取值范围
47	供电	环网电缆	万元/条公里	45.5	24.14
48		电力监控	万元/正线公里	76.52~124.25	39.91~55.47
49		接触网	万元/正线公里	366.23~420.93	343.74~413.30
50		杂散电流防护	万元/正线公里	103.26~146.14	72.63~108.54
51	风水电安装	地下车站风水电	万元/m²	0.19~0.261	0.171~0.228
52		其中:(1)动力照明	万元/m²	0.091~0.117	0.073~0.105
53		(2)环控通风空调	万元/m²	0.078~0.113	0.077~0.096
54		(3)给排水与消防	万元/m²	0.021~0.031	0.021~0.027
55		高架车站风水电	万元/m²	0.134~0.153	0.115~0.139
56		其中:(1)动力照明	万元/m²	0.077~0.086	0.062~0.074
57		(2)环控通风空调	万元/m²	0.029~0.032	0.027~0.033
58		(3)给排水与消防	万元/m²	0.028~0.035	0.026~0.032
59		区间风水电指标	万元/正线公里	475~738	305~509
60		其中:(1)动力照明	万元/正线公里	257~414	222~394
61		(2)环控通风空调	万元/正线公里	区间指标含在车站内	区间指标含在车站内
62		(3)给排水与消防	万元/正线公里	218~324	83~115
63	综合监控系统(ISCS)	车站级	万元/站	208.12~285.59	153.08~180.93
64		中央级(控制中心)	万元/正线公里	48.03~85.39	58.73~76.13
65		车辆段ISCS系统	万元/座	209.98~228.84	101.66~182.62
66		停车场ISCS系统	万元/座	201.76~275.74	70.5~92.8
67		培训维护管理系统	万元/处	300.51~326.21	288.02~305.61
68	环境与设备监控系统(BAS)	地下车站	万元/站	202.72~270.63	146.91~160.05
69		车辆段	万元/座	168.98~219.48	44.48~60.03
70		停车场	万元/座	167.30~318.21	42.74~49.11
71	火灾自动报警系统(FAS)	车站级	万元/站	255.51	199.29
72		主变电站	万元/站	121.9	98.63
73		车辆基地	万元/站	722.07	651.28
74		停车场	万元/座	541.27	541.27
75	安防和门禁	门禁系统	万元/正线公里	71.4	49.68
76		安防系统	万元/正线公里	167.55	164.34

(续表)

序号	二级专业	三级指标名称	单位	概算建议取值范围	合同建议取值范围
77	车站辅助设备	自动扶梯	万元/部	76~98	59
78		电梯	万元/部	32~48	25
79		全封闭站台门(地下车站)	万元/站	432~528	275
80		半封闭站台门(高架车站)	万元/站	480	—
81	自动售检票系统	清分中心	万元/处	5 291.41	1 998.32
82		控制中心(线路中央计算机系统、票务中心系统)	万元/处	1 148.54~1 756.6	301.06~592.34
83		车站(车站计算机系统、车站售检票设备)	万元/处	615.86~665.55	312.54~367.96
84		车辆段系统	万元/处	285.70~388.73	176.24~381.05
85		停车场系统	万元/座	492.2	—
86		多元化支付管理平台	万元/站	149.05~166.67	—
87		其他(票卡、运营周转设备、辅助设备、备品备件等)	万元/项	2 593.2~2 811.7	1 363.78~2 216.21
88	停车场、车辆段与综合基地	停车场土建及安装	万元/m²	0.41~0.54	0.4
89		车辆段土建及安装	万元/m²	0.33~0.43	—
90		综合基地土建及安装	万元/m²	0.33	0.33
91		停车场工艺设备(含厨房设备)	万元/段	约7 000	—
92		车辆段工艺设备(含厨房设备)	万元/段	约19 000	—
93		综合基地工艺设备(含厨房设备)	万元/段	18 807	—
94		附属(厂区道路、综合管线、绿化等总图工程)	元/m²	占地面积指标 1 300~1 400	1 300

第 2 章 车站土建

2.1 概述

2.1.1 车站形式及整体情况

南昌轨道交通全部采用6B编组,车站按线路敷设方式可分为地下车站和高架车站;按站台布置形式可分为岛式站台车站、侧式站台车站和侧岛式站台车站。具体各条线路的站点情况如表2-1所列。

表 2-1 车站土建站点汇总　　　　　　单位:个

名称	地下车站数量	参与分析的地下车站数量	高架车站数量	参与分析的高架车站数量
1号线概算/合同	24	24	0	0
2号线一期概算/合同	21	18	0	0
2号线南延概算/合同	7	7	0	0
3号线一期概算/合同	22	20	0	0
4号线一期概算/合同	25	23	4	4
1号线北延概算	6	6	2	2
1号线东延概算	2	2	0	0
2号线东延概算	9	9	0	0

1号线共有24个站点,除中山路站为地下侧式站台车站以外,其他全为地下岛式站台车站。其中,换乘站有4座,包括与2号线的换乘站世贸路站(现称地铁大厦站)和八一广场站,与3号线的换乘站八一馆站,以及与4号线的换乘站丁公路北站(通道换乘)。

2号线一期共有21个站点,全为地下岛式站台车站。其中,换乘站有5座,包括与1号线的换乘站地铁大厦站和八一广场站(已在1号线站点分析中计入),与3号线的换乘站青山路口站,与4号线的换乘站西站南广场站(原名站前南大道站)和丁公路南站(通道换乘)。由于滕王阁站取消,故2号线一期参与分析的共有18个站。

2号线南延工程起点为南路村站,终点为站前南大道站(不含该站),全部采用地下形式敷设,共设6座车站,在建过程中增加了1座市民中心站,概算单独批复。另外,所有车站全为一层或两层侧式站台车站,围护形式为放坡大开挖+坡面防护。

3号线一期共有22个站点,全为地下岛式站台车站。其中,换乘站有4座,包括与1号线的换乘站八一馆站,与2号线的换乘站青山路口站,由于这两个换乘站在1号线和2号线一期站点分析中已计入,故3号线一期参与分析的共有20个站,与4号线的换乘站为绳金塔站和上沙沟站(原名二七北路站)。

4号线一期共有29个站点,其中25个为地下岛式站台车站,4个为高架车站。29个站点中共有5个换乘站,包括与3号线一期的换乘站绳金塔站及与2号线的换乘站西站南广场站,其余通道换乘站仍有分析的必要性,故实际参与分析的共有27个站。

1号线北延共设8座车站,其中地下车站6座,高架车站2座。1号线东延工程全为地下线,共设2座车站。2号线东延工程起自辛家庵站(一期终点站,不含该站),终于南昌东站,共设9座车站,均为地下车站。

一般而言,车站形式除了地下车站和高架车站外,还有地面车站,由于南昌轨道交通不涉及此类车站形式,因此本章不做地面车站指标分析。

2.1.2 标准地下车站工法特点

地下车站土建指标内容包括围护工程(包含主体围护工程、出入口围护工程)、土石方工程、支撑及降水工程、地基加固工程、结构工程(包含主体结构和出入口结构)和防水工程等。以地下岛式站台车站为例,其工法特点如下:

(1)车站主体部分长约200 m,宽为17.30~21.30 m。车站若为地下两层岛式站台车站,则地下二层为站台层、地下一层为站厅层。主体建筑面积约为9 000 m²,出入口通道按4个考虑,车站采用明挖顺筑法施工。

(2)站台中心处基坑埋深约16 m,覆土深度为3~4 m。

(3)主体围护工程均采用800~1 000 mm厚地下连续墙,采用全包防水结构;出入口围护工程采用钻孔灌注桩+止水帷幕或SMW工法桩。

(4)支撑首道撑为混凝土支撑,其余二~四道撑采用钢管支撑。钢管支撑系统包括支撑杆系及附属构件,其中支撑杆系又包括主体杆、活动端头和固定端。

(5)车站主体采用现浇钢筋混凝土箱形结构形式,包括垫层、地板、侧墙、顶板和内部二次结构混凝土等。

(6)土石方工程包含挖土、弃运和回填。一般为全挖全运,大部分基坑内土方从基坑内挖出后直接装入载重自卸车,在夜间外运,且运距一般不超过15 km。回填如在市政道路下方,一般为砂回填,否则为黏土回填。

(7)概算阶段和合同阶段的组价原则均基于定额体系:《城市轨道交通工程预算定额》(GCG 103—2008)和2012年10月1日开始执行的《城市轨道交通工程预算定额(江西省单位估价表)》,材料价采用编制当期发布的南昌市建筑工程信息价。

(8)2号线南延围护采用"大开挖+土钉墙"的形式,为了保证研究的全面性,单独分析了该围护工程形式的指标与地下连续墙围护形式的指标之间的差异。

2.1.3 标准高架车站工法特点

南昌轨道交通线路中高架车站的数量较少,共 6 个,其中,4 号线一期有 4 个高架车站:白马山站、裕丰街站、璜溪站和中堡站;1 号线北延有 2 个高架车站:黄墩站(原兴业大道站)和建业大道西站(原建业大道站)。

高架车站土建指标内容包括基础工程(包含桩基、承台、土石方工程)、上部结构工程(包括主体结构、出入口天桥和附属结构)、防水工程等。以白马山站为例,其工法说明如下:

(1) 高架鱼腹岛式站台车站,站后设单渡线。受折返时间控制,车站西端采用 10 m 标准站台宽度。

(2) 长度为 144 m,车站轨面线距地面高 14.3 m。车站共设 4 个出入口(含天桥)。

(3) 基础采用钻孔灌注桩。

(4) 屋面、钢结构工程为了使概算和预算口径一致,内容放在装修章节。

(5) 概算阶段和合同阶段的组价原则均基于定额体系:《城市轨道交通工程预算定额》(GCG 103—2008)和 2012 年 10 月 1 日开始执行的《城市轨道交通工程预算定额(江西省单位估价表)》,材料价采用编制当期发布的南昌市建筑工程信息价。

2.1.4 车站土建指标体系

车站土建指标体系具体如表 2-2 所列。

表 2-2 车站土建指标体系

指标名称	指标性质	数据统计基础内容
二级指标	经济指标	总造价/总建筑面积
三级指标	经济指标	根据车站形式分别统计并汇总车站站点的基础数据,包括层数、围护形式、总建筑面积、长度、宽度等
四级指标	经济指标	地下车站分为围护工程、结构工程、地基加固工程、土方、支撑工程、施工降排水工程、施工监测等,结合特性说明; 高架车站分为基础(桩基、承台)工程、土方工程、结构工程、施工降排水工程等,结合特性说明
五级指标	经济指标、技术指标	项目的工程量、含钢量及技术参数

2.2 车站土建(不含装修)三级指标

2.2.1 数据分析整体说明

(1) 对于在建线路,将概算与合同价进行对比。

(2) 实际参与指标分析的地下车站数量较车站统计数量少，主要原因有二：一是由于部分站点存在共线的情况，故不重复分析；二是资料缺失，详见每条线路的具体分析。

(3) 实际地下车站数量共有 116 个，高架车站数量为 6 个，合计参与分析的地下车站数量共 201 个（概算 109 个、合同 92 个），参与分析的高架数量共 10 个（概算 6 个、合同 4 个）。

(4) 车站土建三级指标数据主要选取线路名称、指标阶段（概算、合同）、车站形式、层数、总建筑面积、长度（衬墙外边线）、宽度（中心里程处衬墙外边线）、高度（中心里程处顶板顶到底板底）、中心里程处顶板覆土、中心里程处底板埋深等，依据录入的数据可以形成经济指标和数量指标。车站层面三级指标录入界面如图 2-1 所示。

(5) 通过 SPSS 软件进行正态性检验，确定置信区间，得出取值范围，并用 Excel 软件对结果进行汇总分析。

南昌轨道交通关键技术经济指标——车站层面（三级指标）

序号	线路名称	指标阶段	站点名称	是否世行贷款项目	形式	层数	总建筑面积(1)	不含附属（出入口风亭）建筑面积	长度（地下：衬墙外边线）/（高架：结构外边线）(2)	宽度（地下：中心里程处衬墙外边线）/（高架：结构外边线）(3)	高度（中心里程处顶板顶到底板底）(4)	中心里程处顶板覆土(5)	中心里程处底板埋深(6)	高架桩基埋深	总造价(7)	不含附属造价	指标1：(7)/(1)占总建筑面积指标	指标2：不含附属（出入口风亭）面积指标	指标3：(7)/(2*3*4)内部结构净空间体积指标	指标4：(7)/(2*3*6)基坑埋深空间体积指标
1	2号线一期	概算	站前南大道站	否	岛式	2	43463.1	39826.9	800.81	22.7	14.86	4.2	19.06		287364400	255968736.8	0.66	0.64	0.11	0.08
2	2号线一期	概算	龙岗站	否	岛式	2	10603	7401	185	19.2	13.01	3	16.01		89327290	61141575.45	0.84	0.83	0.19	0.16
	2号线一期	概算	国体中心站	否	岛式	2	13123	9888	273	19.7	13.01	3	16.01		128283966	89355760.96	0.98	0.90	0.18	0.15
	2号线一期	概算	卧龙山站	否	岛式	2	10715	8954	228.8	18.6	13.01	3	16.01		115096987	84009220.77	1.07	0.94	0.21	0.17
	2号线一期	概算	岭北三路站	否	岛式	2	19914	18262	470.1	18.6	13.01	3	16.01		192569180	157750534.6	0.97	0.86	0.17	0.14
	2号线一期	概算	前湖大道站	否	岛式	2	9877.16	8542.16	223	17.8	12.66	3.05	15.71		110724800	91110762.19	1.12	1.07	0.22	0.18
	2号线一期	概算	学府大道东站	否	岛式	2	13583	12133	207.5	21.3	13.41	4.2	17.61		139373400	103062631.5	1.03	0.85	0.24	0.18
	2号线一期	概算	翠苑路站	否	岛式	2	11864.59	7646.4	192	18	13.33	2.556	15.89		111143900	73940324.91	0.94	0.97	0.24	0.20
	2号线一期	概算	雅苑路站	否	岛式	2	22626	18420	463.2	18.4	14.15	2.9	17.05		206583600	167385973.8	0.91	0.91	0.17	0.14
	2号线一期	概算	红谷中大道站	否	岛式	3	12060.81	9378.78	136.6	20.3	17	3	20		120062809	82590624.39	1.00	0.88	0.25	0.22
	2号线一期	概算	阳明公园站	是	岛式	2	13401.5	10574.44	264.74	17.8	13.21	3.05	16.26		120834724	96197348.99	0.90	0.91	0.19	0.16
	2号线一期	概算	青山路口站	是	岛式	3	37296	33130	539.66	21.3	19.97	3.25	23.22		354946364	298722598	0.95	0.90	0.15	0.13
	2号线一期	概算	福州路站	是	岛式	2	11197	8486	202.05	17.8	12.5	3.5	16		105421639	81910681.58	0.94	0.97	0.23	0.18
	2号线一期	概算	永叔路站	是	岛式	2	11374.6	8883.36	198	17.8	14.34	3	17.34		124999801	87245957.63	1.10	0.98	0.25	0.20
	2号线一期	概算	丁公路南站	是	岛式	2	9612.92	7405.34	192	17.8	13.01	3	16.01		97192191	70458478.38	1.01	0.95	0.22	0.18
	2号线一期	概算	南昌火车站	是	岛式	2	11689	7150	163.1	21.3	14.04	1	15.04		118923158	76148586.2	1.02	1.07	0.24	0.23

图 2-1 车站层面三级指标录入界面

车站土建三级指标按概算、合同可分为两阶段指标，按车站形式又可分为地下车站指标和高架车站指标。数据分析思路：横向对比分析和纵向分析对比，如表 2-3 所列。

表 2-3 数据分析思路

对比方式	分析内容	目的
横向对比	线路概算与合同价对比	通过详细对比分析得出站点间概算与合同价的指标差异
纵向对比	根据车站形式、层数进行筛选，不同线路之间对比（分为概算对比、合同价对比）	得出不同线路的概算、合同价指标

由于各站点都有其特殊性，故会有某些站点存在数据异常的情况（非正常的偏高或偏低），分析原因后，且在复核数据源无误的情况下，将这些异常数据做剔除处理。

2.2.2 地下车站土建(不含装修)三级指标

地下车站土建(不含装修)单位建筑面积指标如图 2-2 所示,指标区间及均值结果如表 2-4 所列。

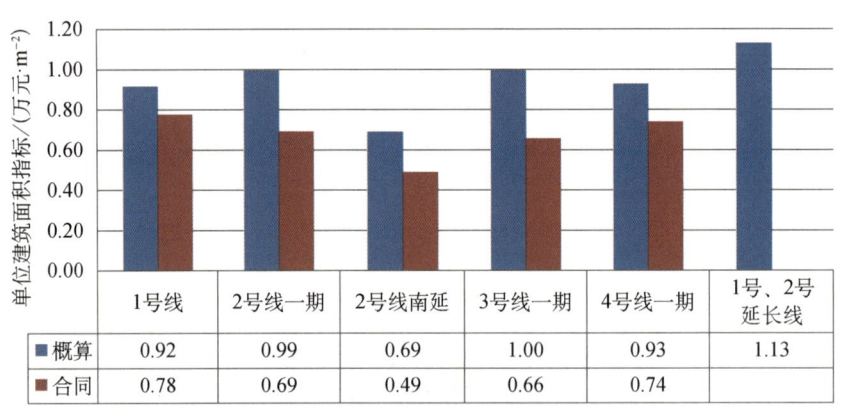

图 2-2 地下车站土建(不含装修)单位建筑面积指标

表 2-4 地下车站土建(不含装修)单位建筑面积指标区间及均值　　单位:万元/m²

名称	车站形式	总建筑面积指标区间	均值
1 号线概算	地下岛式站台车站	0.86～0.97	0.92
1 号线合同	地下岛式站台车站	0.72～0.82	0.78
2 号线一期概算	地下岛式站台车站	0.96～1.03	0.99
2 号线一期合同	地下岛式站台车站	0.65～0.73	0.69
2 号线南延概算	地下侧式站台车站	0.69	0.69
2 号线南延合同	地下侧式站台车站	0.49	0.49
3 号线一期线概算	地下岛式站台车站	0.96～1.03	1.00
3 号线一期线合同	地下岛式站台车站	0.62～0.69	0.66
4 号线一期概算	地下岛式站台车站	0.90～0.95	0.93
4 号线一期合同	地下岛式站台车站	0.71～0.76	0.74
1 号、2 号延长线概算	地下岛式站台车站	1.10～1.15	1.13

由于 2 号线南延围护形式采用放坡开挖,与普通地下车站不同,故应单独分析 2 号线南延。通过图 2-2,若剔除 2 号线南延数据,可以看到 1 号线、2 号线一期、3 号线一期和 4 号线一期这四条线路的指标较为平稳,而最新的 1 号、2 号延长线指标有增加的趋势。

南昌轨道交通各条线路概算和合同阶段的编制时间各不相同,为了消除不同时间人工、材料价格差异产生的影响,对原始数据进行调差处理。处理原则:主要影响因素为人工、钢材、水泥、商品混凝土(防水及水下混凝土 C30、防水及水下混凝土 C35)、柴油和汽油,把材料价统一为延长线概算编制时间的价格水平,具体涨幅情况如表 2-5 所列。由于 1 号线概算阶段时间较早,概算工程量(消耗量)数据缺失,因此本书借用了合同阶段对应的车站人工及主材的工程量,依据概算期信息价调整到延长线同期价格的原则,最终得到价格涨幅并调整了指标均值。

表 2-5 材料价统一成与延长线相同的价格水平的涨幅情况

名称	车站形式	调差前均值/(万元·m^{-2})	涨幅	调差后均值/(万元·m^{-2})
1 号线概算	地下岛式站台车站	0.92	23.00%	1.13
1 号线合同	地下岛式站台车站	0.78	16.00%	0.90
2 号线一期概算	地下岛式站台车站	0.99	8.00%	1.07
2 号线一期合同	地下岛式站台车站	0.69	13.00%	0.78
2 号线南延概算	地下侧式站台车站	0.69	9.00%	0.75
2 号线南延合同	地下侧式站台车站	0.49	14.00%	0.56
3 号线一期概算	地下岛式站台车站	1.00	17.50%	1.18
3 号线一期合同	地下岛式站台车站	0.66	31.00%	0.86
4 号线一期概算	地下岛式站台车站	0.93	5.89%	0.98
4 号线一期合同	地下岛式站台车站	0.74	7.78%	0.80
1 号、2 号延长线概算	地下岛式站台车站	1.13	0	1.13

调整过信息价后,指标数值趋于集中,这也基本反映出地铁车站施工工艺近十年来基本稳定、定额人工增长缓慢的现状。事实上,价格变动较多的主要是受施工现场环境的影响,如 3 号线一期指标较高,原因是线路基本穿越建成区。由此可得,地下车站土建(不含装修)单位建筑面积修正后的指标(剔除 2 号线南延后)取值范围:概算阶段为 0.98 万~1.18 万元/m^2,合同阶段为 0.78 万~0.90 万元/m^2。

2.2.3 地下车站建筑面积指标和车站不含附属(出入口、风亭)面积指标对比

地下车站土建三级指标依据编制惯例,以总建筑面积指标为主,不含附属(出入口、风亭)面积指标为辅,如表 2-6 所列。

表 2-6 各条线路土建三级指标　　　　　　　　单位:万元/m^2

名称	车站形式	车站总建筑面积指标	车站不含附属(出入口、风亭)面积指标	信息价日期
1 号线概算	地下岛式站台车站	0.86~0.97	0.82~1.00	2009 年 10 月
1 号线合同	地下岛式站台车站	0.72~0.82	0.80~0.89	2010 年 7 月
2 号线一期概算	地下岛式站台车站	0.96~1.03	0.91~0.99	2012 年 1 月

(续表)

名称	车站形式	车站总建筑面积指标	车站不含附属(出入口、风亭)面积指标	信息价日期
2号线一期合同	地下岛式站台车站	0.65~0.73	0.63~0.71	2013年8月
3号线一期概算	地下岛式站台车站	0.96~1.03	0.90~1.02	2015年2月
3号线一期合同	地下岛式站台车站	0.62~0.69	0.60~0.66	2015年9月
4号线一期概算	地下岛式站台车站	0.90~0.95	0.85~0.93	2016年7月
4号线一期合同	地下岛式站台车站	0.71~0.76	0.70~0.76	2017年7—9月
1号、2号延长线概算	地下岛式站台车站	1.10~1.15	0.65~0.73	2020年11月

从土建总体面积指标和不含附属(仅主体部分)面积指标对比分析可以看出,车站总建筑面积指标略大于车站不含附属面积指标,虽然附属工程围护结构形式较主体的简单,但通过对具体站点的分析和对图纸的研究发现,指标相当的原因是附属结构外形多为狭长结构,其周长面积比远大于主体结构,从而造成建筑面积指标偏大。以2号线地下标准车站红谷中大道站为例,概算阶段的总建筑面积指标为1.0万元/m²,附属建筑面积指标为1.39万元/m²,车站不含附属(出入口、风亭)面积指标为0.88万元/m²。

1号、2号延长线总建筑面积指标高于车站不含附属(出入口、风亭)面积指标。原因是附属结构外形为狭长结构,围护的周长面积比为0.2,远高于主体结构的周长面积比0.05。另外,1号、2号延长线附属围护结构形式以钻孔桩围护加旋喷桩止水帷幕为主,与其他线路相比,较少用到工法桩,因此指标的差距比1~4号线的差距大。

2.2.4　2号线南延地下车站土建(不含装修)三级指标

南昌市轨道交通2号线南延工程起点为南路村站,终点为站前南大道站(不含该站),线路全长7.9 km,全部采用地下形式敷设,共设6座车站,批复概算时增加了1座市民中心站,全为侧式站台车站,均采用大开挖模式,因此,其经济指标较岛式站台车站围护工程为地下连续墙或钻孔桩的要低。本节分析了7个侧式站台车站,由于样本数量少,因此不进行SPSS分析。数据指标采用平均值。

2号线南延概算土建资料编制时间为2015年7月,合同采用信息价的时间为2014年1月,原因是南延线在概算未批复时便提前招标,概算和合同指标对比结果见表2-7。

表2-7　2号线南延概算和合同指标对比

名称	车站形式	车站总建筑面积指标/(万元·m⁻²)	车站不含附属(出入口、风亭)面积指标/(万元·m⁻²)	车站内部结构净空间体积指标/(万元·m⁻³)	车站基坑埋深空间体积指标/(万元·m⁻³)
2号线南延概算	地下侧式站台车站	0.69	0.77	0.09	0.06

(续表)

名称	车站形式	车站总建筑面积指标/(万元·m^{-2})	车站不含附属(出入口、风亭)面积指标/(万元·m^{-2})	车站内部结构净空间体积指标/(万元·m^{-3})	车站基坑埋深空间体积指标/(万元·m^{-3})
2号线南延合同	地下侧式站台车站	0.49	0.53	0.06	0.04

从表2-7可以看出，附属指标结果低于主体指标，这和普通两层车站附属指标结果要高于主体的情况相反，事实上，这也符合出入口为上坡段，结构量和土方量均相对较低的特点。另外，因基本没有围护工程，便造成其空间体积指标结果显著低于普通地下车站的情况。

2.2.5 高架车站土建(不含装修)单位建筑面积三级指标横向对比

由于高架车站数量较少，共6个(4号线一期4个车站和1号线北延2个车站)，因此，不进行SPSS分析。4号线一期概算土建资料编制时间为2016年7月，合同价土建资料编制时间为2017年7—9月。1号线延长线概算编制日期为2020年11月。分析指标选择总建筑面积指标、内部结构净空间体积指标和不含附属(出入口、天桥)面积指标，结果如表2-8所列。为了使概算编制口径保持一致，故在数据选择时剔除了车站内装修、外立面装修及钢屋架的相关内容。

表2-8 高架车站土建单位建筑面积三级指标横向对比

名称	总建筑面积指标/(万元·m^{-2})	内部结构净空间体积指标/(万元·m^{-3})	不含附属(出入口、天桥)面积指标/(万元·m^{-2})
4号线一期概算	0.47	0.12	0.64
4号线一期合同	0.33	0.08	0.45
1号线北延概算	0.45	0.11	0.61

单位建筑面积指标：概算阶段为0.45万~0.47万元/m^2，合同阶段为0.33万元/m^2。从表2-8可以看出，各个站点除去出入口面积后，不含附属(出入口天桥)面积指标要高于总建筑面积指标，说明高架车站的经济指标与出入口造价的关联性较大，出入口造价指标偏低，建筑面积占比较大，虽然影响整体指标，但不是研究的重点，且结构形式基本是天桥加楼梯，所以单独分析高架车站主体指标更有实际意义。

2.2.6 车站土建单位建筑面积指标纵向对比

1. 地下车站不同围护形式单位建筑面积指标对比

从现有概算资料分析发现，两层以上车站的层数与指标结果之间没有必然联系，基本和两层车站在一个价格水平上，仅一层的2号线南延无论是概算还是合同阶段的指标均较同时期的2号线一期的指标偏低，原因是2号线南延为地下一层侧式站台车站，施工场地位于山岭荒地,围护形式为放坡大开挖加坡面防护,故其围护工程费用较普通的地下二层车站的费用大为减少。由此可以得出,因场地施工条件所决定的围护形式会对整体指标有关键性的影响,但整体指标和车站层数没有必然关系。

对比2号线一期、2号线南延的施工工艺,再结合四级指标价格影响因素分析,我们认为围护工程的差异性是导致指标差异的根本原因。2号线一期标准站主体围护形式有两种,分别为:钻孔桩+止水帷幕+混凝土/钢支撑、地下连续墙+混凝土/钢支撑。2号线南延主体围护形式为放坡开挖土钉墙支护。

车站土建单位建筑面积指标纵向对比在概算阶段相差约3 000元/m²(表2-5),指标进一步拆解后发现,围护工程土钉墙放坡支护指标较地下连续墙指标少约3 000元/m²。

2. 地下车站与高架车站单位建筑面积指标对比

以4号线一期为例,概算土建资料编制时间为2016年7月,合同价土建资料编制时间为2017年7—9月,共29个车站,其中25个地下岛式站台车站,4个高架车站,车站土建单位建筑面积修正指标对比结果如图2-3所示。由图2-3可知,地下岛式站台车站比高架车站在概算、合同阶段均高出约4 000元/m²,这也符合地下车站和高架车站的普遍价差值。

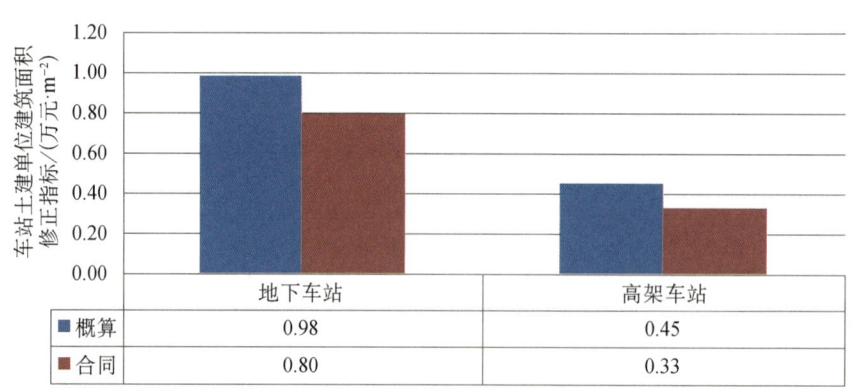

图2-3　4号线一期车站土建单位建筑面积修正指标对比

2.3　车站土建四级指标

2.3.1　地下车站土建四级指标概述

车站土建四级指标论述各分部(如围护工程、支撑工程、结构工程、加固工程、降排水、施工监测等。主体和附属结构属于永久构件,其他属于临时构件)占比及各分部技术经济指标。其中,围护工程数据包含地下连续墙的厚度(600 mm、800 mm、1 000 mm等)。另外,在地基加固特性说明栏中需说明是搅拌桩还是旋喷桩,是组合工艺还是其他工艺。

通过分析地下车站土建工程的费用组成及比例,得出围护工程、土石方工程(含支撑及降水)、地基加固工程和主体结构工程约占总费用的75%,说明围护工程、土方、支撑、降水、地基加固和主体结构是重点研究对象。

地下车站分部录入的数量及指标定义如表2-9所列,表中造价为包含措施费、管理费和利润在内的全费用造价。

表2-9 地下车站分部录入的数量及指标定义

部位	分部	单位	数量	造价内容	指标
主体/附属	围护工程	m^3	围护工程混凝土量	包含围护工程、混凝土工程、钢筋工程	造价/数量
	地基加固	m^3	地基加固工程量	地基加固工程	
	土方、支撑	m^3	挖土方量	包含土方开挖、回填、混凝土支撑、钢支撑工程	
	降水、排水	项	1项	包含施工降水、排水、降排措施工程	
	主体/附属结构	m^3	主体或附属所有结构的混凝土量	包含结构混凝土工程、结构钢筋、内外防水等	
	施工监测	项	1项	施工监测费	

2.3.2 高架车站土建四级指标概述

对于高架车站,通过费用组成及比例分析,得出基础(桩基、承台)、土方、主体结构(含钢筋)约占高架车站土建费用的80%,说明基础(桩基、承台)、土方、主体结构(含钢筋)是重点研究对象。

基础工程量主要受基础的类型及尺寸影响,主体结构工程量主要受车站结构形式的影响。因此,基础的类型及尺寸、车站结构形式、地质情况、周边环境等是影响高架车站土建四级指标的主要因素。

高架车站分部录入的数量及指标定义如表2-10所列,表中造价为包含措施费、管理费和利润在内的全费用造价。

表2-10 高架车站分部录入的数量及指标定义

部位	分部	单位	数量	造价内容	指标
主体/附属	基础(桩基、承台)	m^3	混凝土量	包含桩基、承台混凝土、钢筋、施工措施	造价/数量
	土方、支撑	m^3	挖土方量	包含土方开挖、回填、混凝土支撑、钢板桩支撑	
	降水、排水	项	1项	包含施工降水、排水、降排措施	

(续表)

部位	分部	单位	数量	造价内容	指标
主体/附属	结构工程	m³	结构混凝土量	包含桥梁立柱、上部结构混凝土、立柱钢筋、结构钢筋、内外防水	造价/数量

2.3.3 地下车站土建四级经济指标比较分析

对地下车站主体和附属的围护工程、地基加固、土方支撑、降排水、施工监测进行经济分析,通过 SPSS 软件寻找符合正态分布的经济指标。主体和附属的地基加固由于各个站点地质情况差异,导致数据的离散度很大,说明工法的差异性较大,指标不能完全归类统一,因此,地基加固的四级指标需二次拆解,只有区别不同工艺才能给出合理的指标区间。降排水、施工监测费用占比较低,本书给出常规的降排水及监测费用的指标以做参考。附属围护工程由于各站点围护形式差异较大导致最终指标差异也较大,因而指标分析过程中需做进一步拆解,诸如有些地质情况复杂的围护采用钻孔桩或地下连续墙,有些地质较好的围护采用 SMW 工法桩,针对不同的形式指标需分别给出。

地下车站土建四级指标按地下岛式站台车站、围护为放坡开挖+土钉墙的地下车站进行分类,指标均值如表 2-11 和表 2-12 所列。

1. 地下岛式车站

表 2-11 主体围护工程和土方、支撑的正态分布的经济指标

部位	单位	概算	合同	内容
主体围护工程(地下连续墙)	元/m³	3 591	2 566	包含导墙、地下连续墙、冠梁及对应钢筋工程,入岩为中风化岩
主体围护工程(钻孔桩)	元/m³	3 296	2 365	包含钻孔桩、桩间混凝土、止水帷幕及相应钢筋工程
主体结构	元/m³	2 038	1 515	包含顶底板、侧墙、内部结构混凝土、压顶混凝土及相应钢筋工程
土方、支撑	元/m³	165	101	包含土方开挖、回填、混凝土支撑、钢支撑、土方外运
附属围护工程(钻孔桩)	元/m³	3 239	2 436	包含钻孔桩、桩间混凝土、止水帷幕及相应钢筋工程
附属围护工程(SMW 工法桩)	元/m³	856	646	包含 SMW 工法桩、桩间喷射混凝土、冠梁压顶梁及相应钢筋工程

(续表)

部位	单位	概算	合同	内容
附属结构	元/m³	2 050	1 547	包含顶底板、侧墙、内部结构混凝土、压顶混凝土及相应钢筋工程
地基加固(旋喷桩)	元/m³	506	406	以加固体积计算工程量,以水泥掺量20%为例
地基加固(三轴搅拌桩)	元/m³	466	493	以加固体积计算工程量,以水泥掺量20%为例
井管井点降水安拆费	元/根	42 994.52	20 346.53	以4号线一期坛子口站数据为例,实为钢管井,钻孔D600,概算阶段 $H=35$ m,合同阶段 $H=25$ m
井管井点降水使用费	元/(根·天$^{-1}$)	156.71	156.71	概算阶段一般考虑降水天数180天,合同阶段考虑降水天数240天

从表2-11四级指标分析可以看出,主体围护工程概算阶段单价高于合同价,主要原因是概算时地下连续墙组价中按一定比例考虑了入岩增加费,实际因入岩深度有限且施工单位一般不考虑特殊措施,个别会采取钻机配合成槽,在报价中大多数情况不会额外考虑;另外,地墙组价中泥浆和土方外运单价在概算阶段不分站点,统一按市场价计算,较合同阶段按不同站点考虑运距的组价要高。土方、支撑单价概算阶段比合同价高,主要原因是概算阶段考虑运距较远,土方未进行调配。

2. 围护为放坡开挖+土钉墙的地下车站

表2-12 围护为放坡开挖+土钉墙的地下车站的正态分布的经济指标

部位	单位	概算	合同	内容
主体围护工程(放坡开挖+钉墙)	元/m³	2 520	1 420	以喷射混凝土体积为工程量指标
主体结构	元/m³	1 876	1 530	包含顶底板、侧墙、内部结构混凝土、压顶混凝土及相应钢筋工程
土方、支撑	元/m³	297	28	包含土方开挖、回填土方,概算时运距以20 km考虑,合同时按2 km
附属结构	元/m³	1 948	1 543	包含顶底板、侧墙、内部结构混凝土、压顶混凝土及相应钢筋工程

围护采用放坡开挖+土钉墙的地下车站主要有:1号线北一环路站、2号线站前南大道站和2号线南延各站。

2.3.4 高架车站土建四级经济指标比较分析

对高架车站的主体基础、主体结构、土方、支撑及附属结构进行经济分析,其中基础分为桩基和承台两部分,通过 SPSS 软件寻找符合正态分布的经济指标,结果如表 2-13 所列。

表 2-13 高架车站的正态分布的经济指标

部位		单位	概算	合同	内容
主体基础	桩基	元/m³	2 500	2 230	包含钻孔桩、相应钢筋工程
	承台	元/m³	1 762	1 268	包含承台混凝土、垫层及相应钢筋工程
主体结构		元/m³	2 182	2 459	包含桥梁轨道梁、房屋梁板柱及相应钢筋工程
土方、支撑		元/m³	68	84	包含土方开挖、回填土方、土方外运
附属结构:人行天桥		元/m³	1 595	2 034	包含桥梁、立柱、房屋梁板柱及相应钢筋工程

需要注意的是,由于施工合同中有划分工作内容的习惯,高架车站的钢结构、屋面部分往往放在装修指标中,因此,概算部分也按合同口径进行了拆分,上述指标不含钢结构、屋面的工作内容。

2.3.5 车站土建四级指标层面各分部造价绝对占比分析

1. 地下岛式站台车站土建四级指标层面各分部造价占比

汇总南昌轨道交通各条线路地下岛式站台车站土建两阶段四级指标层面各分部造价占比后得到图 2-4。需要说明的是,2 号线一期在分析时剔除了站前南广场站,主要因为围护形式不同,占比差距巨大。

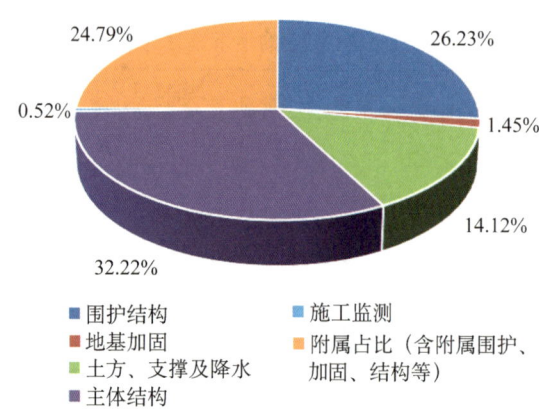

图 2-4 地下岛式站台车站土建四级指标层面各分部造价绝对占比

其中,车站主体占车站土建比例为 74.54%,附属占车站土建比例为 24.79%。需要说明的是,由于土建绝对占比分析是各条线路站点分项工程造价占比的平均值(除去零值不考虑),因此总和会出现略大于或小于 100% 的情况。

2. 地下侧式站台车站土建四级指标层面各分部造价占比

汇总南昌轨道交通各条线路地下侧式站台车站土建两阶段四级指标层面各分部造价占比后得到图 2-5。从图 2-5 可以看出,侧式站台车站土建中主体结构与土方、支撑及降水占比较高,由于围护工程采用大开挖形式,因此围护的费用相对较低。

土方、支撑及降水费用在概算阶段占比较高,这主要是因为概算阶段考虑土方运距和调配较少,而 2 号线南延的侧式站台车站全是放坡大开挖形式,土方工程量较大,通过土方平衡及运距的缩减,实际节约了大量费用。

同理,由于绝对占比分析是各条线路站点分项工程造价占比的平均值(除去零值不考虑),因此总和会出现略大于或小于 100% 的情况。

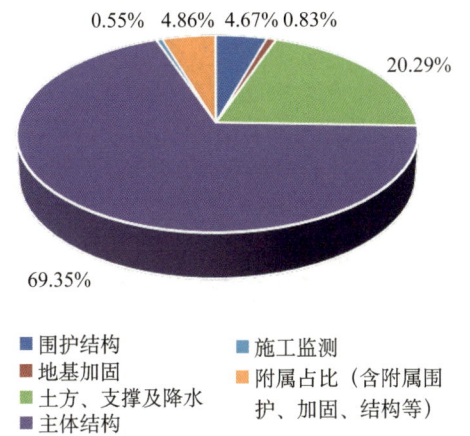

图 2-5 地下侧式站台车站土建四级指标层面各分部造价绝对占比

3. 高架车站土建四级指标层面各分部造价占比

汇总南昌轨道交通各条线路高架车站土建两阶段四级指标层面各分部造价占比后得到表 2-14。从该表可以看出,高架车站的主体结构和基础的占比较高,均值分别为 53.22% 和 26.81%。

表 2-14　高架车站土建四级指标层面各分部造价占比

阶段	基础(桩基、承台)	降水、排水	土方、支撑	主体结构(含钢筋)	附属结构
概算	28.08%	0.00%	3.78%	51.54%	16.60%
合同	25.54%	0.00%	5.14%	54.90%	14.42%
均值	26.81%	0.00%	4.46%	53.22%	15.51%

2.4　车站土建五级指标

五级指标位于数量指标层面,对于影响车站土建五级指标的因素,我们主要基于以下考量：围护工程主要受围护工程结构形式、入岩比、车站埋深、含钢量等影响；土方、支撑及降水主要受车站埋深、地质情况等影响；主体结构工程量主要受含钢量等影响。最终，研究总结后得出围护工程结构形式、入岩比、车站埋深、含钢量是影响地下车站指标的主要因素。

其中，含钢量作为重要的数量指标，可为后续指导设计提供依据。车站土建五级指标将详细分析围护工程、钻孔灌注桩、支撑体系、主体结构和附属结构的含钢量，如表 2-15 所列。同时，为了更深层次地了解主体结构中梁、板、柱等构件的含钢量范围，五级指标将深入到主体结构中梁、板、柱等构件的含钢量。

表 2-15　围护工程、钻孔灌注桩、支撑体系、主体结构和附属结构的含钢量　单位：kg/m³

分部工程名称	各条线路含钢量平均值
主体围护工程（地下连续墙）含钢量	174
主体混凝土支撑体系含钢量	180
主体钻孔灌注桩混凝土含钢量	171
主体结构混凝土含钢量	180
附属结构混凝土含钢量	174

基于对基础数据的分析发现，总体上主体围护工程（地下连续墙）与主体结构混凝土的含钢量数据离散性较小；主体混凝土支撑体系含钢量数据的离散性稍大；主体钻孔灌注桩的含钢量数据离散性较大。若异常数据并非由于录入原因造成，则标注出这些数据，在汇总数据计算均值时将其剔除。

1. 主体围护工程（地下连续墙）含钢量

南昌地铁各条线路主体围护工程（地下连续墙）含钢量的汇总结果如图 2-6 所示。

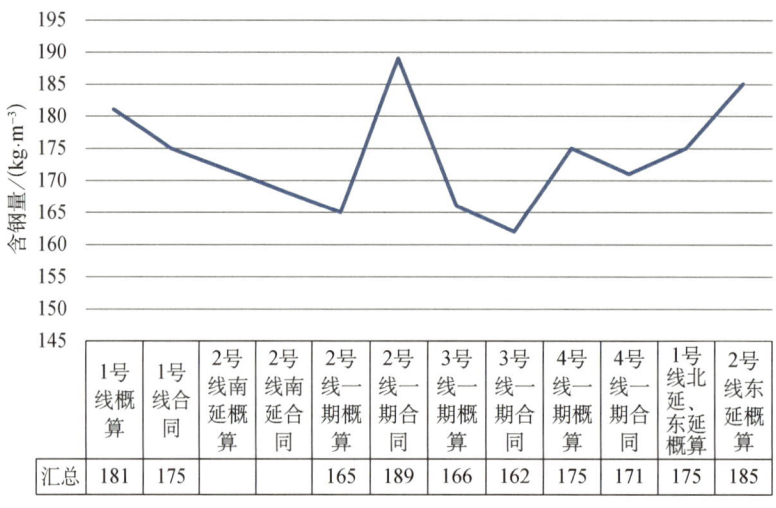

图 2-6　各条线路各阶段主体围护工程（地下连续墙）含钢量

从图2-6可见,各条线路主体围护工程(地下连续墙)含钢量呈锯齿形。其中,概算阶段比合同阶段的含钢量偏保守,大部分情况是概算阶段含钢量大于合同阶段的含钢量。

2. 主体结构混凝土含钢量

南昌地铁各条线路主体结构混凝土含钢量的汇总结果如图2-7所示。

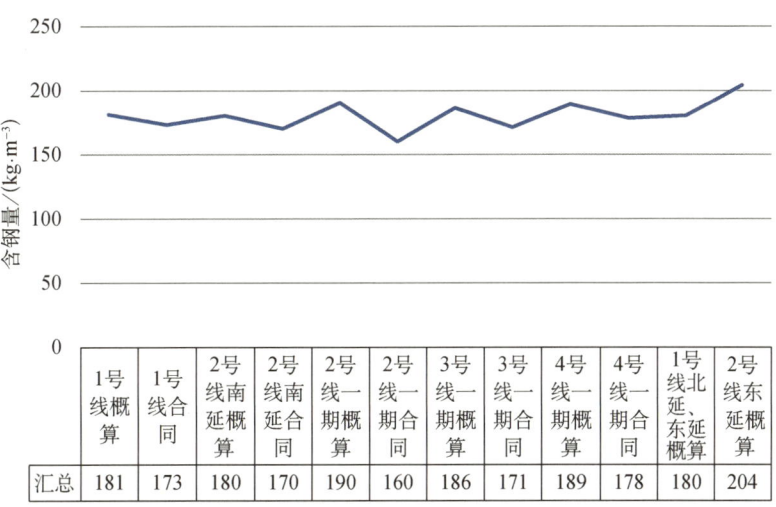

图2-7 主体结构混凝土含钢量

从图2-7可知,各条线路的主体结构混凝土含钢量较为稳定,曲线呈波浪形。主体结构混凝土含钢量均值为 180.17 kg/m³。

3. 主体混凝土支撑体系含钢量

南昌地铁各条线路主体混凝土支撑体系含钢量的汇总结果如图2-8所示。

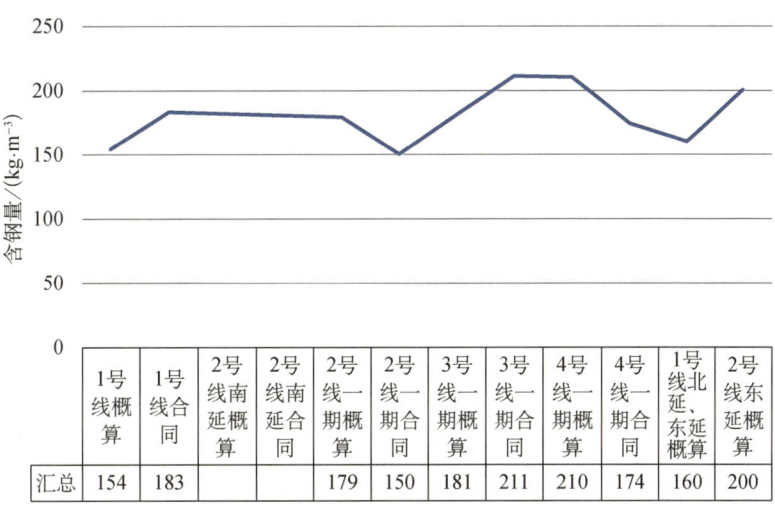

图2-8 主体混凝土支撑体系含钢量

从图 2-8 可以发现，1 号线、3 号线一期合同阶段的主体混凝土支撑体系含钢量分别为 183 kg/m³ 和 211 kg/m³，高于概算阶段。而新线中，1 号线北延、东延概算的主体混凝土支撑体系含钢量偏低。另外，2 号线南延为放坡大开挖基坑，没有混凝土支撑体系，因此不予分析。

4. 主体钻孔灌注桩混凝土含钢量

南昌地铁各条线路主体钻孔灌注桩混凝土含钢量的汇总结果如图 2-9 所示。

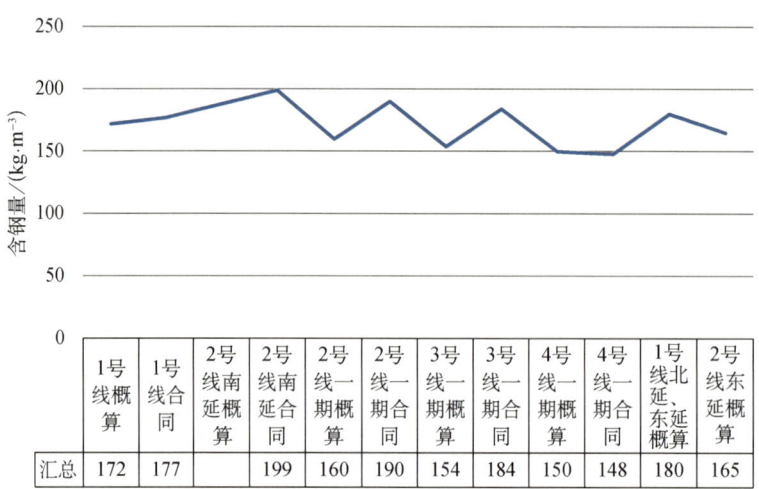

图 2-9　主体钻孔灌注桩混凝土含钢量

从图 2-9 可知，2 号线南延合同阶段含钢量为 199 kg/m³，数值偏高，究其原因是桩基基本为抗拔桩和桩锚结构中的围护桩，配筋相对较多。主体钻孔灌注桩混凝土含钢量均值为 171 kg/m³。

5. 附属结构混凝土含钢量

南昌地铁各条线路附属结构混凝土含钢量的汇总结果如图 2-10 所示。

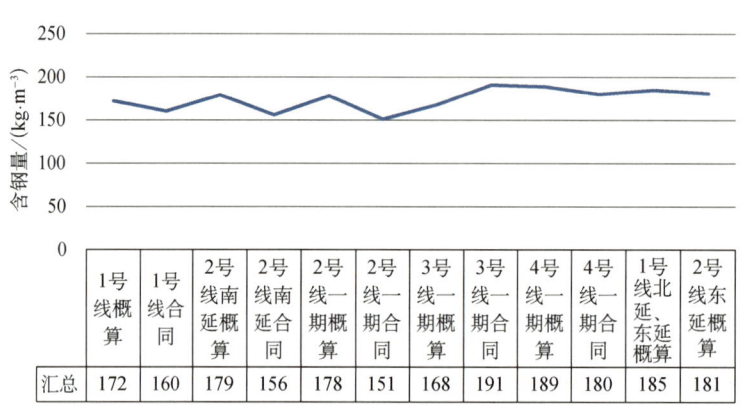

图 2-10　附属结构混凝土含钢量

从图 2-10 可知，所有线路的附属结构混凝土含钢量较稳定，曲线呈波浪形。附属结构混凝土含钢量均值为 174 kg/m³。

2.5 指标探索性分析

2.5.1 价格探索性分析

价格探索性分析主要是分析地下车站土建造价与内部结构空间的关系,以及与基坑埋深的关系。计算公式为:

内部结构净空间体积指标=车站土建总造价/[长度(衬墙外边线)×宽度(中心里程处衬墙外边线)×高度(中心里程处顶板顶到底板底)]

基坑埋深空间体积指标=车站土建总造价/[长度(衬墙外边线)×宽度(中心里程处衬墙外边线)×高度(中心里程处底板埋深)]

通过分析南昌轨道交通各条地铁线路各站点的数据,采用 SPSS 的 Explore 进行分析,所得结果如表 2-16 所列。

表 2-16 地下车站土建造价与内部结构空间的关系及与基坑埋深空间的关系

单位:万元/m³

名称	车站形式	内部结构净空间体积指标		基坑埋深空间体积指标	
		调差前	统一价差后	调差前	统一价差后
1号线概算	地下岛式站台车站	0.18~0.21	0.22~0.26	0.14~0.17	0.17~0.21
1号线合同	地下岛式站台车站	0.15~0.17	0.17~0.18	0.12~0.14	0.14~0.16
2号线一期概算	地下岛式站台车站	0.19~0.23	0.21~0.25	0.16~0.19	0.17~0.20
2号线一期合同	地下岛式站台车站	0.12~0.14	0.14~0.16	0.1~0.12	0.11~0.14
3号线一期概算	地下岛式站台车站	0.17~0.21	0.20~0.25	0.14~0.16	0.16~0.19
3号线一期合同	地下岛式站台车站	0.11~0.14	0.14~0.18	0.09~0.12	0.13~0.16
4号线一期概算	地下岛式站台车站	0.17~0.19	0.18~0.2	0.14~0.16	0.15~0.17
4号线一期合同	地下岛式站台车站	0.15~0.16	0.16~0.17	0.12~0.13	0.13~0.14
1号、2号延长线概算	地下岛式站台车站	0.23~0.25	0.23~0.25	0.18~0.20	0.18~0.2

依据表 2-16 按概算阶段、合同阶段分别求平均得到内部结构净空间体积的指标范围:概算阶段为 0.20 万~0.24 万元/m³,合同阶段为 0.15 万~0.18 万元/m³;同样地,基坑埋深空间体积的指标范围:概算阶段为 0.17 万~0.19 万元/m³,合同阶段为 0.12 万~0.15 万元/m³。

2.5.2 数量探索性分析

为了研究地下车站数量指标的规律性,本书选取部分与地下空间相对应的数量参数进行研究分析,例如中心顶板覆土、基坑埋深、内部空间体积、围护插入比、总建筑面积等,通过大量的试算和核验,总结出如下几个指标具有趋同性的结论。

由前述分析可知,地下车站主体围护的造价占比和主体结构的造价占比较为稳定,而影响围护工程造价占比的主要因素与围护工程形式、墙深(地质情况)、主体结构层数有关,因此,本书选用主体围护混凝土量占基坑埋深空间体积的比例、主体地下连续墙混凝土占总建筑面积的比例来寻找规律性指标。

另外,主体结构混凝土工程量与内部结构净空间体积、总建筑面积相关性较强,因此,本书也选用主体结构混凝土量占内部结构净空间体积的比例、主体结构混凝土占总建筑面积的比例来寻找规律性指标。

分析各条线路数量占比指标,均值结果如表2-17所列。

表2-17 数量占比指标均值

序号	数量占比指标名称	单位	均值
1	主体围护混凝土量占基坑埋深空间体积指标	m^3/m^3	0.13
2	主体地下连续墙混凝土占总建筑面积指标	m^3/m^2	0.74
3	主体结构混凝土量占内部结构净空间体积指标	m^3/m^3	0.31
4	主体结构混凝土占总建筑面积指标	m^3/m^2	1.44

各条线路4个数量占比指标的具体情况如图2-11—图2-14所示。通过折线图可以直观地看出数量占比指标较为稳定。同时,通过SPSS正态分布验算发现指标符合正态分布。因此,表2-17中的指标均值具有较强的可靠性和现实意义。

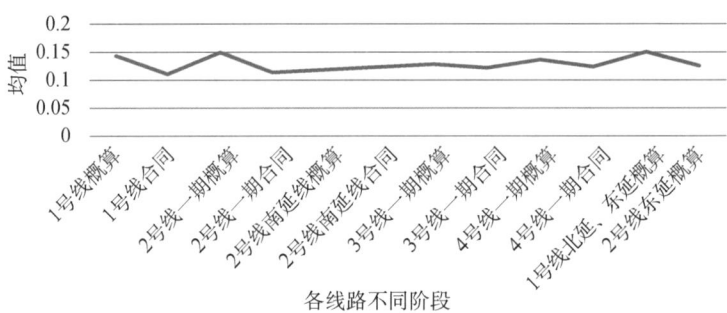

图2-11 主体围护混凝土量占基坑埋深空间体积指标

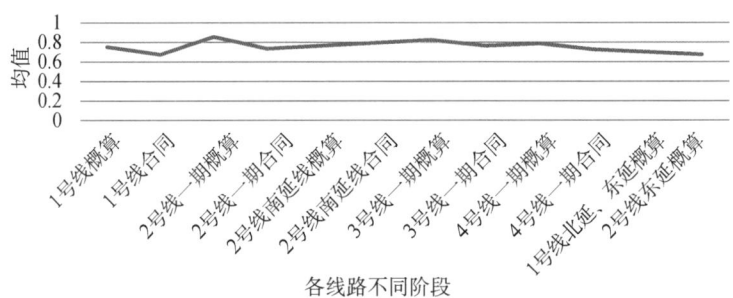

图2-12 主体地下连续墙混凝土占总建筑面积指标

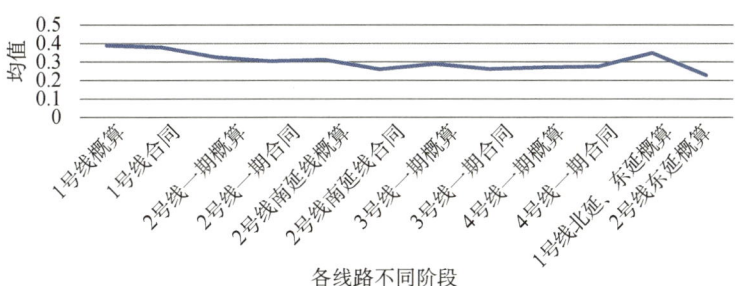

图 2-13 主体结构混凝土量占内部结构净空间体积指标

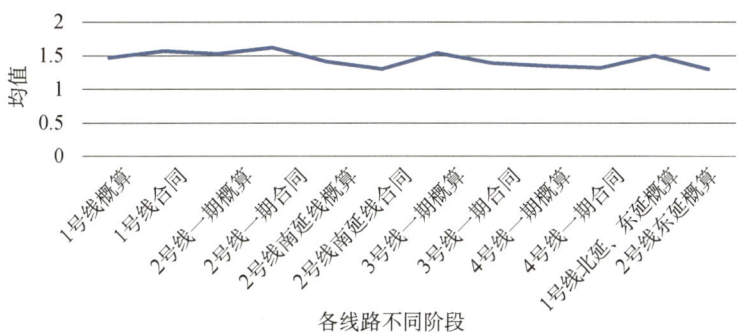

图 2-14 主体结构混凝土占总建筑面积指标

第3章 车站装修

3.1 装修工作内容整体描述及分类说明

3.1.1 地下车站装修指标

依据功能划分,地下车站装修各分区所包含的内容如下:

(1) 公共区:墙面、地面、顶面、栏杆、门窗工程、挡烟垂壁、卫浴洁具等。(注:公共区包含站台公共区和站厅公共区。)

(2) 出入口(不包括出地面、出入口加盖):墙面、地面、顶面、楼梯、零星工程等。(注:出入口包含风井。)

(3) 设备区:墙面、地面、顶面、门窗工程、隔墙(二次结构)、设备基础、防火封堵、爬梯、各种孔洞盖板以及属于设备区范围内的零星工程。(注:设备区包含站台设备、站厅设备区和单层的设备层。)

(4) 轨行区:墙面、顶面喷黑及相应的零星工程。

需要注意的是,商业开发的装修不在本章所研究的指标范围内。

地下车站装修指标统计情况如下:1号线共24个站点,除中山路站为地下侧式站台车站以外,其他全为地下岛式站台车站;2号线一期共21个站点,全为地下岛式站台车站;2号线南延共设6座车站,批复概算时又增加了1座市民中心站,全为地下侧式站台车站;3号线一期共22个站点,全为地下岛式站台车站,车站装修合同属于风水电安装合同包,为概算下浮,下浮率为3%;4号线一期共29个站点,其中25个地下岛式站台车站,4个高架车站;1号线北延、东延及2号线东延施工合同还未招标,对其仅分析概算阶段。

3.1.2 高架车站装修指标

高架车站装修包括车站内部装修和外立面装修。其中,车站内部装修主要受装修标准影响,而外立面装修则与外立面造型和形式有关,一般有玻璃幕墙、干挂石材、铝板幕墙和铝合金百叶等。

鉴于施工专业特性,合同中外立面装修含钢结构、屋面系统。因此,为统一指标口径,对概算阶段指标分析时应含钢结构、屋面系统的工作内容。

3.2 车站装修二级指标

南昌轨道交通在建线路概算批复中,装修均是按车站建筑面积指标核定的,因此为了方便横向比较,车站装修二级指标统一按车站总建筑面积作为装修经济指标的分母,分子中的投资费用在各分区装修基础上已包含以往列入装修合同的费用(如改造、站外硬化、风井等),并与概算进行匹配。南昌轨道交通各线路车站装修整体单位建筑面积指标情况如表 3-1 所列。

表 3-1 各线路车站装修整体单位建筑面积指标　　　　单位:元/m²

线路	概算阶段	合同阶段指标
1 号线	1 113.65	830.97
2 号线一期	1 011.55	1 012.60
2 号线南延	1 412.30	1 399.04
3 号线一期	1 231.91	1 013.83
4 号线一期	1 439.66	1 298.71
1 号线北延	1 560.11	—
1 号线东延	1 244.70	—
2 号线东延	1 248.50	—

在车站装修中,由于装饰装修主材占比较高,信息价格调差影响因素不大,因此,本书对于装修类指标不进行统一信息价处理。车站装修经济指标建议取值范围:概算阶段为 1 011.55~1 560.11 元/m²,合同阶段为 830.97~1 399.04 元/m²。

3.3 车站装修三级指标

3.3.1 地下车站装修单位建筑面积指标

地下车站装修单位建筑面积指标如图 3-1 所示。从图中可以看出,2 号线南延地下车站装修指标较高,究其原因:一是 2 号线南延全为地下侧式站台车站,而侧式车站双线集中设置的结构特点会造成轨行区面积和风道面积均普遍较小,且风道都设置在主体内,没有外挂在主体以外的风道;二是侧式站台车站公共区面积一般都比岛式站台车站的大。这两个原因综合起来导致了装修指标的差异。

地下车站装修经济指标建议取值范围:概算阶段为 1 011.55~1 412.3 元/m²,合同阶段为 830.97~1 399.04 元/m²。

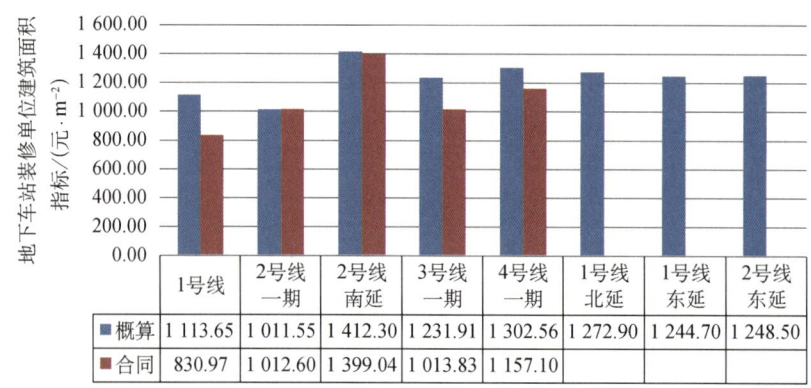

图 3-1 地下车站装修单位建筑面积指标

3.3.2 高架车站装修单位建筑面积指标

高架车站装修单位建筑面积指标如表 3-2 所列。

表 3-2 高架车站装修单位建筑面积指标　　　　单位:元/m²

线路	阶段	单位建筑面积指标
1号线北延(高架站)	概算	3 327.98
4号线一期(高架站)	概算	3 096.07
4号线一期(高架站)	合同	3 228.35

由于施工专业特性,合同中外立面装修含钢结构、屋面系统。因此,为统一指标口径,对概算阶段指标分析时包含钢结构、屋面系统、幕墙系统的工作内容。高架车站装修经济指标建议取值范围:概算阶段为 3 096.07~3 327.98 元/m²,合同阶段为 3 228.35 元/m²。

3.4 车站装修四级指标

3.4.1 地下车站装修

地下车站概算阶段装修指标分为:①公共区及出入口;②设备区及管理用房;③轨行区及风道;④附属设施出入口四小件(地铁站的出入口地面段、无障碍电梯、风亭、冷却塔)中的出地面建筑和风亭。

地下车站合同阶段装修合同量清单的分类与概算阶段不一样,具体分为:①公共区(含出入口及轨行区);②设备区;③其他工程(主要指地面附属四小件)。由于出入口段装修和公共区类似,指标有一致性,因此将出入口和公共区进行合并处理是合理的。另外,由于轨行区装修指标较低,因此需拆分出来。

对合同分部工程进行拆分合并,使之与概算指标口径保持一致,地下车站装修四级指标分类如下:公共区装修指标(含出入口)、设备区装修指标、轨行区装修指标、出地面建筑和风亭装修指标。各条线路地下车站装修四级指标情况如图 3-2—图 3-5 所示。

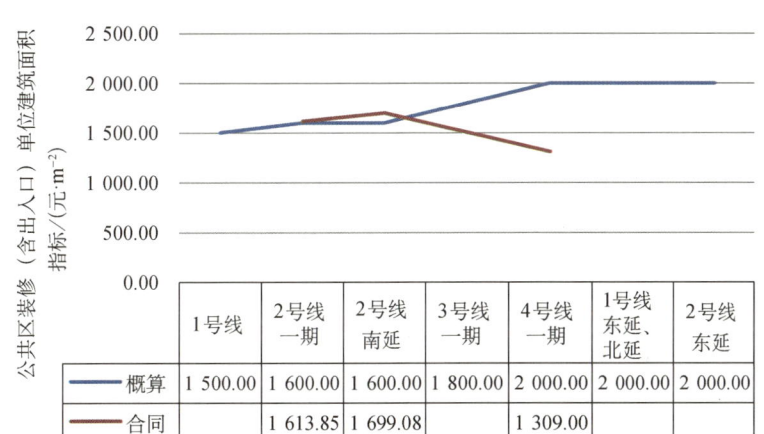

图 3-2　公共区装修(含出入口)单位建筑面积指标

由图 3-2 可知,四级指标中公共区装修(含出入口)单位建筑面积指标概算曲线是逐渐上升的。在概算编制阶段由于缺乏初设资料,加之设计深度问题,装修工程的概算编制均按指标法编制,而无相关明细。

公共区装修(含出入口)单位建筑面积指标范围:概算阶段为 1 500~2 000 元/m²,合同阶段为 1 309~1 699.08 元/m²;

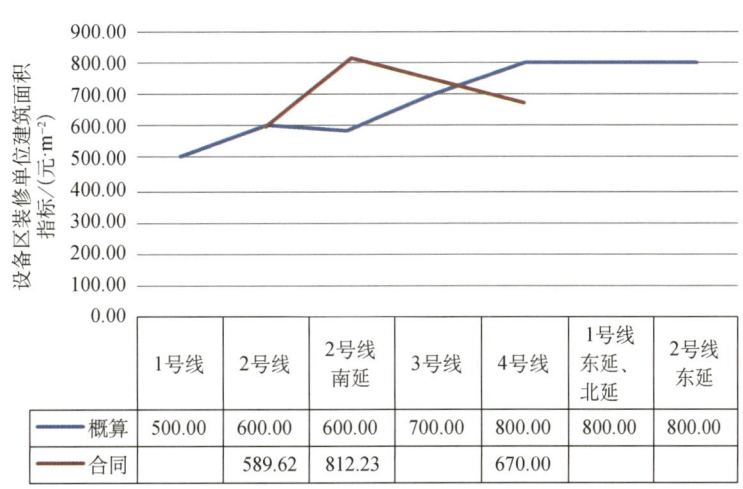

图 3-3　设备区装修建筑面积指标

由图 3-3 可知,设备区装修建筑面积指标范围:概算阶段为 500~800 元/m²,合同阶段为 589.62~812.23 元/m²。

由图 3-4 可知,轨行区装修建筑面积指标概算阶段趋势一致均为 200 元/m²,合同阶段各线路差异较大,28.67~180 元/m² 不等。由于轨行区装修较为简单,基本是涂料(如防火涂料等),除去合同阶段不平衡报价等因素的影响,建议指标范围为 30~40 元/m²。

因此，地下车站轨行区装修单位建筑面积指标：概算阶段为 200 元/m^2，合同阶段为 30～40 元/m^2。

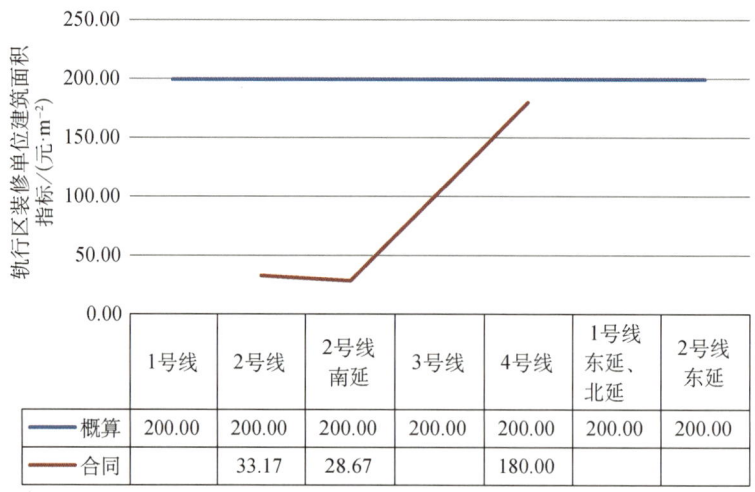

图 3-4　轨行区装修建筑面积指标

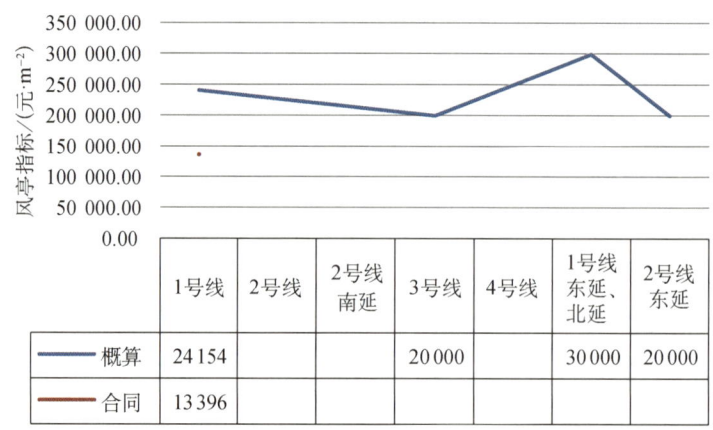

图 3-5　风亭指标

出地面建筑和风亭指标按照个数进行统计，标准站平均一个站有 6 个，概算阶段指标为 36.3 万元/个。其中，风亭按座来计算指标：概算阶段为 20 万～30 万元/座，合同阶段样本数较少，建议指标为 13 万～15 万元/座。部分风亭合同阶段指标统计口径是按建筑面积计算的，对此建议指标约为 1 500 元/m^2。

另外，其他附属设施如标志导向、路引系统指标则按照每座车站平摊指标，概算阶段为 80 万元/站。

3.4.2　高架车站装修

南昌轨道交通高架车站的数量较少，仅有 4 号线一期的 4 个车站和 1 号线北延的 2

个车站。高架车站装修四级指标分为内部装修指标和外部装修指标两部分,其中内部装修指标分类方法类似地下车站,可分为公共区、设备区、轨行区和出入口天桥;外部装修指标分为外立面指标、钢结构指标和屋面系统指标。

内部装修指标为单位建筑面积指标具体情况如表3-3所列。

表3-3 高架车站内部装修指标

线路	阶段	形式	内部装修指标/(元·m^{-2})
4号线一期	概算	高架	1 000
4号线一期	合同	高架	971
1号线北延	概算	高架	1 360

外部装修指标:①外立面指标为建筑物外墙面积指标;②钢结构指标分为两个,分别为重量指标和建筑面积指标;③屋面系统指标为屋面投影面积指标。具体指标情况如表3-4所列。

表3-4 高架车站外部装修指标

指标阶段	外立面面积指标/(元·m^{-2})	钢结构重量指标/(元·t^{-1})	钢结构建筑面积指标/(元·m^{-2})	屋面系统面积指标/(元·m^{-2})
概算	1 650	12 742.5	506	1 388
合同	1 324	10 817.8	1 335.65	1 560.26

3.4.3 占比分析

地下车站装修各分区费用占比结果如图3-6所示。其中,公共区(含出入口)费用占比和设备区费用占比相对较高,分别为63%和22%。

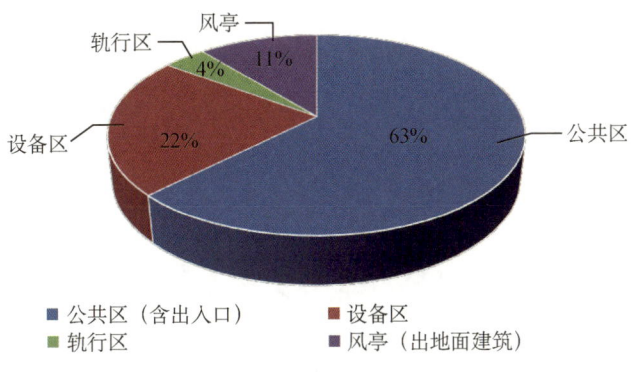

图3-6 地下车站装修各分区费用占比

3.5　车站装修五级指标

车站装修五级指标主要分析的是各分区主要装修材料的价格水平,通过分析各条线路车站典型装修材料的单价来反映近十年询价价格的走势和变化,结果如表 3-5 所列。需要说明的是,由于概算阶段按建筑面积给出整体指标,不进行细部的工程量计算和单价分析等,因此,材料询价单价针对的都是合同阶段,新线就不考虑了。另外,3 号线一期为 PPP[①] 合同,费用概算下浮,故也不纳入统计。

表 3-5　各条线路车站典型装修材料单价　　　　　　　　　　单位:元/m²

车站形式	区域	主要装修材料	1号线合同	2号线一期合同	2号线南延合同	4号线一期合同	均价
地下车站	公共区（含出入口）	花岗岩地砖	252.16	272.79	274.11	297.83	274.22
		铝合金方通	76.86	58.36	63.95	59.2	64.59
		搪瓷钢板	761.79	757.46	851.23	956	831.62
	设备区（含轨行区）	防静电地板	—	297.34	310.08	421.77	343.06
		玻化地砖	104.15	130.08	147.1	218.94	150.07
	轨行区面积	黑色涂料	31.78	29.78	21.97	31.97	28.88
高架车站	高架车站	玻璃幕墙	—	—	—	1 270.72	1 270.72
		外墙铝单板				1 341.7	—
		钢屋架	—	—	—	1 721.94（面积为外墙铝单板面积）	

---

① PPP:Public-Private Partnership,又称 PPP 模式,即政府和社会资本合作,是公共基础设施中的一种项目运作模式。

第4章 区 间

4.1 区间形式及整体数据统计情况

南昌轨道交通区间按线路敷设方式分为地下区间和高架区间两种形式。其中,地下区间按照施工方法又可细分为盾构区间和明挖区间。因此,本书按这三类区间分别进行讨论,区间分类数量汇总结果如表4-1所列。

在施工招标阶段,由于专业的划分,疏散平台一般会放在供电标段。因此,本章在分析概算阶段指标时均把疏散平台的费用去除了,使之与合同阶段统一口径。

表4-1 区间分类数量汇总

线路	盾构区间数量	明挖区间数量	高架区间数量
1号线	26段	盖挖逆作法区间1段	—
2号线一期	19段	1段	—
2号线南延	—	6段	—
3号线一期	21段	4段	—
4号线一期	25段	1段	6段
1号线北延、东延	8段	明挖暗埋2段,U形槽2段	4段
2号线东延	10段	—	—

4.1.1 盾构区间工法特点

所谓盾构区间是指区间采用盾构法进行施工,区间造价主要包含掘进、管片、联络通道和进出洞口加固的造价,其中掘进与管片的合计占比达90%左右。

南昌轨道交通采用B型车,盾构区间均为6 000 mm圆形断面结构形式,绝大部分盾构机类型为土压平衡盾构,只有过赣江和瑶湖等水下隧道时采用泥水平衡盾构。

4.1.2 明挖区间

南昌轨道交通2号线南延为明挖区间,具体线路从南路村站—站前南大道站。明挖区间通常是三类区间中指标最高的,但由于2号线南延区间围护采用大放坡形式,其经济指标反而较盾构区间和高架区间有明显优势。而1号线万寿宫站—中山路站明挖区间为盖挖逆作法区间,2号线一期的八一广场站—福州路站为结合商业开发的两层区间,二者均不具有典型代表意义。1号线北延的昌北机场站—黄墩站、建业大道西站(原建业大道站)—北山站为高架和地下段过渡段,包括明挖暗埋区间和U形槽段。

4.1.3 高架区间

高架区间由桥梁上部结构、下部结构和附属设施组成。高架区间的造价费用主要由土石方、基础、墩台身、梁部、施工措施和疏散平台等组成。其中,基础、梁部、土石方主要受基础类型及尺寸影响,上部结构工程量主要受梁部结构形式影响,施工措施工程量主要受施工工法影响。因此,基础类型及尺寸、梁部结构形式和施工工法是影响高架区间指标的主要因素。

4.2 区间三级指标工法特点及指标分析

4.2.1 盾构区间三级指标

盾构区间单延米指标内容包括盾构掘进、进出洞口加固、联络通道及泵房和中间风井等。土压平衡盾构区间指标所包含的工作内容如下:

(1) 隧道盾构掘进及出渣:包括盾构机及车架吊装、吊拆、掘进(含负环段、进出洞段、正常段)、衬砌注浆(含二次注浆)、管片嵌缝及设置防水密封条、手孔封堵、隧道出渣等。

(2) 盾构退场及吊拆:包括盾构机分体拆除、水电气管拆除、吊装、场外运输等;车架吊拆:包括车架拆除、水电气管拆除、调试、场外运输等;附属设备吊拆:包括附属设备拆除、吊装、场外运输等;盾构基座等的制作、安装、使用、拆除等。

(3) 管片预制、运输及试拼装:包含预制混凝土管片和预制钢筋、钢管片。预制混凝土管片一般规格如下:管片外径6 000 mm、厚度300 mm、宽度1 200 mm,混凝土等级为C50 P12;钢筋规格:HPB300、高线 HPB300;HRB400、HRB400E 螺纹钢及预埋钢板等。

(4) 端头加固一般采用旋喷桩或搅拌桩,特殊地层采用冷冻法加固,指标较高。

(5) 联络通道工法包括土体加固、拆除特殊管片、临时支撑、钢平台制作安装和拆除、洞内挖土石方及土石场内外运输、拱架制作和安装、钢筋制作和混凝土浇筑等。一般采用冷冻法加固。

(6) 端头井排水、降水工程以及相关检测监测费用。

(7) 不包含疏散平台的费用,含盾构预埋滑槽费用。

泥水平衡盾构的费用组成和上述土压平衡类似,但其指标高的原因是盾构机摊销成本较高、功效较差、出渣率较高、淤泥处理费用较高。

运营线路存在将出入段线列入车辆段而非区间的情况,由于已按在建线路概算口径,故需做统一调整,具体指标情况如表4-2所列:新线区间指标均值约为5.2万~5.4万元/单延米,旧线区间指标均值约为4.5万~5.2万元/单延米。指标区间分阶段:概算阶段约为 4.5 万~5.4 万元/单延米,合同阶段约为 3.4 万~3.9 万元/单延米。

盾构区间经济指标考虑主要材料(如钢筋、混凝土、人工、汽油、柴油)单价变化对区间造价的影响,把 1 号线到 4 号线的信息价调整到 2 号线东延的信息价即 2020 年 11 月信息价。依据南昌轨道交通定额,措施费、管理费、利润、规费的取费基数为估价表中的基价,例如明挖专业的取费基数为估价表中的人工费 + 机械费,而人工费价差、材料费价差均不作为取费基数,只取税金。

价差涨幅 = $\sum$ 主要材料(钢筋、混凝土、人工、汽油、柴油)价差/编制期区间总造价。

各线路价差涨幅以及由此得到修正后的单延米指标均值如表 4-2 所列。

表 4-2　各线路价差涨幅及修正后的单延米指标均值　　　单位:元/单延米

线路名称	阶段	单延米指标均值	价差涨幅	修正后的单延米指标均值
1 号线	概算	45 909.97	11.97%	51 405.40
1 号线	合同	34 505.64	9.59%	37 814.73
2 号线一期	概算	47 480.95	5.20%	49 949.96
2 号线一期	合同	36 116.47	7.25%	38 734.91
3 号线一期	概算	52 603.60	9.66%	57 685.11
3 号线一期	合同	35 482.62	12.58%	39 946.33
4 号线一期	概算	47 741.09	9.57%	52 309.91
4 号线一期	合同	39 377.49	7.02%	42 141.79
1 号线北延、东延	概算	51 887.47	0.00%	51 887.47
2 号线东延	概算	54 194.60	0.00%	54 194.60

由表 4-2 可知,除 3 号线一期因为穿越老城区路段较长导致概算指标较高外,修正后的指标总体变化较为平缓,指标变化趋势在图 4-1 各线路盾构区间修正单延米指标中可直观反映出来。

对于 6 m 土压平衡盾构来说,由于施工工艺相对成熟,因此指标较为平稳。影响指标的因素包括掘进管片外径、隧道中心线埋深、区间穿越风险等级相关性和掘进长度。通常,区间长度越长,指标就越低(端头固定摊销成本降低),因而在线路分析中个别区间短,部分指标异常高就是这个原因。

将信息价统一为 2020 年 11 月份,土压平衡盾构区间土建经济指标取值范围:概算阶段约为 4.99 万~5.77 万元/单延米,合同阶段约为 3.78 万~4.21 万元/单延米。

泥水平衡盾构区间样本数较少,一般概算阶段由于设计深度原因考虑土压平衡盾构,在合同阶段地勘详勘及施工方案确定后,选用泥水平衡盾构,例如 1 号线秋水广场站—滨江大道站区间隧道和 2 号线一期红谷中大道站—滕王阁站(中间风井)区间隧道,采用泥水平衡盾构其指标平均单价较土压平衡盾构贵 1 万元/单延米。

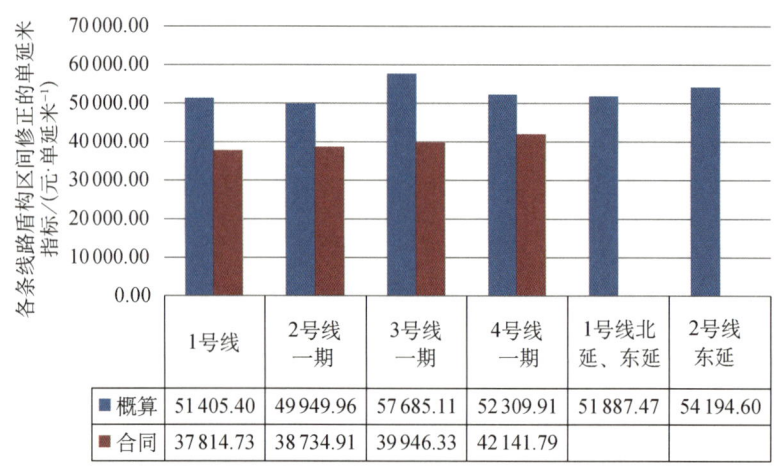

图 4-1　各条线路盾构区间修正的单延米指标

1号线北延有 6.7 m 外径盾构,概算阶段指标为 6.2 万元/单延米,双延米指标为 12.4 万元/双延米。

4.2.2　明挖区间三级指标

南昌轨道交通的明挖区间施工主要有明挖顺作法和明挖逆作法两类。明挖区间围护工程的形式、宽度、埋深和层数变化很大,因而实际情况较为复杂。结合南昌工艺特性大致分为明挖大开挖区间、明挖暗埋区间、U 形槽区间和明挖逆作法带商业开发区间。

1. 明挖大开挖区间

2号线南延区间为 6 段大开挖区间,围护形式为锚索及土钉墙,区间结构采用单柱双跨地下一层箱形结构,区间采用自然通风,通过在顶板上方设置通风井通风。明挖大开挖区间双延米指标具有分析参考的普遍意义,结果如图 4-2 所示。

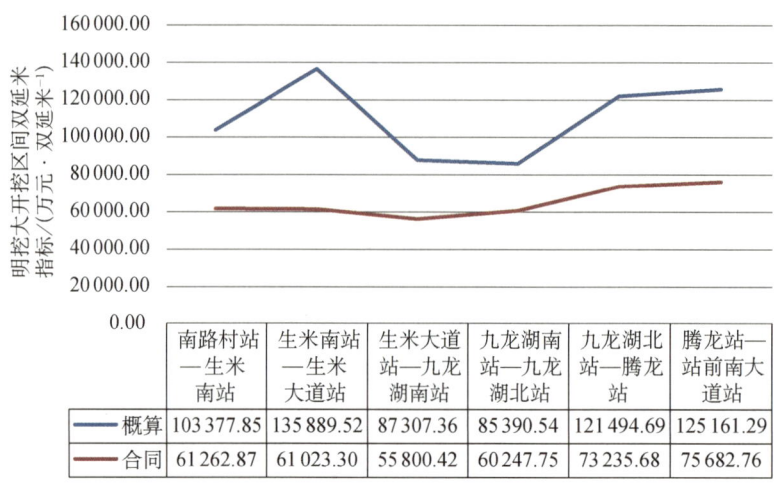

图 4-2　明挖大开挖区间双延米指标

双延米指标在概算阶段的指标区间约为 8.53 万～13.58 万元/双延米,合同阶段指标区间约为 5.58 万～7.56 万元/双延米,相较盾构指标便宜。合同阶段指标较概算阶段低的原因是:概算阶段土方外运运距按 20 km 计算,而实际上 2 号线南延地处郊区,土石方消纳在合同阶段有较大幅度减少。

2. 明挖暗埋区间

明挖暗埋区间围护形式为钻(挖)孔桩+截水帷幕,支撑体系类似明挖车站,首道支撑为钢筋混凝土支撑,二～四道支撑采用钢支撑,区间结构采用地下两层箱形结构。明挖暗埋区间一般作为高架到地下盾构段的过渡区间,例如 4 号线中堡站—礼庄山站明挖暗埋段,概算阶段指标约为 16 万元/双延米。

3. U 形槽区间

1 号线北延昌北机场站—黄墩站、建业大道西站(原建业大道站)—北山站还有 U 形槽段特殊结构,为高架到地下区间的过渡,类似明挖车站围护的工法,为钻孔桩工法。除去 U 形槽上部钢结构顶盖的造价影响,经济指标区间为 8.76 万～11.65 万元/双延米。

4. 明挖逆作法带商业开发区间

此类区间一般是穿越闹市区还有带商业开发的两层区间,施工环境复杂,指标没有规律性。如 1 号线万寿宫站—中山路站明挖区间,双线长度为 372.2 m,为明挖逆作法施工区间,由于区间过短、市区内施工降效等因素,因而指标较高。双延米指标概算阶段为 35.7 万元/双延米,合同阶段为 27.8 万元/双延米,结果是盾构区间指标的 3～4 倍。同样的情况如 3 号线一期十字街站—绳金塔站区间(双线长度仅为 149 m)、绳金塔站—南浦路站区间(双线长度仅为 112 m),但双延米指标概算阶段达到 80 万元/双延米。

明挖大开挖区间、U 形槽区间、盾构区间、明挖暗埋区间指标对比结果如图 4-3 所示。为统一口径仅对比概算阶段,盾构区间指标将单延米换算成双延米,指标采用均值。

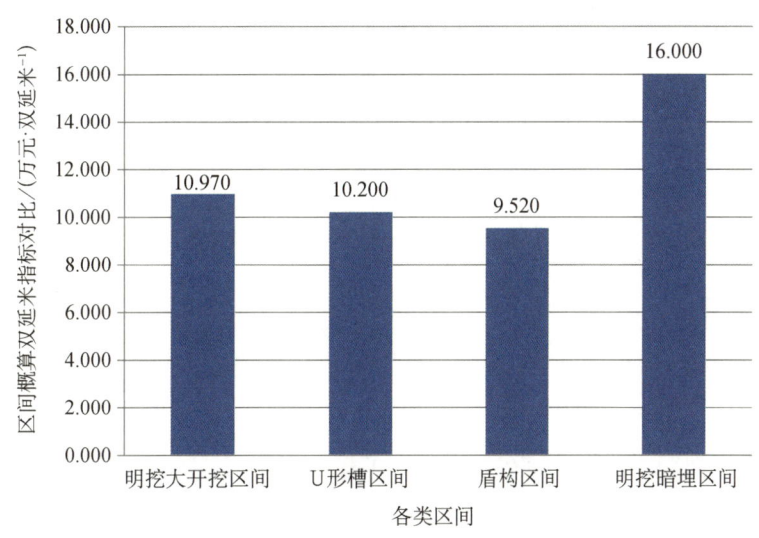

图 4-3 明挖大开挖区间、U 形槽区间、盾构区间、明挖暗埋区间概算阶段双延米指标对比

4.2.3 高架区间三级指标

南昌轨道交通高架区间共计 10 段,其中 4 号线一期有 5 段高架区间和 1 段出入段线,分别为白马山站站后折返线、白马山站—裕丰街站、裕丰街站—璜溪站、璜溪站—中堡站、中堡站—礼庄山站以及望城车辆段出入线;1 号线北延有 3 段高架区间和 1 段出入段线,分别为昌北机场站—黄墩站(原兴业大道站)、黄墩站(原兴业大道站)—建业大道西站(原建业大道站)、建业大道西站(原建业大道站)—北山站(原曰修路站)及出入线高架段。

出入段线指标较高架正线偏低,这主要是因为出入段线从高架进入到地面,其桩基墩台身占比较低。以南昌轨道交通 4 号线一期望城车辆段出入线区间为例,其双延米指标为 4.3 万元/双延米。

因此,本书着重分析高架正线即 4 号线一期 5 段和 1 号线北延 3 段高架区间的双延米指标,结果如图 4-4 所示。

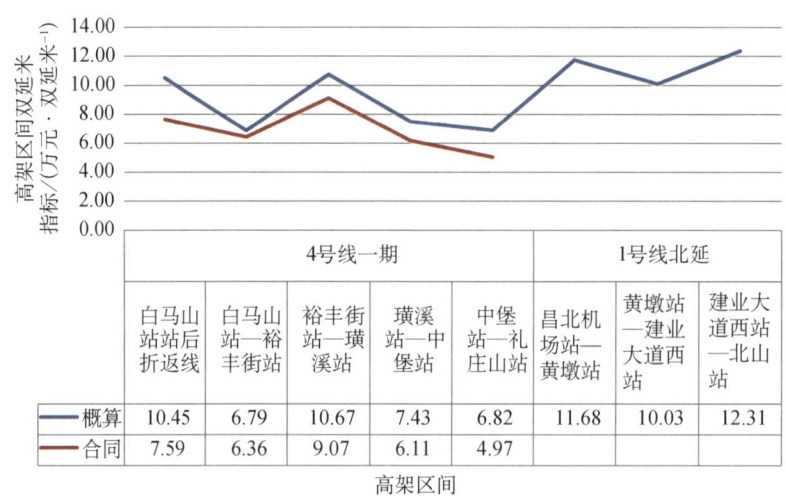

图 4-4 高架区间双延米指标

从图 4-4 可以看出,高架区间双延米指标的离散度较大,分析原因有以下几点:

(1) 4 号线一期指标未调差至 1 号线北延,而是调整至 2020 年 11 月信息价以统一口径,价差涨幅约为 7%。

(2) 一般高架区间标准段宽度为 10.2 m,若区间宽度带折返线或停车线,则宽度较标准段宽,延长米指标相应较大。例如:白马山站站后折返线区间宽度为 19.9 m,裕丰街站—璜溪站区间连接出入段线,区间平均宽度为 12.37 m,且因部分长度为单线桥梁形式,基础及墩柱量比标准段平均多出 10 m³/m,折合指标为 2.5 万/m。综合这两点因素,故造成这两段比标准段指标高出约 3 万元/双延米。

(3) 1 号线北延高架段增加了钢结构雨棚,除去雨棚造价后,以指标最高的建业大道西站—北山站区间为例进行分析,该段区间宽度为 13.67 m,按 4 号线一期的 10.2 m 标准宽度折算,折合指标为 8.15 万/双延米,昌北机场站—黄墩站区间宽度为 13.38 m,按 4 号线一期的 10.2 m 标准宽度折算,折合指标为 7.34 万/双延米。

以 4 号线一期高架区间标准段为样本给出指标的工作内容:

(1) 区间标准段宽度一般为 10.2 m;

(2) 土石方、支撑工程具体包括土石方的挖运填、钢板桩支护和土石方外运;

(3) 桥梁下部结构工程包括机械成孔灌注桩(混凝土强度一般为 C40)、承台混凝土和钢筋工程;

(4) 墩台身包括墩台混凝土、钢筋、支座的制作及安装;

(5) 上部结构含箱梁(混凝土强度一般为 C50)、桥梁挡板结构混凝土、钢筋、疏散平台、接触网结构混凝土、钢筋、预应力钢绞线以及预制块、抗震挡块、橡胶缓冲带等;

(6) 桥面附属、伸缩缝、桥面防水、桥面涂装工程以及杂散电流和综合接地。

就高架正线而言,4 号线一期共有 5 段、1 号线北延共有 3 段,结合调差和修正,最终得到的高架区间指标如图 4-5 所示。

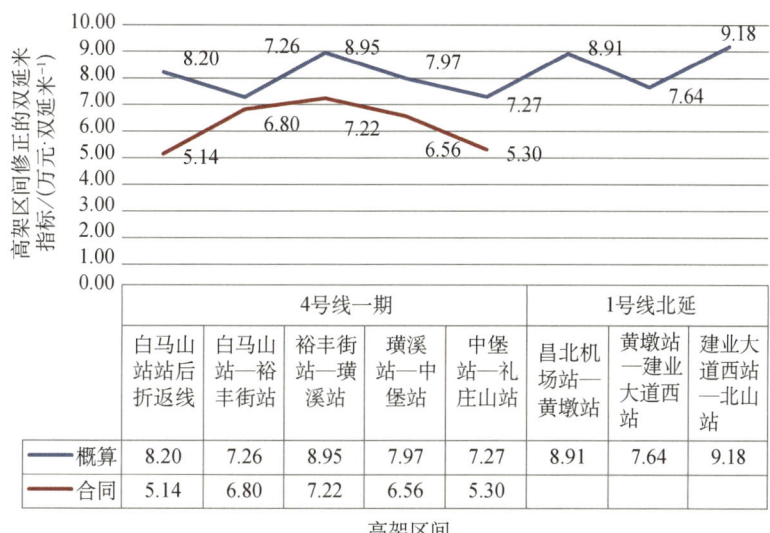

图 4-5 高架区间修正的双延米指标

高架区间土建经济指标取值范围:概算阶段为 7.26 万~9.18 万元/双延米,合同阶段为 5.14 万~7.22 万元/双延米。盾构区间指标取值范围:概算阶段为 9.98 万~11.52 万元/双延米,合同阶段为 7.56 万~8.42 万元/双延米(见 4.2.1 盾构区间三级指标中单延米指标,双延米指标乘以 2 计算)。二者对比可见,高架区间有较为显著的经济优势。

4.3 各类区间四级指标及各线路区间指标分析

4.3.1 盾构区间四级指标

前述三级指标分析了土压平衡盾构、泥水盾构的造价指标,指标为单延米掘进长度指标,由于泥水盾构样本数量少,四级盾构指标仅针对土压平衡盾构,指标拆解到四级分部工程为纯盾构掘进及出渣(含注浆)、管片(含钢筋、钢管片)、联络通道及泵房、进出洞加固和盾构机进退场,如表 4-3 所列。

表 4-3 盾构区间四级指标定义说明

序号	分部	单位	数量	造价	指标
1	纯盾构掘进及出渣(含注浆)	m	掘进长度(单延米)	包括掘进(含负环段、进出洞段、正常段)、衬砌注浆(含二次注浆)、隧道出渣	造价/数量
2	管片工程	m³	管片混凝土工程量	包括管片预制、运输及试拼装,以及管片预制混凝土和预制钢筋、钢管片	造价/数量
3	联络通道及泵房	座	联络通道及泵房个数	土体加固、拆除特殊管片、临时支撑、钢平台制作安装和拆除、洞内挖土石方及土石场内外运输、拱架制作和安装、钢筋制作及混凝土浇筑	造价/数量
4	进出洞加固工程	m³	加固体积	包括三轴搅拌桩、旋喷桩加固或冷冻法加固	造价/数量
5	盾构机进退场	台·次	盾构机台数	包括进场指标、退场指标、转场指标	造价/数量

依据表 4-3 盾构区间四级指标的拆解方式,对南昌轨道交通各条线路的盾构区间费用(即纯盾构掘进及出渣(含注浆)费用、管片工程费用、联络通道及泵房费用、进出洞加固工程费用以及盾构机进退场费用)进行分类汇总,并计算指标,通过 SPSS 软件进行数据正态分布检验,从而得到各部分四级指标区间范围。

1. 纯盾构掘进及出渣指标

南昌轨道交通各条线路的纯盾构掘进及出渣指标结果如图 4-6 所示。由该图可知,纯盾构掘进及出渣指标区间:概算阶段为 22 114~28 600 元/m,合同阶段为 16 095~21 733 元/m。

2. 管片造价指标

南昌轨道交通各条线路的管片造价指标结果如图 4-7 所示。

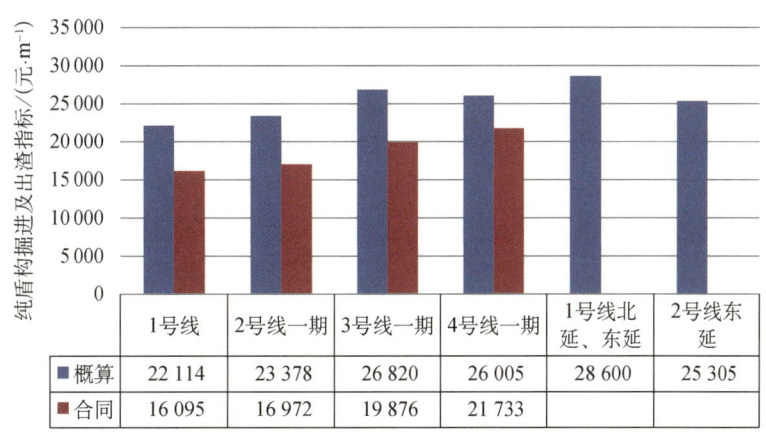

图 4-6　各条线路纯盾构掘进及出渣指标

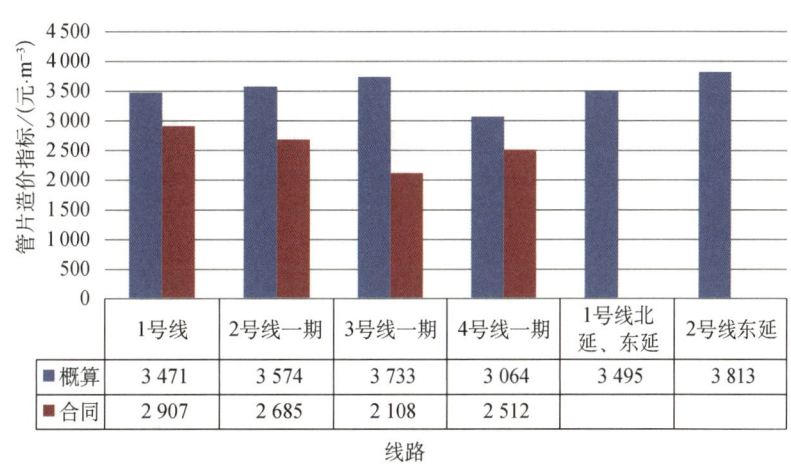

图 4-7　各条线路管片造价指标

由图 4-7 可知,管片造价指标区间:概算阶段为 3 064~3 813 元/m^3,合同阶段为 2 108~2 907 元/m^3。

3. 联络通道及泵房指标

联络通道及泵房指标一般为联络通道及泵房的长度指标,概算阶段的指标区间为 25 万~30 万元/m,合同阶段指标差异较大,造价中较为固定的费用为土体加固冷冻法,且占比较高。因此,联络通道越短,经济指标越高。以 6 m 长的联络通道为例,合同阶段的经济指标约为 50 万元/m。

4. 进出洞加固指标

进出洞加固指标和地址情况有关,一般而言,加固范围越大,指标越高,因此,单延米指标具有较大的不确定性。不同工法指标如下:当采用双重管高压旋喷桩时,其指标约为 500 元/m^3(加固体积);当采用三轴搅拌桩时,其指标为 300~400 元/m^3(加固体积)。

5. 盾构机进退场

盾构机进退场指标一般分为盾构进退场费用、盾构转场费用和盾构吊装/吊拆费用。计量单位按照台·次。概算阶段指标一般按照费用估算考虑;在合同阶段,施工单位会依据盾构机距基地远近自主报价,因而有很高的灵活性。

以新线2号线东延为例,概算阶段的指标具体如下:盾构机进场费60万元/(台·次)、盾构机退场费60万元/(台·次)、盾构机转场费50万元/(台·次)、盾构机调头费50万元/(台·次)、盾构机过站费50万元/(台·次)。

进退场费用是与盾构机距基地远近有关,随着施工企业盾构生产化率的提高,进退场费用呈逐年降低趋势,例如合同阶段盾构机进退场单价从1号线的100万元/(台·次)降至4号线的约30万元/(台·次)。另外,盾构吊装指标约为30万元/(台·次),吊拆指标约为25万元/(台·次)。

4.3.2 明挖区间四级指标

南昌轨道交通明挖区间包括明挖大开挖区间、明挖暗埋区间、U形槽区间和明挖逆作法带商业开发区间。其中,后两类明挖区间由于工艺样本数量过少,故指标的总结不具有普遍性。因此,明挖区间四级指标主要针对的是明挖大开挖区间和明挖暗埋区间。

明挖区间四级指标的定义说明如表4-4所列,表中造价为包含分部分项、管理费和利润在内的全费用造价。

表4-4 明挖区间四级指标定义说明

序号	分部	单位	数量	造价	指标
1	围护工程	m^3	混凝土量	包含围护混凝土、钢筋、措施等	造价/数量
2	土石方、支撑及降水	m^3	挖土方量	包含土方开挖、回填、混凝土支撑、钢支撑、钢板桩支撑	造价/数量
3	主体结构(含防水)	m^3	结构混凝土量	包含混凝土工程、钢筋工程、防水	造价/数量

将信息价统一到2020年11月信息价后,修正指标结果如表4-5所列。由于围护工程不同,因此将四级指标进行分类拆分。

表4-5 统一到2020年11月信息价后的修正指标

部位	单位	概算	合同	工作内容
区间围护工程(放坡土钉墙)	元/m^3	2 211	1 550	包含喷射混凝土、钢筋网制作安装、土钉墙
区间围护工程(钻孔桩)	元/m^3	3 700	3 284	包含钻孔桩、桩间混凝土、止水帷幕及相应的钢筋工程
明挖暗埋段主体结构	元/m^3	1 911	1 911	包含混凝土工程、钢筋工程、防水
大开挖段主体结构	元/m^3	1 892	1 540	包含混凝土工程、钢筋工程、防水

(续表)

部位	单位	概算	合同	工作内容
明挖暗埋段土方及支撑	元/m³	240	164	包含土方开挖及回填、支撑系统、土方外运等
大开挖段土方及支撑	元/m³	91	35	包含土方开挖及回填、支撑系统、土方外运等

有以下三点需要说明：

(1) 明挖暗埋段主体结构原概算指标为1 651元/m³，通过复核合同阶段工程量数量及组价，认为合同阶段的指标较为合适，因此，概算阶段指标参考合同阶段即1 911元/m³。

(2) 土方及支撑指标横向对比：合同阶段较概算阶段有较大幅度的减少，这是因为弃土场的选择在合同阶段已经明确，实际运距较短。

(3) 土方及支撑指标纵向对比：明挖暗埋段和大开挖段指标存在差异的原因是围护支撑工法的不同。明挖暗埋段所采用的支撑形式类似明挖车站，即采用"首道混凝土撑+二～三道钢支撑"形式；大开挖段一般采用放坡开挖，少量钢板桩支撑，因此其费用较低。

4.3.3 高架区间四级指标

通过费用组成及比例分析发现，基础（桩基、承台）、土方和上部结构（含钢筋）约占高架区间费用的70%～80%，因此基础（桩基、承台）、土方和上部结构（含钢筋）便是重点研究对象。基于此，高架区间四级指标的拆解分类便按照基础（桩基、承台）、墩台身、土方及支撑和上部结构工程来。高架区间四级指标定义如表4-6所列，表中造价为包含分部分项、管理费和利润在内的全费用造价。

表4-6 高架区间四级指标定义

部位	分部	单位	数量	造价	指标
1	基础（桩基、承台）	m³	混凝土量	费用包含桩基、承台混凝土、钢筋、施工费、措施费	造价/数量
2	墩台身	m³	混凝土量	费用包含墩台身混凝土、钢筋	造价/数量
3	土方及支撑	m³	挖土方量	费用包含土方开挖、回填、混凝土支撑、钢板桩支撑	造价/数量
4	上部结构工程	m²	桥面面积	费用包含上部结构混凝土、结构钢筋、桥面铺装、防水	造价/数量
		m³	结构混凝土量	费用包含上部结构混凝土、钢筋、桥面铺装、防水	造价/数量

高架区间四级经济指标分析结果如表4-7所列。

表 4-7 高架区间四级经济指标比较分析

部位	单位	概算	合同	工作内容
主体基础:桩基	元/m³	2 125	1 892	包含钻孔桩、桩间混凝土、止水帷幕及相应钢筋工程
主体基础:承台	元/m³	1 472	1 653	包含承台混凝土、垫层及相应钢筋工程
墩台身	元/m³	1 945	1 910	包含墩台身混凝土、钢筋
土方及支撑	元/m³	—	210	包含土方开挖、回填、支撑系统、土方运距
上部结构工程	元/m³	3 675	3 242	包含上部结构混凝土、结构钢筋、桥面铺装、防水

有以下三点需要说明:

(1) 4号线一期高架区间概算阶段的桩基工程指标较高为 2 911 元/m³,这主要是因为概算阶段图纸深度不够,考虑的入岩费用较多。因此,主体基础(桩基)概算阶段指标采用 1 号线北延的指标。

(2) 主体基础(承台)指标在合同阶段大于概算阶段,主要原因是施工图阶段的承台含钢量普遍大于初设阶段,在五级指标中也有相应分析。

(3) 由于概算阶段钢板桩支护的加固长度/深度、使用天数对于各条线路区间而言差异化明显,故土方及支撑指标概算阶段拆解指标可按挖土方 128 元/m³、钢板桩Ⅳ型 1 700 元/t 考虑。

4.4 各类区间五级指标

4.4.1 盾构区间相关五级数量指标

盾构区间五级指标为数量指标,本节着重分析三个方面的指标:混凝土管片含钢量指标、单延米管片混凝土量指标和单延米管片后注浆量指标。盾构区间数量指标均是各条线路每个区间数量指标的平均值。

1. 混凝土管片含钢量指标

盾构区间混凝土管片含钢量指标如图 4-8 所示。

由图 4-8 可知,盾构区间混凝土管片含钢量指标区间:概算阶段为 160~183 kg/m³,合同阶段为 150~195 kg/m³。

2. 单延米管片混凝土量指标

盾构区间单延米管片混凝土量指标如图 4-9 所示。

由图 4-9 可知,盾构区间单延米管片混凝土量指标区间:概算阶段为 5.38~5.61 m³/单延米,合同阶段为 5.35~5.40 m³/单延米。

3. 单延米管片后注浆量指标

盾构区间单延米管片后注浆量指标如图 4-10 所示。

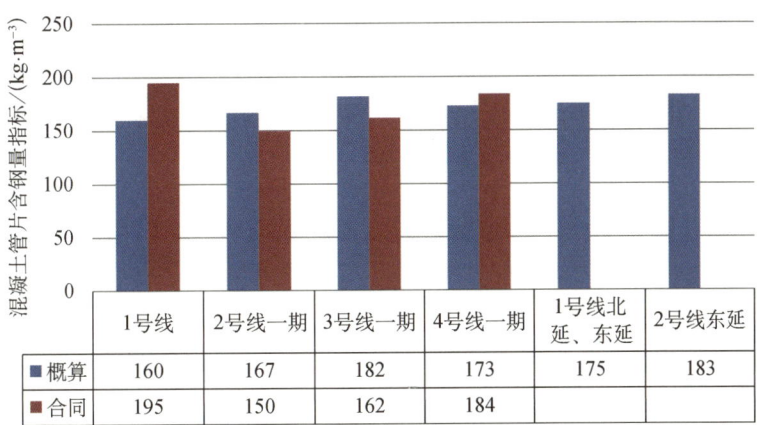

图 4-8　盾构区间混凝土管片含钢量指标

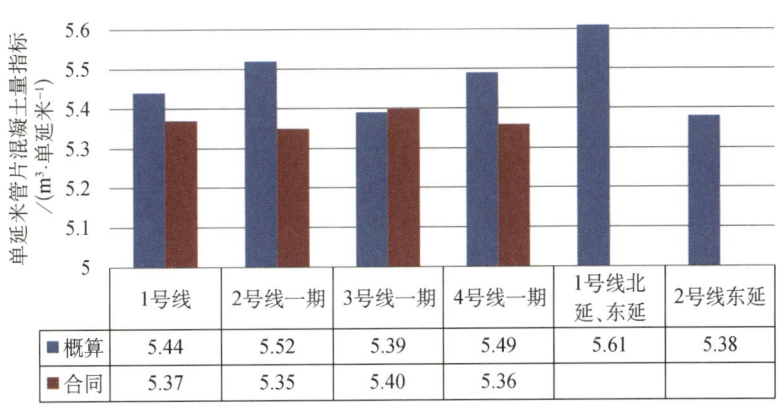

图 4-9　盾构区间单延米管片混凝土量指标

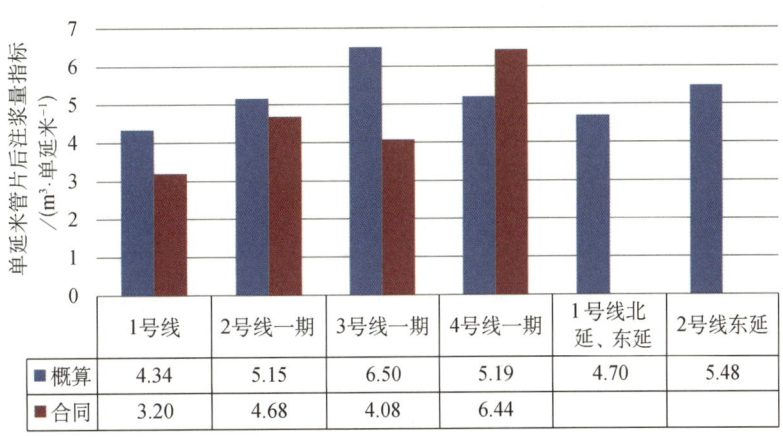

图 4-10　盾构区间单延米管片后注浆量指标

2号线一期合同阶段,合同中有2个盾构区间注浆无相关工程量,疑为施工单位的不平衡报价,故在指标分析时将其剔除。由图4-10可知,盾构区间单延米管片后注浆量指标区间:概算阶段为4.34~6.50 m³/单延米,合同阶段为3.20~6.44 m³/单延米。

4.4.2 明挖区间相关五级数量指标

明挖区间五级指标指的是大开挖形式的明挖区间五级指标。相关五级数量指标按围护工程、土石方(含支撑、降水)工程和主体结构工程分析如下。

1. 围护工程

围护工程五级指标如表4-8所列。围护工程混凝土工程量指的是锚索及土钉喷射混凝土(一般100 mm厚)工程量。

表4-8 围护工程中大开挖形式的明挖区间混凝土指标　　单位:m³/双延米

区间埋深	围护形式	围护混凝土指标	
		概算阶段	合同阶段
10~15 m	锚索及土钉墙	2.42~3.50	2.10~3.39
15~20 m	锚索及土钉墙	3.74~7.68	3.39~4.87

2. 土石方(含支撑、降水)

土石方(含支撑、降水)五级指标如表4-9所列。

表4-9 土石方(含支撑、降水)数量指标　　单位:m³/双延米

区间埋深	围护形式	区间宽度(主体结构外边)	土石方数量指标	
			概算阶段	合同阶段
10~15 m	锚索及土钉墙	9~12 m	280~529	175~295
15~20 m	锚索及土钉墙	9~12 m	529.09~636.60	336~477

土石方数量指标与区间埋深、基坑宽度和放坡系数有关。合同阶段较概算阶段的双延米指标低很多,原因是合同阶段图纸和地勘更细,土方工程量计算放坡系数考虑得更准确。另外,合同阶段的土方运距较概算阶段减少很多。

3. 主体结构

主体结构的五级指标主要分析主体结构混凝土双延米指标及含筋率指标,结果如表4-10所列。

表4-10 主体结构混凝土双延米指标及含筋率指标

区间层数	区间宽度	混凝土数量指标/(m³·双延米$^{-1}$)		含筋率/(kg·m^{-3})	
		概算阶段	合同阶段	概算阶段	合同阶段
单层	9~12 m	25.8~31.3	25.7~35.7	156~169	157~174

4.4.3 高架区间相关五级数量指标

高架区间五级指标中下部结构指标的关注点主要是基础桩基、承台和墩台身的含筋率;上部结构指标的关注点除含筋率指标以外,混凝土占桥面面积指标也是一项重点。具体分析如下:

(1) 钻孔灌注桩含筋率在概算阶段和合同阶段无明显区别,约为 100 kg/m³;

(2) 承台含筋率概算阶段约为 120 kg/m³,合同阶段约为 150~200 kg/m³;

(3) 墩台身含筋率概算阶段约为 220 kg/m³,合同阶段约为 200 kg/m³;

(4) 上部结构箱梁钢筋率概算阶段约为 220~240 kg/m³,合同阶段约为 220~290 kg/m³;

(5) 上部结构箱梁混凝土占桥面面积指标以 4 号线一期各站点为例,概算阶段平均指标为 0.8 m³/桥面面积,合同阶段平均指标为 0.73 m³/桥面面积。

4.5 回归模型分析

回归模型分析仅针对盾构区间,依据 6 m 土压平衡盾构的工法、造价指标的分解和项目经验分析可知,单延米经济指标大致可拆分成固定部分和可变部分。其中,固定部分包括联络通道及泵房、进出洞加固、盾构机进出场,可变部分包括盾构掘进造价(含注浆、管片等)。

在样本三级指标分析过程中采用的是单延米指标,长度是盾构掘进长度,运用时需转换成区间长度。借助 SPSS 软件分析区间长度与单延米盾构经济指标的相关性,尝试模拟出经济指标与区间长度的拟合公式。

通过样本分析,最终剔除了区间长度超过 6 000 m 的经济指标,原因是过长的盾构区间(大于 6 000 m)一般存在非常规做法,例如有中间风井等影响因素,这会对造价产生较大影响。通过分析 117 个盾构区间指标与区间长度的相关性,得到的散点图如图 4-11 所示。

分析可知,数据呈正态分布,指标较为集中在 4 万~6 万元区间范围内,通过 SPSS 回归分析中的曲线估算,拟合了线性、二次、逆等模型。R 方差值分别为 0.449、0.582 和 0.626。通过 R 值可以看出,逆模型的拟合度最好。逆模型摘要如图 4-12 所示。

在上述线性回归分析中,使用 ANOVA 分析来检验回归方程的显著性。其 F 值为 68.192,显著性<0.00,说明可以拒绝原假设。盾构区间指标和区间长度具有显著相关性,结论如图 4-13 所示。

依据系数表(图 4-14)可知相关的系数和常量(红框圈出)。

求得回归模型公式如下:

$$Y = 4.753 + 458.455/X \tag{4-1}$$

式中 X——区间长度,m,需特别说明,依据 6 m 盾构工法的特点和样本数据,本公式仅适用于区间长度范围[200,2 000];

Y——经济指标,万元/单延米,信息价采用的是 2020 年 11 月份的信息价。

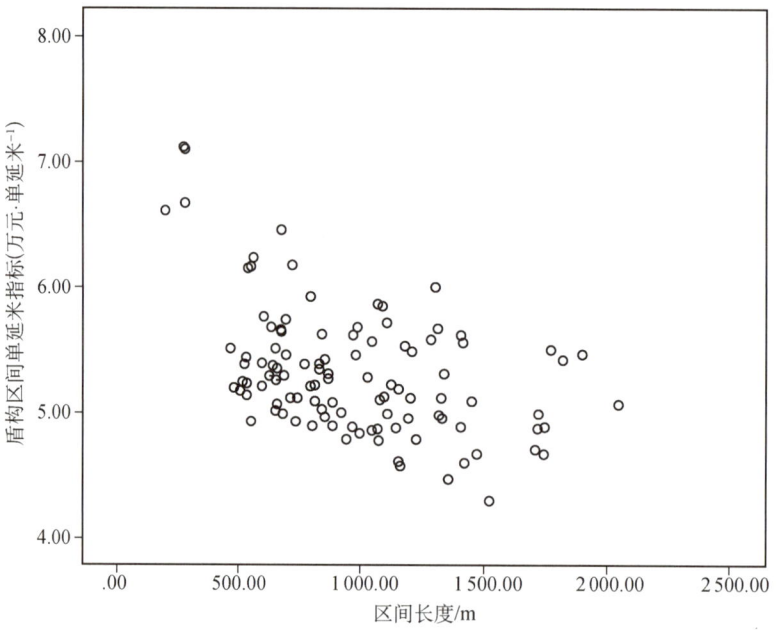

图 4-11　盾构区间指标与区间长度散点图

模型摘要

R	R^2	调整后R^2	估算标准误差
0.626	0.391	0.386	0.394

自变量为区间长度

图 4-12　逆模型摘要

ANOVA

	平方和	自由度	均方	F	显著性
回归	10.596	1	10.596	68.192	0.000
残差	16.471	106	0.155		
总计	27.068	107			

自变量为区间长度

图 4-13　ANOVA 分析检验回归方程

系数

	未标准化系数		标准化系数	t	显著性
	B	标准误差	Beta		
1/区间长度	458.455	55.517	0.626	8.258	0.000
（常量）	4.753	0.079		60.049	0.000

图 4-14　系数表

第5章 轨　　道

5.1 轨道工程整体描述及分类说明

轨道工程费用由正线轨道(含地下正线、高架线)、车辆段、停车场轨道及线路有关工作的各类费用组成。从轨道组成角度,可将轨道费用划分为铺轨、铺道岔、铺道床和线路有关工程四部分费用。

目前,南昌轨道交通均采用6B编组,各条线路的轨道工程情况如下:

(1) 1号线轨道工程包含地下正线段、瑶湖定修段和1号线蛟桥停车场;

(2) 2号线一期轨道工程包含地下正线段、2号线红角洲大架修段;

(3) 2号线南延轨道工程包含地下正线段、生米南车辆基地;

(4) 3号线一期轨道工程包含地下正线段、莲塘车辆段、高新停车场;

(5) 4号线一期轨道工程包含地下正线段、高架段、望城车辆段和高新停车场;

(6) 1号线北延、东延轨道工程包含地下正线段、北延昌北停车场;

(7) 2号线东延轨道工程包含地下正线段、昌东停车场。

各条线路整体轨道指标的统计结果如图5-1所示,由该图可知,轨道工程整体线路指标(二级指标)的区间范围:概算阶段为487.84万～1 007.52万元/铺轨公里,合同阶段为371.76万～769.30万元/铺轨公里。

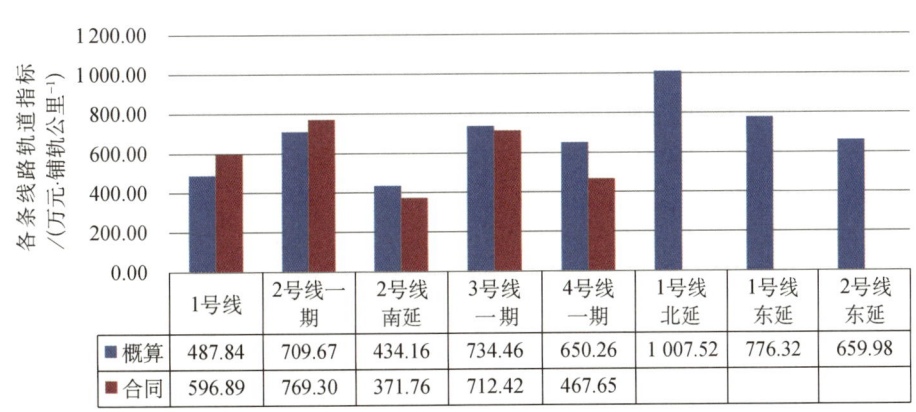

图5-1　各条线路整体轨道指标(二级指标)

可以发现,指标区间波动范围较大,这主要是因为轨道系统包含地下正线、停车场、出入段线和高架正线配线等,且各条线路的各部分占比不尽相同。因此,对二级指标进行拆解,三级指标分为地下正线、高架正线以及停车场、车辆段与综合基地。其中,地下正线指标是轨道工程造价指标分析的重点。

5.2 轨道工程三级指标

5.2.1 地下正线轨道工程三级指标

南昌轨道交通各条线路地下正线轨道工程三级指标如图 5-2 所示。对比图 5-1 可以看出,地下正线指标均高于轨道工程整体指标,原因是轨道工程整体指标中所含的停车场、车辆段等指标均低于地下正线指标。轨道工程地下正线指标范围:概算阶段为 540.18 万~1 076.06 万元/铺轨公里,合同阶段为 474 万~769.30 万元/铺轨公里。

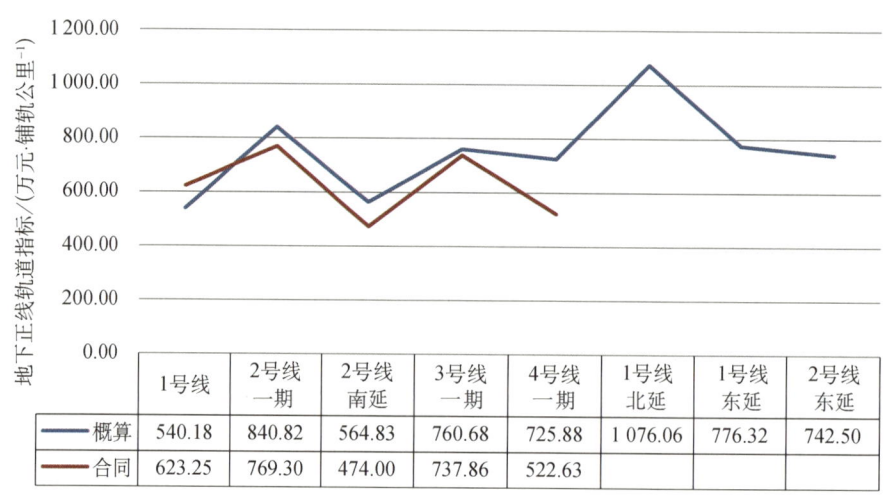

图 5-2 各条线路地下正线轨道工程三级指标

各条线路地下正线轨道工程的三级指标离散度较大,原因是轨道工程如按减振类别可分为一般减振段、中等减振段、高等减振段和特殊减振段,由于各分段占比不同,造成三级指标差异明显,故需对指标做进一步拆解。

通过对比高等减振段、特殊减振段的道床造价占比(即图 5-3)与整体指标(即图 5-2),可以发现二者趋势是正相关的。由此可见,轨道工程的综合经济指标主要取决于高等减振段及特殊减振段占全部铺轨里程的比重,占比越大、综合经济指标越高,反之则越低。

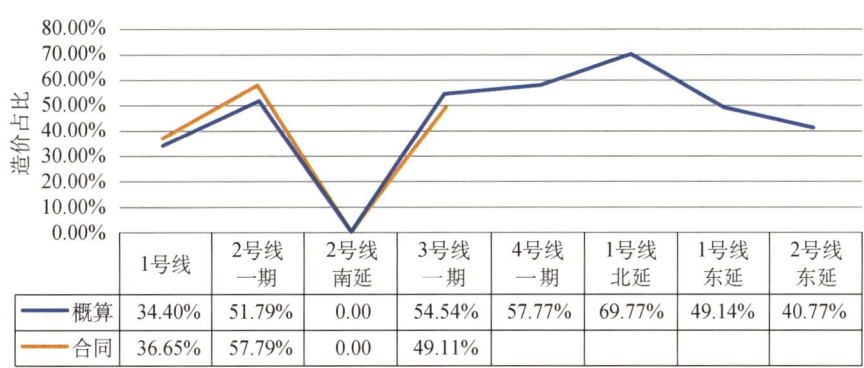

图 5-3　各条线路轨道高等减振段和特殊减振段造价占比

5.2.2　地下正线不同减振等级指标分析

参照上海城市轨道交通网络建设标准化技术文件《轨道结构减振设计指导手册》(STB-GJ-010002)一般将减振地段划分为一般减振段、中等减振段、高等减振段和特殊减振段四个级别。通过对南昌轨道交通各条线路的数据分析发现，随着减振等级的提高，轨道工程平均每铺轨公里造价呈显著上升趋势，详见表 5-1。

表 5-1　各条线路地下正线不同减振等级整体指标　　　单位：万元/铺轨公里

不同减振等级	线路											
	1号线概算	1号线合同	2号线一期概算	2号线一期合同	2号线南延概算	2号线南延合同	3号线一期概算	4号线一期概算	4号线一期合同	1号线北延概算	1号线东延概算	2号线东延概算
一般减振段	338.16	322.45	419.13	300.75	392.77	290.07	426.85	336.79	348.02	490.71	477.74	459.92
中等减振段	410.46	391.38	588.49	401.47	525.61	387.68	534.26	596.81	428.54	553.08	555.36	592.24
高等减振段	1 075.67	1 350.18	1 223.18	1 473.48	—	—	1 129.92	1 608.3	1 388.00	1 203.63	1 225.62	1 097.69
特殊减振段	1 608.57	1 554.49	2 073.81	1 581.39	—	—	1 733.21	1 953.81	1 470.23	1 850.50	—	1 898.10

由各条线路分类汇总可得，按减振等级划分的地下正线三级指标结果如表 5-2 所列。

表 5-2　按减振等级划分的地下正线三级指标　　　单位：万元/铺轨公里

指标名称	按减振等级分类	概算均值	合同均值
地下正线三级指标	一般减振段整体指标	417.76	315.32
	中等减振段整体指标	544.54	402.27
	高等减振段整体指标	1 223.43	1 403.89
	特殊减振段整体指标	1 853.00	1 535.37

5.2.3 高架正线三级指标

研究发现,与地下正线段指标影响因素类似,高架正线段指标的关键影响因素也为减振等级,高架目前仅有一般减振段和中等减振段,指标结果如表5-3所列。

表5-3 一般减振段和中等减振段指标

指标名称	按减振等级分类	单位	概算均值	合同均值
高架正线三级指标	一般减振段整体指标	万元/铺轨公里	489.15	268.7
	中等减振段整体指标	万元/铺轨公里	—	327.9

5.2.4 停车场、车辆段与综合基地轨道工程三级指标

南昌轨道交通各条线路中停车场、车辆段与综合基地的样本数量较少。以2号线生米南综合基地为例,相关技术参数如下:库外线主要为碎石道床、新Ⅱ型预应力混凝土枕、弹条Ⅰ型扣件;库内线主要为整体道床、短轨枕、弹条Ⅰ型分开式扣件及立柱式检查坑、无枕、弹条Ⅰ型分开式扣件。三级指标结果如表5-4所列。

表5-4 停车场、车辆段与综合基地轨道工程三级指标

类别	单位	概算均值	合同均值
停车场	万元/铺轨公里	396.83	233.46
车辆段与综合基地	万元/铺轨公里	343.67	359.38

5.3 轨道工程四级指标

轨道工程四级指标从轨道组成角度,将轨道费用分为铺轨、铺道岔、铺道床和线路有关工程四部分进行分开阐述。分析轨道工程地下正线各分部造价占总造价的比例,结果如表5-5所列。

表5-5 轨道工程地下正线各分部造价占总造价的比例

项目名称	1号线概算	1号线合同	2号线一期概算	2号线一期合同	2号线南延概算	2号线南延合同	3号线一期概算	4号线一期概算	4号线一期合同	1号线北延概算	1号线东延概算	2号线东延概算
铺轨占比	50%	45%	46%	39%	64%	62%	41%	38%	41%	23%	39%	43%
铺道床占比	42%	47%	43%	51%	16%	20%	50%	53%	51%	62%	44%	46%
铺道岔占比	6%	6%	6%	7%	5%	13%	5%	6%	5%	2%	7%	5%
线路有关工程占比	2%	2%	5%	3%	15%	5%	4%	3%	3%	13%	10%	6%

注:铺道床占比包含了减振垫、浮置板道床等的费用。

从表 5-5 可以看出，每条样本线路中各分部工程占轨道总价比重从大到小排列，影响轨道工程造价较大的是铺轨、铺道床这两部分。结合图 5-3,轨道工程中特殊减振段以及高等减振段的造价在总造价中占比较高，多数线路中该部分造价占总造价比例超过40%,而 2 号线南延无高等及特殊道床，因此其指标相应较低。

5.3.1 铺轨工程指标

铺轨主要由钢轨、轨枕和扣件组成。

正线及配线、出入场线统一采用 60 kg/m 钢轨，而停车场、车辆段与综合基地一般空车低速运行，故基本采用 50 kg/m 钢轨。

正线地下线一般采用混凝土短轨枕或混凝土长轨枕，高架线采用混凝土短轨枕；如果停车场、车辆段与综合基地的道床为碎石道床，一般采用混凝土长轨枕，整体道床一般采用短轨枕。

地下线扣件一般采用常阻力扣件，如 DT 系列扣件、单趾弹簧(DZ)系列扣件、"w"形弹条扣件；高架线为了减少轮轨相互作用，一般采用小阻力扣件，如"w"形弹条扣件或"e"形扣件；停车场、车辆段与综合基地一般采用弹条 I 型扣件、弹条 II 型扣件。

表 5-6 及表 5-7 分别列举了轨道正线和停车场、车辆段的铺轨工程指标。

表 5-6 正线铺轨工程指标　　单位:万元/铺轨公里

序号	铺轨参数	概算指标	合同指标
1	DTⅢ-2 型扣件、60 kg/m 钢轨、混凝土长/短轨枕	393.07	226.63～236.68
2	DZⅢ型扣件、60 kg/m 钢轨、混凝土长/短轨枕	273.71～304.44	218.29～220.69
3	弹条Ⅲ型扣件、60 kg/m 钢轨、混凝土长/短轨枕	299.21	212.20～214.6
4	GJ-Ⅲ型扣件、60 kg/m 钢轨、长轨枕	467.73	—
5	双层弹性垫板减振扣件、60 kg/m 钢轨、预应力混凝土长轨枕	—	289.62

表 5-7 停车场、车辆段铺轨工程指标　　单位:万元/铺轨公里

序号	铺轨参数	概算指标	合同指标
1	Ⅰ型扣件、50 kg/m 钢轨 混凝土长/短轨枕	165.14～173.37	112.63
2	DJK5-1 扣件、50 kg/m 钢轨、混凝土短轨枕	219.00	124.81
3	DZⅢ型扣件、50 kg/m 钢轨、混凝土长轨枕	170.51	—
4	新Ⅱ型枕、50 kg/m 钢轨、弹条Ⅰ型不分开式扣件	228.60	—
5	弹条Ⅰ型分开式扣件 50 kg/m 钢轨无枕	—	129.88
6	DJK5-1 扣件、50 kg/m 钢轨、无枕	—	101.27

5.3.2 铺道岔工程指标

轨道交通道岔一般分为普通单开道岔和交叉渡线,其中交叉渡线由四组单开道岔和一个菱形交叉组成。正线一般采用 60 kg/m 单开道岔、交叉渡线;停车场、车辆段通常采用 50 kg/m 单开道岔、交叉渡线。铺道岔工程指标如表 5-8 所列。

表 5-8　单开道岔和交叉渡线正线指标　　　　　　　　　单位:万元/组

分类	概算指标	合同指标
60 kg/m 单开道岔	27～70	30～59
60 kg/m 交叉渡线	163～223	154～209
50 kg/m 单开道岔	14～31	12～22
50 kg/m 交叉渡线	68～159	72～79

注:指标含道岔减振费用。

5.3.3 铺道床工程指标

轨道交通正线线路道床一般可分为整体道床、橡胶减振垫整体道床、梯形轨道减振道床和钢弹簧浮置板道床。停车场、车辆段的道床一般分成整体道床和碎石道床。铺道床工程指标一般采用线路公里数指标和混凝土(碎石)方量指标。

1. 整体道床指标

整体道床通常用于一般减振段、中等减振段的轨道工程[概算阶段线路公里数指标不易折算,故用混凝土(碎石)方量指标,舍弃部分公里数据],混凝土含筋率约 400 kg/m³。整体道床指标见表 5-9。

表 5-9　整体道床指标　　　　　　　　　单位:元/m³

分类	概算指标	合同指标
整体道床(地下正线)	654～905	683～933
整体道床(高架线)	844	772
整体道床(停车场、车辆段)	579～790	612～898

2. 碎石道床指标

碎石道床通常用于一般减振段轨道工程,较常用于停车场、车辆段工程。碎石道床指标见表 5-10。

表 5-10　碎石道床指标　　　　　　　　　单位:元/m³

分类	概算指标	合同指标
碎石道床	152～238	196～313

3. 橡胶减振垫整体道床、梯形轨道减振道床和钢弹簧浮置板道床

橡胶减振垫整体道床、梯形轨道减振道床和钢弹簧浮置板道床一般用于高等减振段、特殊减振段的轨道工程。橡胶减振垫整体道床、梯形轨道减振道床和钢弹簧浮置板道床指标见表 5-11。

表 5-11 橡胶减振垫整体道床、梯形轨道减振道床和钢弹簧浮置板道床指标

单位：万元/铺轨公里

名称分类	概算指标	合同指标
橡胶减振垫整体道床	743～807	906
梯形轨道减振道床	752～878	—
钢弹簧浮置板道床	1 073～1 580	1 148～1 336

5.3.4 线路有关工程指标

线路有关工程包括正线、车辆段、停车场的有关工程、备料以及铺轨基地和CPⅢ控制网。具体指标详见表 5-12—表 5-14。

其中，有关工程分为三类：正线有关工程、车辆段有关工程、停车场有关工程。线路有关工程的内容包含线路标志、轨道基标、位移观测桩、警冲标、挡车器、涂油器等。

表 5-12 有关工程指标

单位：万元/铺轨公里

分类	概算指标	合同指标
正线有关工程	47 003～367 821	13 194～62 037
车辆段有关工程	50 032～413 533	58 900～291 700
停车场有关工程	287 800～525 104	91 300～124 600

表 5-13 备料指标

单位：万元/铺轨公里

分类	概算指标	合同指标
正线备料	82 287～734 082	12 900～58 800
车辆段备料	79 245～178 900	29 400
停车场备料	303 000～335 500	143 000

表 5-14 铺轨基地、CPⅢ控制网指标

单位：万元/铺轨公里

分类	概算指标	合同指标
铺轨基地	18 000～137 800	61 700～106 900
CPⅢ控制网	63 400～66 500	50 000～64 000

5.4 轨道工程五级指标

5.4.1 数量指标

对南昌轨道交通各条线路的轨道工程数据进行统计分析后发现,铺轨 60 kg/m 钢轨的每公里含量指标较为稳定。60 kg/m 钢轨每公里含量指标约为 80 根/铺轨公里,具体各条线路的铺轨数量指标如表 5-15 所列。

表 5-15 各条线路铺轨数量指标　　　　　　　单位:根/铺轨公里

线路名称	阶段	位置	子目名称	主要材料名称	技术参数	数量	铺轨公里数	指标:数量/铺轨公里数
1号线	合同	正线	铺轨	钢轨	60 kg/m、25 m U75V 钢轨	5 012.50	61.94	80.93
1号线北延	概算	地下正线合计	铺轨	钢轨	60 kg/m、25 m U75V 钢轨	2 207.98	27.43	80.50
2号线东延	概算	正线/出土段/停车场	铺轨	钢轨	60 kg/m、50 kg/m	2 791.38	34.50	80.91
2号线一期	概算	正线	铺轨	钢轨	60 kg/m、25 m U75V 钢轨	3 994.08	47.63	83.86
3号线一期	概算	正线	铺轨	钢轨	60 kg/m、25 m U75V 钢轨	5 306.85	65.94	80.48
4号线一期	概算	正线	铺轨	钢轨	60 kg/m	7 225.23	88.20	81.92
4号线一期	合同	正线	铺轨	钢轨	60 kg/m	7 012.48	90.00	77.92

5.4.2 材料单价指标

本节主要分析南昌轨道交通各条线路中不同类型、技术参数的减振扣件、轨枕、减振垫、中档弹簧浮置板道床、高档弹簧浮置板道床等材料的单价指标,结果如表 5-16—表 5-20 所列。

表 5-16 减振扣件单价统计　　　　　　　单位:元/套

子目名称	技术参数	概算单价	合同单价
扣件	弹条 I 型不分开式扣件	140	—
扣件	弹条 I 型分开式扣件	260	—
扣件	DTⅢ-2 型扣件	260~350	189~270

(续表)

子目名称	技术参数	概算单价	合同单价
扣件	DZⅢ-3型扣件	248～270	—
扣件	弹条Ⅲ型分开式扣件	216～350	216～230
扣件	双层非线性减振扣件	520	369～490
扣件	中等减振扣件	423	423
扣件	压缩型减振扣件	658	—

表 5-17　轨枕单价统计　　　　　　　　　　　　　　　单位：元/根

子目名称	技术参数	概算单价	合同单价
轨枕	混凝土长轨枕	250～330	186～277
轨枕	混凝土短轨枕	110～150	95～154

表 5-18　减振垫单价统计　　　　　　　　　　　　　　单位：元/m²

子目名称	技术参数	概算单价	合同单价
减振垫	减振垫/弹性垫板	1 000～1 800	1 490

表 5-19　中档弹簧浮置板道床单价统计　　　　　　　　单位：元/m

子目名称	技术参数	概算单价	合同单价
减振系统	减振垫	5 580～6 038	7 354
浮置板	浮置板	1 858～2 035	1 713

表 5-20　高档弹簧浮置板道床单价参考　　　　　　　　单位：元/m

子目名称	技术参数	概算单价	合同单价
减振系统	重量级钢弹簧	8 000～11 970	7 340～10 060
浮置板	浮置板	3 840～4 550	3 280～4 150

隔离式减振垫由覆盖层、编织层、夹层和阻尼层四部分组成，主要通过下部阻尼层提供弹性。减振垫属于经特殊工艺加工而成的橡胶弹性体材料，橡胶采用天然橡胶或合成橡胶，减振垫产品使用寿命不小于60年。

浮置板轨道结构是一种"质量-弹簧"隔振系统，它将整体道床与基础分离，做成具有足够刚度和质量的道床板，再浮置于弹性元件上，如此便构成了浮置板道床。按支座类型的不同可分为橡胶浮置板、复合钢弹簧浮置板和钢弹簧浮置板，浮置板轨道的减振效果一般为10～30 dB。中档钢弹簧浮置板轨道的减振原理和结构形式与现在已经使用在特殊减振地段的钢弹簧浮置板相同，主要区别是对隔振器进行了改进，采用固体阻尼，从而使得隔振器的造价降低，减振效果达到10～15 dB。

高档钢弹簧浮置板轨道由钢轨及扣配件、浮置的轨道板、隔振器和混凝土基础等组成，经多年使用，效果良好。采用"质量-弹簧"体系降低振动对外部环境的影响，隔振系统的参振质量越大、弹性越高,隔振效果也越好。为此增大振动体的振动质量和增加振动体的弹性,利用惯性力吸收冲击荷载,从而起到隔振作用。高档钢弹簧浮置板可以提供足够的惯性质量来抵消车辆产生的动荷载,只有静荷载和少量残余动荷载会通过弹性元件传到基础结构上。其结构的固有振动频率很低,减振效果显著,超过 20 dB。

第6章 通信系统

6.1 通信系统工程整体描述、数据统计及标准模型

南昌轨道交通通信系统是南昌地铁运营指挥、企业管理、服务乘客和传递各种信息的网络平台,它是一个可靠、易扩充、组网灵活并能传递语言、文字、数据、图像等各种信息的综合业务数字通信网。在正常情况下,轨道交通通信系统应保证列车能够安全高效运营且为乘客提供高质量的出行服务;在异常情况下,轨道交通通信系统能迅速转变为供防灾救援和事故处理的指挥通信系统。

轨道交通通信系统分为三部分:专用通信系统、公安通信系统和民用通信系统。南昌轨道交通通信工程中部分线路在概算、合同阶段把车辆段和停车场的安防系统放入通信系统,例如1号线、1号线北延和2号线东延的概算阶段以及1号线、2号线一期和4号线一期的合同阶段。本书根据划分习惯,统一把综合基地、车辆段、停车场和定修段安防系统放在第13章单独分析。

在合同阶段,1号线、2号线一期和2号线南延的民用通信系统由铁塔公司负责投资、建设及运营,不在南昌轨道交通集团负责实施范围内;3号线一期采用PPP模式招标,合同阶段是在概算金额上直接下浮3%;4号线一期无民用通信系统。综合上述情况,本章仅对1号线、2号线一期和3号线一期的概算阶段进行民用通信系统分析。另外,1号线东延通信系统概算中包含了智慧车站的费用200万元,本章不做分析。

各条线路的通信系统线路指标(二级指标)如图6-1所示。

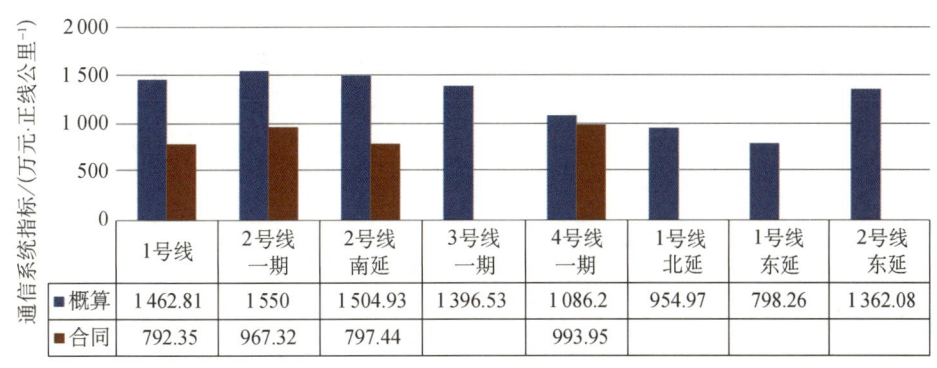

图6-1 各条线路通信系统线路指标

由图 6-1 可以看到,各条线路的通信系统线路指标差距较大。概算阶段最低为 798.26 万元/正线公里,最高为 1 550 万元/正线公里。结合上述情况进行分析,原因为:部分线路不含民用通信、各条线路设计标准存在差异以及线路敷设方式存在差异等。另外,部分指标因为线路口径等原因也需要进行修正。因此,只有建立标准指标模型才能给出合理的指标区间范围。

结合南昌轨道交通所有线路的实际情况,建立线路指标标准模型:6B 编组下正线公里数为 30 km,全地下车站间距为 1.2 km,包括中央控制中心 1 处、车站 25 站、车辆段 1 座及停车场 1 座。专用通信含 11 个子系统,公安通信含 5 个子系统,民用通信含 4 个子系统。标准模型下的通信系统线路指标、专用通信指标、公安通信指标和民用通信指标如表 6-1 所列。

表 6-1 标准模型下的通信系统指标　　　　　　单位:万元/正线公里

工程费用名称	概算阶段指标	合同阶段指标
通信系统线路指标	1 233.27～1 485.97	1 033.22～1 312.94
专用通信指标	760.76～873.29	545.09～754.89
公安通信指标	223.44～313.02	239.06～258.39
民用通信指标	249.07～299.66	参考概算指标

注:通信系统线路指标＝专用通信指标＋公安通信指标＋民用通信指标。

若与标准模型不同,调整方式为:首先,在表 6-4 专用通信子项指标中进行增减、在表 6-7 公安通信子项指标中进行增减及在表 6-10 民用通信子项指标中进行增减;然后,汇总并形成调整后的通信系统线路指标。

6.2　通信系统三级指标及各子系统指标分析

如前所述,通信系统分为三部分:专用通信系统、公安通信系统和民用通信系统。其中,专用通信系统又包括传输系统、公务电话系统、专用电话系统(含集中录音系统)、无线通信系统、视频监视系统、广播系统、时钟系统、电源及接地系统、集中告警系统、乘客信息系统和办公自动化系统等子系统。公安通信系统包括公安视频监视系统、公安无线通信引入系统、公安数据网络系统、公安专用电话系统、公安电源系统等子系统。民用通信系统包括民用传输系统、民用无线引入系统、民用集中告警系统、民用电源接地及防雷系统等子系统。

6.2.1　专用通信各子系统指标分析

1. 专用通信子系统内容描述

1) 传输系统

传输系统是通信系统中最重要的骨干系统。它是一个基于光纤宽带的综合业务数字传输网络，为各种业务信息提供传输通道(包括透明通道)，构成传送语音、文字、数据和图像等各种信息的综合业务传输网。

2) 公务电话系统

公务电话系统主要用于地铁内部各部门之间的电话联系，为工程的运营、管理、维修等部门的工作人员提供服务。南昌地铁公务电话系统与南昌市公用电话网相连，从而实现地铁用户与公网用户间的通信。公务电话系统可向地铁用户提供语音、数据、传真等通信服务业务。

3) 专用电话系统(含集中录音系统)

专用电话系统是控制中心调度员、车站(含车辆段、停车场)值班员指挥列车运行和下达调度命令的重要通信工具，也是为列车运营、电力供应、日常维修、防灾救护、票务管理提供指挥手段的专用通信系统。该系统可为控制中心指挥人员进行行车调度、电力调度、防灾环控调度、总调、维修调度等提供专用直达通信，并且具有单呼、组呼、全呼、紧急呼叫等功能，同时可为站内各有关部门提供与车站值班员间的直达通话，以及车站值班员与邻站值班员的直达通话。因此，通常要求该系统设备高度安全可靠、操作方便快捷。根据本工程运营需要和业务性质，专用电话系统包括调度电话、站内电话、站间电话和专用维修电话。

集中录音系统是保障轨道交通安全、可靠运行的专业系统，它既是记录工作过程、分析事故责任过程中的必要依据，也是监督工作质量、优化管理方式的重要手段。集中录音系统不仅能完整记录调度指令、业务通信和站点广播等工作信息，也能真实还原应急响应、客户服务和重要岗位工作交接等的处理过程，并最终确保各级管理人员可以及时掌握系统的运行状况，全面了解安全生产管理环节，持续改善安全生产管理成效，从而有效杜绝和预防重大责任事故的发生。

4) 无线通信系统

南昌地铁1号线专用无线通信采用 TETRA 800 MHz 数字集群方式组网。地铁无线通信除了应满足运营本身所需的列车无线调度通信及定修段、停车场所需的专用无线通信外，根据地铁运营管理的实际情况，还应满足维修、管理所需的必要的调度通信业务，如日常维修调度无线通信、紧急情况下的防灾调度无线通信以及必要的站务无线通信等。运营线路无线通信系统用于运营线路控制中心调度员对相应的无线用户实施调度专用无线通信，定修段、停车场无线通信系统则用于定修段、停车场值班员实施调度作业专用无线通信。

南昌轨道交通2号线一期及其南延线的专用无线通信系统采用了 800 MHz 频段的 TETRA 数字集群调度系统，从而为地铁固定用户与移动用户之间、移动用户与移动用户之间提供了可靠的通信手段，这对于保障行车安全、提高运营效率和管理水平、改善服务质量、应对突发事件具有重要的作用。

南昌轨道交通3号线一期和4号线一期工程的专用无线通信系统均采用了1.8G频

段的基于 TD-LTE(分时长期演进)技术的宽带集群通信系统。该系统与信号系统间的车地无线通信采用 TD-LTE(A+B)双网综合承载方案:B 网仅承载 CBTC 业务(CBTC 红网),频率配置为 5M;A 网为综合承载网,采用 2 套核心网和 1 套基站的建设方案,综合承载 CBTC 和集群调度业务(语音)并合理考虑与行车安全有关的列车运行状态信息业务,频率配置为 10M。本工程专用无线通信系统仅建设一套集群的核心网及车站、场段的天馈系统,其中天馈系统的接入基站及区间无线覆盖系统由信号系统建设。专用无线通信系统须完全满足城市轨道交通车地综合通信系统(LTE-M)规范和基于 LTE 技术的宽带集群通信(B-TrunC)系统的相关要求等。

5) 视频监视系统

视频监视系统是保障和维护城市轨道交通运输安全的重要手段。它能为控制中心的调度员、各车站值班员、列车司机等提供有关列车运行、防灾救灾、旅客疏导及社会治安等方面的视觉信息。视频监视系统由控制中心控制设备、派出所控制设备、车站/车辆段/停车场控制设备、图像摄取设备、图像显示设备、音频录取设备、图像存储设备、图像录制设备、图像回放设备和视频信号传输设备等组成。

6) 广播系统

广播系统按使用用户可划分为行车广播和防灾广播。广播系统的任务包括:控制中心调度人员、车站值班员及站台值班员向车站旅客进行公众语音广播、通告地铁列车运行与安全、向导等服务信息;向工作人员发布作业通知。当车站内发生火灾等突发状况时,广播系统可兼做消防广播。

7) 时钟系统

时钟系统为控制中心调度员、车站值班员、各部门工作人员及乘客提供统一的标准时间信息,为本工程其他系统的中心设备提供统一的时间信号。时钟系统的设置对保证地铁运行计时准确、提高运营服务质量起到了重要作用。时钟系统采用控制中心与车站/车辆段/停车场的两级组网方式。时钟系统由中心母钟(一级母钟)、车站/车辆段/停车场母钟(二级母钟)、时间显示单元(子钟)以及传输通道、接口设备、电源和时钟系统网管设备组成。在控制中心设置一级母钟设备,通过传输设备传送时钟信号至车站/车辆段/停车场母钟(二级母钟),单元(子钟)时钟的信号从二级母钟接引。

8) 电源及接地系统

专用通信系统在地铁运营中担任着重要工作,而电源系统为通信系统提供动力,因而电源系统是地铁专用通信系统中必不可少的子系统,一旦通信电源发生故障而停止供电,必将造成通信各子系统的中断。因此,电源系统的安全及可靠性就显得尤为重要,要求其能为各系统设备提供不间断、无瞬变的供电。全线所有通信电源设备实施集中维护管理。

通信电源系统为不间断供电系统,按一级负荷供电,由动照专业负责引入两路交流 380 V 可靠电源,引至通信电源设备室动力配电箱处,当两路交流电源同时断电时,高频开关电源备用蓄电池将维持供电 2 小时,UPS 蓄电池按 2 小时备用。

9) 集中告警系统

通信系统在控制中心设置集中告警设备,以采集、显示、存储并打印通信各系统的故障告警信息。该告警终端利用计算机网络技术和计算机本身的高速数据处理能力,对通信各系统进行集中监测告警管理,将通信各系统的运行状态和告警信息集中反映到告警设备上,通过网络平台使有访问权的维护人员可以近、远程登录,以便维护人员快速准确地处理各系统的设备故障。

10) 乘客信息系统

本工程的乘客信息系统是依托多媒体网络技术,以计算机系统为核心,以面向乘客的显示终端为媒介向乘客提供信息服务的一个系统。正常情况下,乘客信息系统提供乘客须知、轨道交通首末班车服务时间、列车时刻表、管理者公告等运营信息及政府公告、出行参考、媒体新闻、赛事直播、广告等公共媒体信息;紧急情况下,本着运营信息优先使用的原则,乘客信息系统可提供动态辅助性提示,从而使乘客能够通过正确的服务信息引导,安全便捷地乘坐地铁。乘客信息系统从结构上可分为四个子系统:中心子系统、车站子系统、车载子系统和网络子系统(有线网络和车地无线网络)。

11) 办公自动化系统(含综合布线系统)

为实现南昌轨道交通的现代化、数字化管理,办公自动化系统在控制中心、车辆段、停车场、主变电站电所及各车站设置了计算机网络交换机,通过综合布线系统和网络交换机为南昌轨道交通信息网络系统提供必要的硬件平台,并接入既有轨道交通核心交换机网络,预留接入南昌地铁信息中心的条件,以满足地铁运营办公自动化和信息化的统一管理。一般在各车站、车辆段、停车场建设综合布线系统。

综合布线系统是一个完整的集成化通信传输(分布式)系统,通过使用符合标准规范的布线部件(配线柜/架、连接器、信息插座、插头、适配器、传输电子器件、电气保护设备和线路管理支持硬件),采用六类非屏蔽双绞线、8芯光缆、三类大对数电缆等混合布线方式,模块化组合压接方法来连接车站话音设备、数据设备、电子通信设备和网络交换设备等,并使这些设备与外部通信网络相连接,从而为本工程的语音、数据及多媒体应用提供实用、可靠、灵活、可扩展的介质通路,也为本工程的信息基础链路的开通使用提供可靠保障,更为实现南昌地铁运营信息的综合管理提供基础设施。

2. 专用通信子系统占比分析

如前所述,专用通信子系统分为11项,各条线路的专用通信子系统在概算阶段及合同阶段的造价占比结果如表6-2所列。通过分析表6-2中的占比均值,并将各子系统占通信系统的比重按从大到小顺序排列(图6-2),处在第一层级的是专用乘客信息系统、专用传输系统、专用视频监视系统和专用无线通信系统;处在第二层级的是专用电话系统、专用公务电话系统、专用电源及接地系统;处在第三层级的是专用办公自动化系统、专用广播系统、专用时钟系统、专用集中告警系统等。

表6-2 专用通信子系统占比分析

子系统名称	1号线概算	1号线合同	2号线一期概算	2号线一期合同	2号线南延概算	2号线南延合同	3号线一期概算	4号线一期概算	4号线一期合同	1号线北延概算	1号线东延概算	2号线东延概算	占比均值
专用传输系统	15.18%	14.92%	19.41%	15.98%	11.36%	17.75%	16.60%	15.35%	21.76%	20.58%	17.61%	27.77%	17.86%
专用公务电话系统	6.21%	5.37%	11.52%	4.44%	13.76%	2.88%	1.90%	5.13%	2.41%	7.91%	2.75%	3.44%	5.64%
专用电话系统	3.91%	2.42%	8.61%	13.67%	5.30%	14.77%	15.70%	8.26%	15.85%	4.99%	3.44%	2.00%	8.24%
专用无线通信系统	20.44%	16.59%	11.27%	18.35%	15.25%	18.16%	20.73%	14.17%	10.01%	17.47%	19.05%	14.29%	16.32%
专用广播系统	3.22%	4.32%	4.14%	4.52%	3.82%	4.94%	4.21%	3.82%	3.02%	2.72%	3.81%	3.65%	3.85%
专用视频监视系统	20.53%	23.41%	16.09%	13.95%	15.39%	16.61%	18.67%	14.75%	15.29%	12.50%	21.92%	22.10%	17.60%
专用时钟系统	2.46%	1.65%	2.19%	2.03%	4.26%	2.13%	2.50%	2.81%	1.60%	0.98%	3.35%	1.39%	2.28%
专用办公自动化系统	5.29%	3.71%	3.99%	3.03%	4.32%	2.17%	2.64%	12.41%	3.76%	2.40%	3.23%	2.55%	4.13%
专用乘客信息系统	20.32%	24.38%	18.64%	19.32%	18.63%	16.18%	9.71%	14.68%	18.52%	25.27%	12.85%	17.73%	18.02%
专用集中告警系统	0.37%	0.48%	0.23%	0.29%	0.96%	0.00%	0.53%	0.43%	0.53%	0.38%	0.80%	0.18%	0.43%
专用电源及接地系统	2.08%	2.75%	3.91%	4.42%	6.96%	4.41%	6.80%	8.17%	7.26%	4.80%	11.16%	4.90%	5.64%

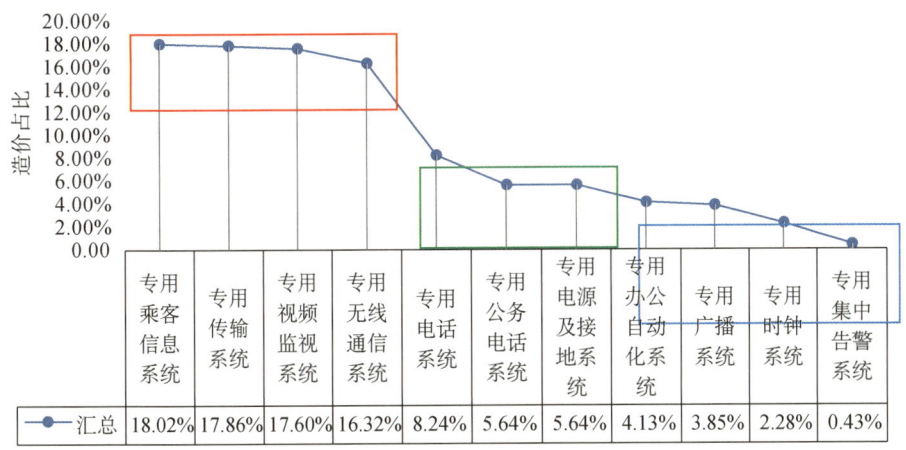

图6-2 专用通信各子系统造价占比排序

3. 专用通信子系统各线路指标分析

南昌轨道交通各线路专用通信子系统指标分析结果如表6-3所列。

表6-3 专用通信子系统各线路指标分析　　　　　单位：万元/正线公里

子系统名称	1号线概算	2号线一期概算	2号线南延概算	3号线一期概算	4号线一期概算	1号线北延概算	1号线东延概算	2号线东延概算	1号线合同	2号线一期合同	2号线南延合同	4号线一期合同
专用传输系统	130.01	177.33	87.39	142.35	125.23	158.33	110.87	296.33	81.35	109.03	103.12	164.23
专用公务电话系统	53.16	105.22	105.86	16.26	41.89	60.81	17.34	36.75	29.25	30.31	16.71	18.18
专用电话系统	33.48	78.63	40.74	134.62	67.42	38.40	21.66	21.32	13.19	93.32	85.83	119.65
专用无线通信系统	175.10	103.00	117.36	177.78	115.64	134.37	119.94	152.45	90.45	125.24	105.49	75.58
专用广播系统	27.61	37.86	29.36	36.10	31.16	20.94	24.01	38.96	23.53	30.88	28.72	22.78
专用视频监视系统	175.83	146.96	118.41	160.07	120.38	96.15	137.99	235.77	127.63	95.18	96.48	115.41
专用时钟系统	21.03	20.04	32.73	21.48	22.95	7.56	21.10	14.83	9.00	13.85	12.36	12.08

(续表)

子系统名称	1号线概算	2号线一期概算	2号线南延概算	3号线一期概算	4号线一期概算	1号线北延概算	1号线东延概算	2号线东延概算	1号线合同	2号线一期合同	2号线南延合同	4号线一期合同
专用办公自动化系统	45.33	36.48	33.26	22.65	101.27	18.43	20.34	27.24	20.21	20.70	12.58	28.35
专用乘客信息系统	174.02	170.30	143.30	83.27	119.81	194.37	80.91	189.12	132.88	131.87	94.02	139.77
专用集中告警系统	3.21	2.06	7.38	4.58	3.50	2.94	5.04	1.92	2.62	1.96	—	4.02
专用电源及接地系统	17.82	35.71	53.54	58.33	66.62	36.89	70.27	52.26	14.98	30.14	25.62	54.84

对表6-3中各子系统指标的差异化进行分析,具体如下。

1) 专用传输系统指标差异化分析

相比2号线东延,4号线一期专用传输系统概算指标偏低,主要原因是:4号线一期区间支架单价约为122元/套,单价偏低,而2号线东延区间支架单价约为222元/套,相对符合市场行情。4号线一期区间支架单价按照222元/套统一口径后,约增加造价1091万元,修正指标为153万元/正线公里,这一修正结果就与其他线路指标相当。

2号线东延专用传输系统概算指标较高,主要原因是:相比4号线一期,2号线东延系统内有桥架配管工作内容,而4号线一期此部分工作内容在其他系统内,涉及金额约为1951万元,同口径剔除后,2号线东延修正指标约为187万元/正线公里,与其他线路指标相当。

2) 专用公务电话系统指标差异化分析

与4号线一期相比,1号线概算指标较高,主要原因是:1号线系统内有配管工作内容,而4号线此部分内容在其他系统内,线路之间工作界面不一致,导致指标存在差异。

2号线一期及2号线南延的专用公务电话系统概算指标偏高,主要原因是:相比3号线一期和4号线一期,2号线一期及2号线南延概算线缆部分工作内容主要放在公务电话系统中,而4号线一期主要将其放在专用电话系统中。另外,2号线公务电话线缆和专用电话线缆工程量指标约为3号、4号线的3倍,工程数量偏高。如此,便导致2号线专用公务电话指标较其他线路高,而专用电话指标较其他线路低的情况。

3号线一期概算指标较低,主要原因是全线车站综合接入设备仅有1台,而其他线路每个车站均有1台。按照其他线路设计标准,修正工程量后,3号线一期全线车站工程量总共为 22 台,增加造价约为 315 万元,修正指标为 27 万元/正线公里,这一修正结果就与其他线路指标相当。

3) 专用电话系统指标差异化分析

3 号线一期专用电话系统概算指标较高,主要原因是:与 4 号线一期相比,3 号线一期专用电话系统内桥架总量为 42 200 m,平均单价约为 479 元/m,单价偏离市场行情。而 4 号线一期桥架的平均单价约为 147 元/m,相对贴近市场单价。若 3 号线一期按照 4 号线一期单价统一口径后,造价约减少 1 400 万元,剔除此部分金额后,其概算修正指标约为 86 万元/正线公里。

2 号线一期及南延的概算指标偏低,主要原因详见专用公务电话系统分析。2 号线一期修正指标为 138.63 万元/正线公里,2 号线南延修正指标为 100.74 万元/正线公里。

1 号线北延、1 号线东延和 2 号线东延的概算指标均偏低,主要原因是:与 4 号线一期相比,这 3 条线路系统内无桥架及配管等工程量,而 4 号线一期此部分内容在专用电话系统中,由于线路之间工作界面不一致,导致指标间存在差异。

4) 专用无线通信系统指标差异化分析

1 号线专用无线通信系统概算指标较高,主要原因是:1 号线基站设备单价约为 40 万元/套,而 3 号线一期的单价为 23 万/套,4 号线一期的单价约为 15.5 万元/套。3 号、4 号线的单价相对贴近市场行情,若 1 号线按照 4 号线一期概算单价统一口径后,约剔除 637 万元,修正指标为 153 万元/正线公里,与其他线路指标相当。

3 号线一期概算指标较高,主要原因是:3 号线一期的线路长度为 28.5 正线公里,漏泄同轴电缆卡具有 13 万套,卡具正线公里工程量指标约为 4 561 套/正线公里,单价约为 52.39 元/套。4 号线一期的线路长度为 39.6 正线公里,漏泄同轴电缆卡具有 7.9 万套,卡具正线公里工程量指标约为 1 995 套/正线公里,单价约为 49.72 元/套。两条线路的卡具单价基本相当,但工程量指标却相差较大。经过现场了解,区间内卡具约为 1 m/套,站内基本无卡具,综合分析认为 4 号线一期工程量指标较 3 号线一期相对合理。故按照 4 号线一期工程量指标统一口径后,3 号线一期卡具约为 5.6 万套,造价减少约 707 万元,剔除此部分金额后,修正指标约为 153 万元/正线公里。

5) 专用视频监视系统指标差异化分析

1 号线专用视频监视系统概算指标较高,主要原因是:与 4 号线一期相比,1 号线的摄像机、数字录像设备单价较高。按照 4 号线单价统一口径后约剔除 831 万元,1 号线修正指标为 147 万元/正线公里,与其他线路指标相近。

3 号线一期专用视频监视系统概算指标偏高,主要原因是:与 4 号线一期相比,3 号线一期的数字解码器概算单价约为 2.8 万元/套,4 号线一期的数字解码器概算单价约为 1.48 万元/套,2 号线一期的合同单价约为 1.5 万元/套,可以看出 3 号线一期单价较高,偏离市场行情。按照 4 号线一期概算单价统一口径后,3 号线一期约剔除 970 万元,修正指标约为 126 万元/正线公里。

2 号线东延专用视频监视系统概算指标较高,主要原因是:2 号线一期视频存储设备的概算单价约为 18 万元/台,合同单价约为 23 万元/台,而 2 号线东延的概算单价约为 90 万元/台,价格严重偏离市场行情。按照 2 号线一期合同单价统一口径后,2 号线东延约剔除 670 万元。另外,2 号线东延在设计中有 AR 全景摄像机(4K)、鱼眼全景拼接摄像机和双光谱热成像摄像机等,涉及金额约 291 万元,而其他线路无此部分内容。综上,2 号线东延修正指标为 144 万元/正线公里。

6) 专用办公自动化系统指标差异化分析

4 号线一期专用办公自动化系统概算指标偏高,主要原因是:4 号线一期概算阶段办公自动化系统的工作内容与其他线路不一致,且部分设备费较其他线路高。设备方面:4 号线一期概算包含汇聚层交换机(单价约为 6 万元)、接入层以太网交换机(单价约为 15 万元)、配线架和 OA 终端等;其他线路仅有 OA 终端、接入层以太网交换机(3 号线一期单价约为 1 万元)等。管线方面:4 号线一期专用通信配管及桥架等分布在传输系统、专用电话系统、视频监视和自动化系统中,约 2 500 万元;其他线路,例如 3 号线一期仅分布在传输系统及专用电话系统中,自动化系统无此内容。按照 3 号线一期统一口径后,剔除 4 号线一期自动化中 2 500 万元桥架金额,4 号线一期修正指标约为 39 万元/正线公里,与其他线路指标相当。

7) 专用乘客信息系统指标差异化分析

2 号线一期专用乘客信息系统概算指标偏高,主要原因是:就车站交换机、车站服务器、52 英寸液晶显示器等设备而言,2 号线一期的单价均高于 3 号线一期,且高于市场行情,按照 3 号线一期单价统一口径后,约减少造价 552 万元。另外,2 号线一期有非付费区综合信息发布屏,该设备的费用约为 396 万元,而 3 号线无此设备。修正以上两处后,2 号线一期的修正指标约为 130 万元/正线公里。

1 号线北延专用乘客信息系统概算指标偏高,主要原因是:与 3 号线一期、4 号线一期相比,1 号线北延的车载设备造价为 40.6 万元/列(26 列),3 号线一期为 26.7 万元/列(32 列),4 号线一期为 24.2 万元/列(43 列),由此可见 1 号线北延指标偏高。按照 4 号线一期同口径修正,1 号线北延的车载设备造价约减少 426 万元。另外,4 号线一期的网络子系统设备指标为 37 万元/正线公里,3 号为 16 万元/正线公里,1 号线北延则为 65.5 万元/正线公里,可见 1 号线北延指标偏高。按照 4 号线同口径修正后,1 号线北延造价约减少 484 万元,修正指标约为 141 万元/正线公里。

2 号线东延概算指标偏高,主要原因是:与 4 号线一期相比,4 号线一期无出入口 LED 门楣、电子导向显示屏、出入口综合信息显示屏等工作内容,但 2 号线东延有此部分工作内容,金额约为 425 万元。按照 4 号线一期同口径剔除该部分工作内容后,修正指标约为 148 万元/正线公里。

8) 其他指标差异化分析

4 号线一期合同阶段、1 号线北延及东延概算阶段、2 号线东延概算阶段的专用视频和公安视频采用了公专合一方案,即仅建设一套视频监视系统就同时满足运营和公安等单位对视频监视的需求。专用视频指标较高,此处参考 4 号线一期概算(专用视频和公安视频分设)统一口径后做指标分析用。

通过各条线路的数据统计分析并修正了差异化部分后,得到的指标范围如表 6-4 所列。

表 6-4 各条线路的数据统计和修正差异化部分后的指标　　单位:万元/正线公里

系统名称	子系统名称	概算阶段指标	合同阶段指标
专用通信	专用传输系统	130.01～177.33	81.35～164.23
	专用公务电话系统	27.00～53.16	18.18～30.31
	专用电话系统	33.48～138.63	13.19～119.65
	专用无线通信系统	103.00～153.00	75.58～125.24
	专用广播系统	27.61～37.86	22.78～30.88
	专用视频监视系统	120.38～147.00	95.18～127.63
	专用时钟系统	20.04～22.95	9.00～13.85
	专用办公自动化系统	22.65～45.33	20.21～28.35
	专用乘客信息系统	83.27～174.02	131.87～139.77
	专用集中告警系统	2.06～4.58	1.96～4.02
	专用电源及接地系统	17.82～66.62	14.98～54.84

6.2.2　公安通信各子系统指标分析

1. 公安通信子系统内容描述

1) 公安无线通信引入系统(含消防无线通信)

南昌轨道交通公安 350 MHz 数字无线通信系统采用警用数字集群(Police Digital Trunking, PDT)通信标准。该系统是公安调度指挥中心与车站值班民警、车站巡逻民警之间以及消防部门之间建立联系的重要通信手段,是轨道交通防暴反恐、维护轨道交通安全运行、突发情况或大型活动保卫现场调度指挥的一种重要技术手段,是地面公安无线通信网络通信能力的重要补充,是提高地铁警用管理水平的有力保障,也是南昌市公共交通安全防范体系的有机组成部分和延伸。

2) 公安数据网络系统

公安数据网络系统是公安信息化建设的重要组成部分,是地铁公安与地面公安的重要联络手段,也是提高公安办公效率和安全保卫的重要手段;为派出所与车站之间的网络通信及安防图像监控系统提供所需数字传输平台;可应用于各种业务,包括对内信息浏览、处理以及对外信息发布、查询等;同时,为与线网指挥中心及市公安通信网络互联提供了条件。公安数据网络系统是为公安轨道分局和派出所及车站警务室提供数据及视频信息传送的网络平台,同时其与市公安计算机网络互联可进行数据信息交流。

3）公安视频监视系统

公安视频监视系统是公安部门对车站范围实施监视、提高治安水平、保障乘客财产安全和安全运营的有效工具。公安视频监视系统由三级组成：城市轨道交通公安分局、城市轨道交通派出所和车站公安值班室。

公安视频监视系统的监视范围包括：车站出入口、车站区域的人行通道、站台和站厅、车站内的商业区、楼扶梯、售票区域以及车站内其他需要监视的重点区域。

4）公安电源系统

南昌轨道交通公安通信设备按一级负荷供电考虑。公安通信电源系统主要为传输系统、无线覆盖设备、350M集群基站、数据网络和视频监控系统设备等分路供电。

5）公安专用电话系统

公安专用电话系统是地铁公安管理部门的内线电话，它是整个公安电话系统中的一部分，也是地铁公安人员与公安部门其他人员进行一般公务联络的一种辅助工具。

2. 公安通信子系统占比分析

如前所述，公安通信子系统分为五项，各条线路的公安通信子系统概算阶段及合同阶段的造价占比如表6-5所列。通过分析表6-5中的占比均值，并将各子系统占公安通信系统的比重按从大到小排列（图6-3），处在第一层级的是：公安无线通信引入系统和公安视频监视系统。

表6-5 公安通信子系统造价占比分析

子系统名称	1号线概算	1号线合同	2号线一期概算	2号线一期合同	2号线南延概算	2号线南延合同	3号线一期概算	4号线一期概算	4号线一期合同	1号线北延概算	1号线东延概算	2号线东延概算	占比均值
公安数据网络系统	35.14%	24.85%	34.83%	17.61%	23.88%	13.76%	10.90%	12.63%	23.57%	30.78%	12.14%	16.68%	21.40%
公安视频监视系统	24.75%	16.44%	24.61%	40.88%	35.72%	35.40%	25.94%	22.14%	26.51%	25.87%	40.87%	39.95%	29.92%
公安无线通信引入系统	31.38%	51.31%	30.19%	33.01%	32.52%	43.50%	55.58%	52.86%	35.55%	34.58%	31.70%	32.03%	38.68%
公安专用电话系统	0.12%	0.00%	2.60%	1.72%	1.34%	0.17%	0.82%	0.81%	3.11%	1.04%	3.28%	3.01%	1.50%
公安电源系统	8.61%	7.41%	7.78%	6.78%	6.55%	7.16%	6.76%	11.56%	11.26%	7.72%	12.00%	8.33%	8.49%

第6章 通信系统

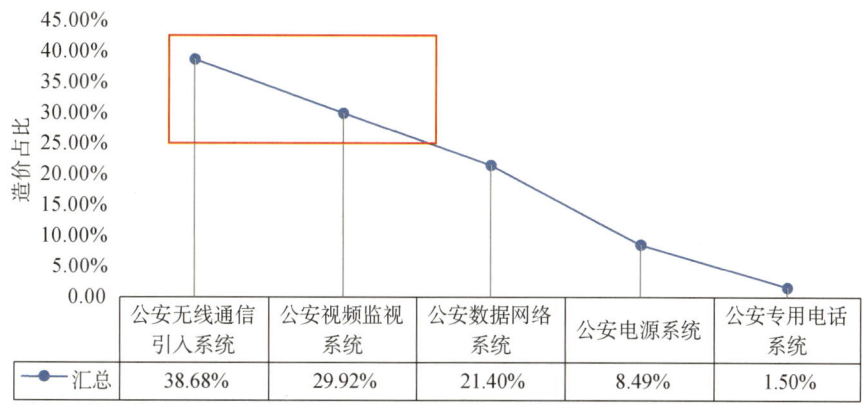

图 6-3 公安通信子系统造价占比排序

3. 公安通信子系统各线路指标分析

南昌轨道交通各线路公安通信子系统指标分析结果如表 6-6 所列。

表 6-6 公安通信子系统各线路指标分析　　单位：万元/正线公里

子系统名称	1号线概算	2号线一期概算	2号线南延概算	3号线一期概算	4号线一期概算	1号线北延概算	1号线东延概算	2号线东延概算	1号线合同	2号线一期合同	2号线南延合同	4号线一期合同
公安数据网络系统	107.72	109.02	88.14	31.60	34.14	57.19	20.49	49.24	61.45	50.15	29.80	56.34
公安视频监视系统	75.87	77.03	131.81	75.23	59.85	48.07	68.99	117.89	40.64	116.45	76.65	63.38
公安无线通信引入系统	96.20	94.50	120.00	161.17	142.89	64.24	53.51	94.53	126.86	94.02	94.18	84.99
公安专用电话系统	0.36	8.13	4.94	2.37	2.19	1.94	5.54	8.88	—	4.91	0.37	7.43
公安电源系统	26.40	24.34	24.16	19.60	31.26	14.34	20.26	24.59	18.31	19.31	15.51	26.92

对表 6-6 中各子系统指标的差异化进行分析，具体如下。

1) 公安视频监视系统指标差异化分析

2号线一期公安视频监控系统合同指标偏高，主要原因是：其中有一个公安分局及派出所拥有 600 万元其他设备，与其他线路同口径并剔除后，修正合同指标约为 90 万元/正线公里。

2) 公安无线通信引入系统指标差异化分析

3号线一期、4号线一期公安无线通信引入系统概算指标较高,主要原因是:3号线一期有无线引入设备,其他线路没有,金额约为747万元;另外,基站设备价格为74万元/套(公安无线和消防无线基站价格合计),指标偏高,而2号线东延基站设备的概算指标为49.5万元/套(公安无线和消防无线基站价格合计),相对合理。按照2号线东延同口径调整后,3号线一期减少约539万元。综合上述两点,3号线一期公安无线通信引入系统修正指标为116万元/正线公里。4号线剔除无线引入设备1887万元后,修正指标为96万元/正线公里。

1号线北延、1号线东延概算指标偏低,主要原因是车站站间距较大,造成正线公里指标低,但站指标与其他线路相差并不大;次要原因是延伸线没有中心设备,并且采用POI共享专用漏缆,故造价节省。

通过各条线路的数据统计分析并修正了差异化部分后,得到的指标范围如表6-7所列。

表6-7 各条线路的数据统计和修正差异化部分后的指标

单位:万元/正线公里

系统名称	子系统名称	概算阶段指标	合同阶段指标
公安通信	公安数据网络系统	31.60~109.02	50.15~61.45
	公安视频监视系统	59.85~77.03	40.64~90.00
	公安无线通信引入系统	94.50~116.00	84.99~126.86
	公安专用电话系统	0.36~8.13	4.91~7.43
	公安电源系统	19.60~31.26	18.31~26.92

注:此表中指标范围剔除了延伸线数据做分析。

6.2.3 民用通信各子系统指标分析

1. 民用通信子系统内容描述

1) 民用传输系统

民用传输系统为移动通信引入系统和集中监测告警系统提供传输通道。

2) 民用无线引入系统

移动通信引入系统为多种民用无线信号(包括移动、联通和电信运营商的2G、3G和4G及移动电视等)合路及分配网络,提供和预留不同制式的射频信号合路,通过天馈方式和漏缆方式将信号覆盖于地下车站和隧道空间。

3) 民用电源接地及防雷系统

民用电源系统为民用传输系统、移动通信引入系统、集中告警系统等设备提供电源。

4) 民用集中告警系统

民用通信设备室均为无人值守机房,需新设一套集中告警系统来管理和维护设备的日常工作。对于系统故障,该系统能够及时发出相应的告警,以提醒相关人员进行处理;同时,该系统应具备数据库功能,能够存储设备的各种故障信息等。民用集中告警系统由监测中心(位于控制中心民用通信网管室)、车站监测设备(包括监测接入单元、温湿度传感器等)和传输通道组成。民用传输系统提供从监测中心到车站监测设备的传输通道,采用 10M/100M 通道;设备与被监测对象之间采用有线连接。

2. 民用通信子系统占比分析

如前所述,民用通信子系统分为四项,各条线路的民用通信子系统概算阶段及合同阶段的造价占比如表 6-8 所列。通过分析表 6-8 中的占比均值,并将各子系统占民用通信系统比重按从大到小排列(图 6-4),处在第一层级的是:民用无线引入系统和民用传输系统。

表 6-8 民用通信子系统造价占比分析

子系统名称	1 号线概算	2 号线一期概算	2 号线南延概算	3 号线一期概算	均值
民用传输系统	21.73%	45.09%	22.03%	31.16%	30.00%
民用无线引入系统	63.89%	46.77%	73.72%	58.83%	60.80%
民用集中告警系统	1.50%	1.30%	—	0.92%	0.93%
民用电源接地及防雷系统	12.87%	6.84%	4.25%	9.09%	8.26%

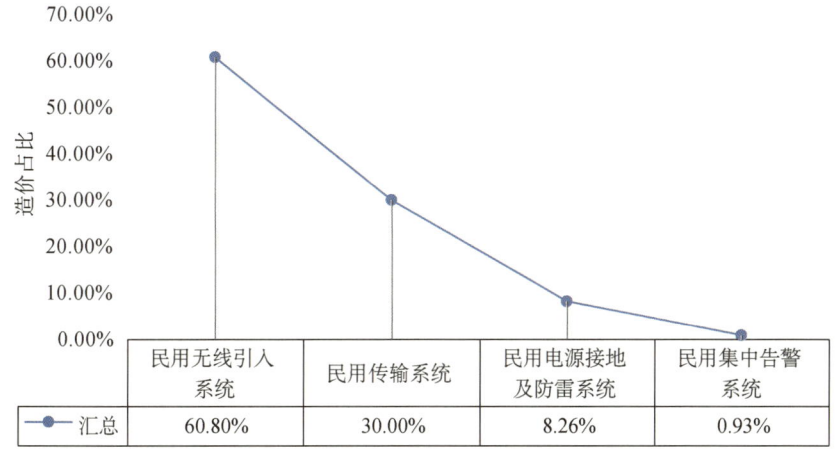

图 6-4 民用通信各子系统造价占比排序

3. 民用通信子系统各线路指标分析

南昌轨道交通各线路民用通信子系统指标分析结果如表 6-9 所列。

表 6-9　民用通信子系统指标分析　　　　　　　　　　　单位：万元/正线公里

子系统名称	1 号线概算	2 号线一期概算	2 号线南延概算	3 号线一期概算
民用传输系统	65.13	145.83	80.75	77.62
民用无线引入系统	191.45	151.25	270.23	146.52
民用集中告警系统	4.50	4.19	—	2.29
民用电源接地及防雷系统	38.58	22.12	15.57	22.64

对表 6-9 中各子系统指标的差异化进行分析，具体如下。

1）民用传输系统

2 号线一期民用传输系统概算指标偏高，主要原因是：就传输设备而言，2 号线一期的单价约为 118 万元/套，1 号线约为 30 万元/套，2 号线南延约为 65 万元/套，3 号线一期约为 65 万元/套。由此可见，2 号线一期传输设备单价偏高，按照 2 号线南延同口径修正单价后，约减少 1 357 万元，修正后指标约为 89 万元/正线公里，与其他线路相接近。

2）民用无线引入系统

2 号线南延概算指标偏高，主要原因是：2 号线南延平均每个站有 15 台远近端机，2 号线一期平均每个站有 5 台远近端机，3 号线一期平均每个站有 8 台远近端机，依据实际情况，2 号线南延远近端机工程量指标偏高。按照 2 号线一期同口径修正工程量后，减少约 675 万元，修正指标为 146 万元/正线公里，与其他线路相接近。

3）民用电源接地及防雷系统

2 号线南延概算指标偏低，主要原因是：与 2 号线一期和 3 号线一期相比，2 号线南延的 UPS 设备每套为 12 万元，2 号线一期和 3 号线一期均为每套 20 万元，修正单价后增加造价约 48 万元，修正指标约为 21 万元/正线公里，与其他线路指标相接近。

通过各条线路的数据统计分析并修正了差异化部分后，得到的指标范围如表 6-10 所列。

表 6-10　各条线路的数据统计和修正修正差异化部分后指标

单位：万元/正线公里

系统名称	子系统名称	概算阶段指标
民用通信	民用传输系统	65.13～89.00
	民用无线引入系统	146.52～191.45
	民用集中告警系统	2.29～4.50
	民用电源接地及防雷系统	22.12～38.58

注：此表中指标范围剔除延伸线数据做分析。

6.3 通信系统四级价格指标

通过分析各系统的造价占比,可知安装费用仅占约30%,主材、设备费用约占70%,因此,选取主材、设备费用中占比较大的常见关键设备,给出概算阶段和合同阶段的平均单价作为参考。通信系统中常见的关键设备及主材在概算阶段和合同阶段的平均单价如表6-11所列。

表6-11 常见的关键设备及主材在概算及合同阶段的价格指标　　　单位:元/套

通信系统	关键设备、主材	概算阶段平均单价	合同阶段平均单价
专用通信	车站级光传输设备	660 000	280 000
	基站设备	440 000	300 000
	摄像机	4 500	3 000
	42寸LCD显示屏	10 000	6 000
公安通信	集群基站设备	410 000	430 000
	集群固定电台	12 000	10 000
	光纤直放站远端机	70 000	45 000
民用通信	光纤直放站远(近)端机	70 000	—

6.4 通信系统五级数量指标

通信系统五级数量指标基于已收集资料,对主要设备材料均区分线路、区分阶段(概算、合同)进行了统计,并分析了单位正线公里、单位车站数量、单位单元数量(即分母为车站数量+控制中心数量+场段数量)的指标。由于各线路各阶段资料完备情况参差不齐,且对于系统分类、系统名称、系统内容的涵盖差异较大,所以本书仅选取数据完整且较典型的设备材料进行论述。

6.4.1 视频监视系统数量指标

视频监视系统包括专用视频监控系统和公安视频监视系统。首先,通过摄像机数量、公安视频监视器数量在各线路车站中的占比指标进行统计,结果如表6-12所列。

表 6-12　摄像机数量、公安视频监视器数量在各线路车站中的占比指标

子系统	设备名称	单位	1号线概算	2号线一期概算	2号线南延概算	3号线一期概算	4号线一期概算	1号线北延概算	1号线东延概算	2号线东延概算	1号线合同	2号线一期合同	2号线南延合同	4号线一期合同
视频监视系统	车站摄像机	个/站	86	80	100	135	171	174	150	173	80	107	103	180
	公安视频监视器	个/站	8	6	6	5	7	3	2	4	6	8	7	6

从表 6-12 可以看出，车站摄像机数量呈现新线比已建成线多的现象，这是由于用户需求上的不断增加，诸如安全、反恐的需要，增加人脸识别功能等的需求。摄像机数量指标概算阶段建议按照新线取值为 174 个/站，合同阶段建议取值为 180 个/站。公安视频监视器概算阶段建议取值为 8 个/站，合同阶段建议取值为 8 个/站。

其次，对专用、公安通信中的光（线）缆进行分析。但是，由于各线路资料中光缆和线缆的界面划分无法清晰区分，因此只能按二者之和进行分析，数量指标如图 6-5 所示。

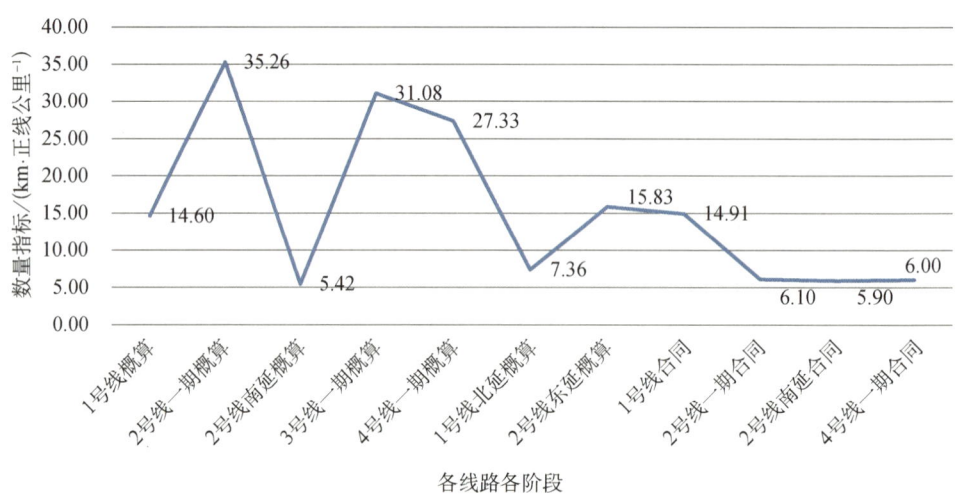

图 6-5　各线路视频监视系统中光（线）缆数量指标

从图 6-5 可以看出，视频监视系统中光（线）缆数量指标由于概算阶段界面划分不一致，导致各线路概算指标有所差异，但合同指标较为接近。光（线）缆概算阶段取值范围为 5.42～35.26 km/正线公里，合同阶段取值范围为 5.90～14.91 km/正线公里。

6.4.2　无线通信系统数量指标

专用、公安（含消防）、民用无线通信系统中的漏缆、手持台、无线天线和射频同轴电缆

的数量指标分别如图6-6—图6-9所示。

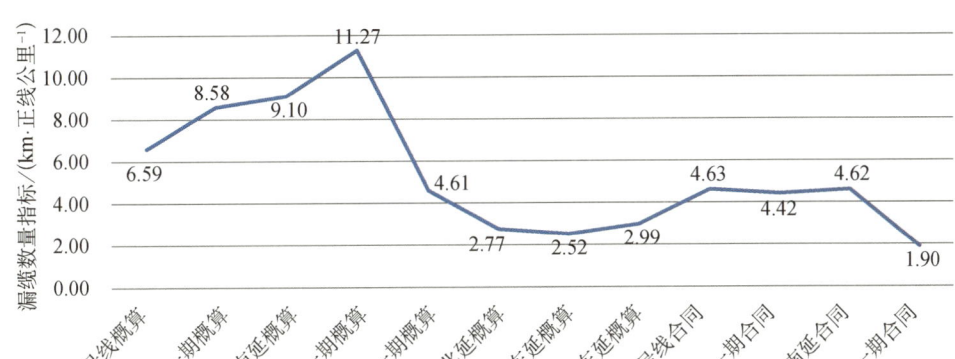

图6-6　各线路无线通信系统的漏缆数量指标

由图6-6可见,1号线、2号线一期、2号线南延和3号线一期的概算阶段指标较高,这主要是因为包含民用通信专业工作内容,而4号线一期概算及以后合同阶段指标趋于平缓;另外,1号线东延、北延概算指标略低,这主要是由于站间距较大。若不考虑民用通信的影响,概算阶段指标建议取值范围为2.52～4.61 km/正线公里,合同阶段指标建议取值范围为1.90～4.63 km/正线公里。

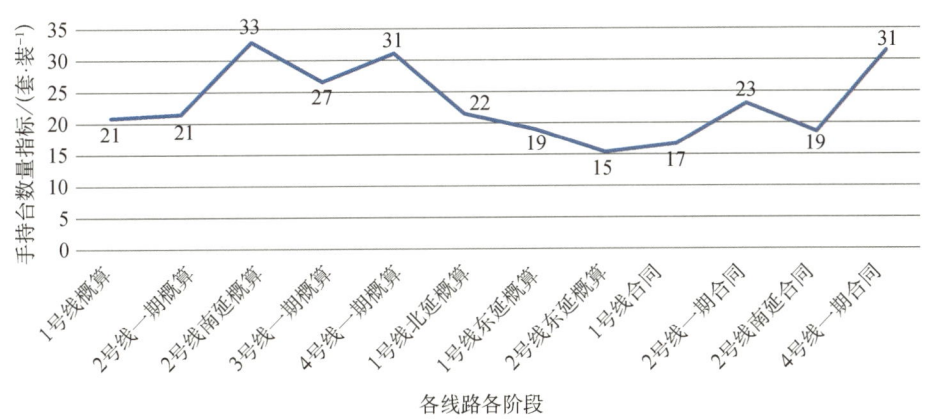

图6-7　各线路无线通信系统的手持台数量指标

从图6-7可以看出,手持台概算阶段指标建议取值范围为15～33套/站,合同阶段建议取值范围为17～31套/站。

就无线天线数量而言,1号线、2号线东延、2号线南延、3号线一期概算阶段指标较高(图6-8),这主要是因为包含民用通信专业工作内容。不考虑民用通信的影响,无线天线概算阶段指标建议取值范围为26～59个/站,合同阶段建议取值范围为27～55个/站。

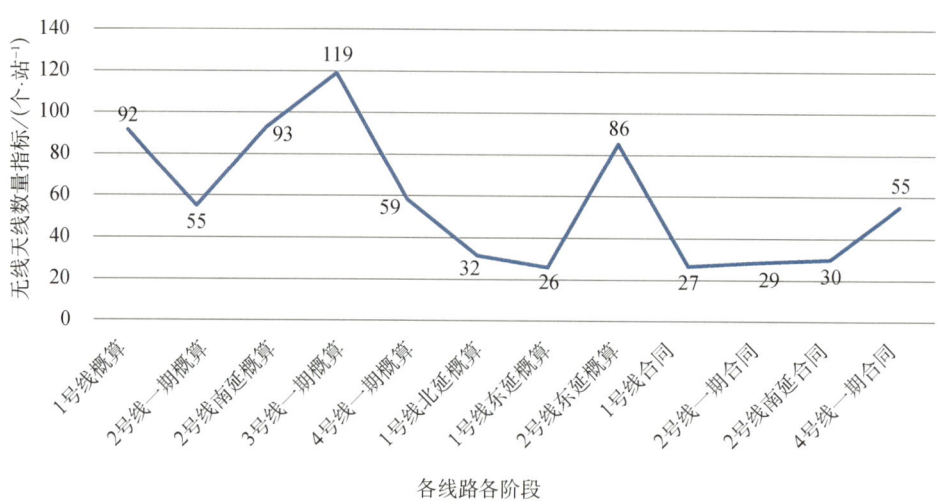

图 6-8　各线路无线通信系统的无线天线数量指标

各线路无线通信系统的射频同轴电缆数量指标如图 6-9 所示,其中 1 号线、2 号线一期、2 号线南延、3 号线一期概算阶段指标较高,主要是因为包含了民用通信专业的工作内容,而 4 号线一期概算及以后合同阶段指标趋于平缓；另外,1 号线东延、北延概算指标略低主要是由于站间距较大。射频同轴电缆概算阶段指标参考 4 号线一期指标为 2.46 km/正线公里,合同阶段建议取值范围为 3.78～4.42 km/正线公里。

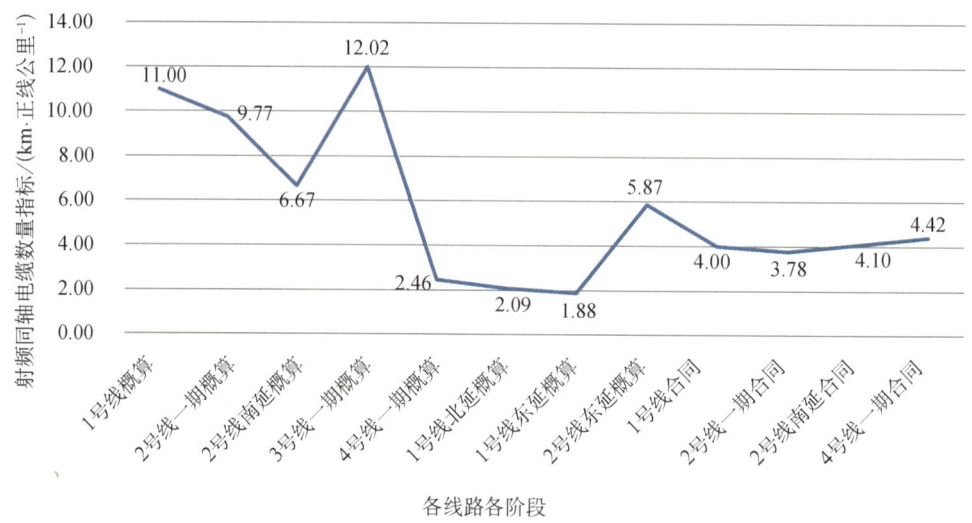

图 6-9　各线路无线通信系统的射频同轴电缆数量指标

6.4.3　专用通信之乘客信息系统数量指标

乘客信息系统数量指标主要分析显示器数量,如图 6-10 所示,其中 2 号线东延概算指标偏高,主要原因是相比其他线路增加了出入口 LED 门匾、电子导向显示屏、出入口综合信息显示屏等工作内容。另外,2号线南延的概算及合同指标均偏高,主要原因是相比其他线路,2号线南延增加了多个出入口LED显示屏工作内容。概算阶段指标建议取值范围为18~37台/站,合同阶段指标建议取值范围为24~38台/站。

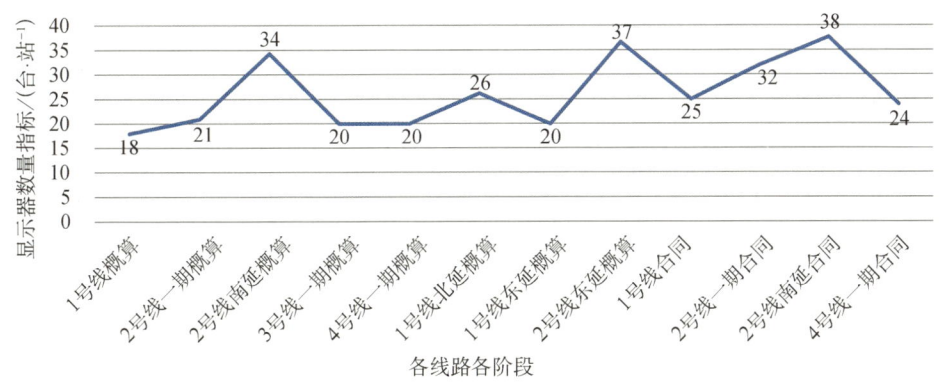

图6-10 各线路乘客信息系统显示器数量指标

6.4.4 传输系统数量指标

南昌轨道交通各条线路传输系统(包括专用、公安、民用传输系统)中的光缆数量占正线长度指标如图6-11所示。

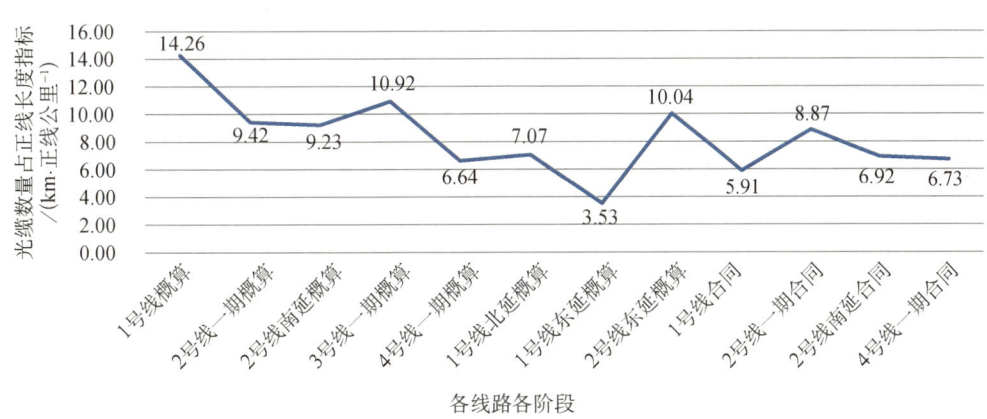

图6-11 传输系统中的光缆数量占正线长度指标

从图6-11可以看出,1号线、2号线一期、2号线南延和3号线一期在概算阶段的指标均偏高,主要是因为工程量包含民用通信专业工作内容,而4号线无民用通信系统,因此指标偏低。若不考虑民用传输系统的影响,概算阶段指标建议取值范围为6.64~7.07 km/正线公里,合同阶段指标建议取值范围为5.91~8.87 km/正线公里。

6.4.5 专用通信之公用、专用电话系统数量指标

南昌轨道交通各线路公用、专用电话系统中各类型电话数量指标如图 6-12 所示。

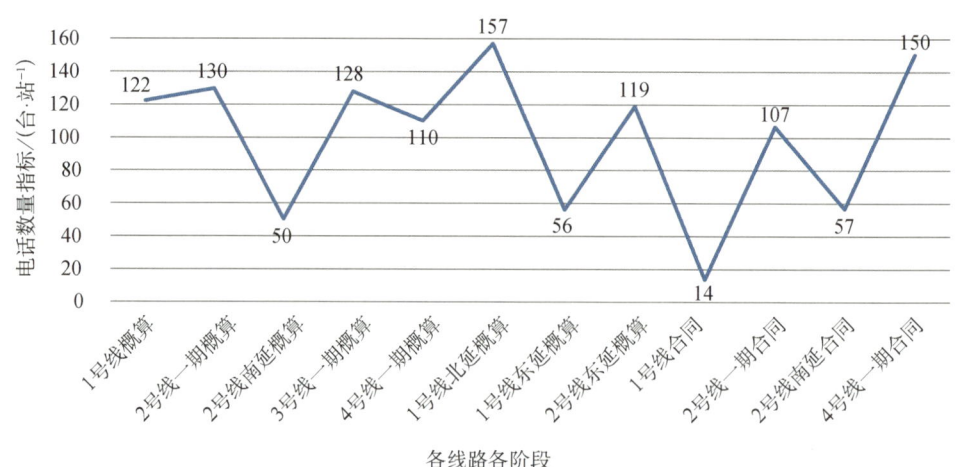

图 6-12 公用、专用电话系统中各类型电话数量指标

公用、专用电话系统中各类型电话机涉及控制中心、车站、车辆基地等,从图 6-12 可见,除几个异常指标外,其他数量指标基本相当。其中,2 号线南延和 1 号线东延由于无控制中心及车辆基地,故概算指标偏低。另外,1 号线合同阶段由于设计标准异于其他线路,故导致合同阶段指标偏低。公用、专用电话系统的各类型电话机数量指标概算阶段建议取值范围为 110~157 台/站,合同阶段建议取值范围在 57~150 台/站。

6.4.6 专用通信之广播系统数量指标

南昌轨道交通各线路广播系统中的车站广播设备数量指标如表 6-13 所示。

表 6-13 广播系统中车站广播设备数量指标　　　　单位:台/站

子系统	设备名称	1号线概算	2号线一期概算	2号线南延概算	3号线一期概算	4号线一期概算	1号线北延概算	1号线东延概算	2号线东延概算	1号线合同	2号线一期合同	2号线南延合同	4号线一期合同
广播系统	车站广播设备	1.00	1.05	1.00	1.00	1.14	1.13	1.00	1.11	1.00	1.00	1.00	1.10

广播系统中车站广播设备数量指标各阶段均为每站 1 台 + 10% 以内的理论增加量。广播系统的车站广播设备数量概算指标建议取值范围为 1.00~1.14 台/站,合同指标建议取值范围为 1.00~1.10 台/站。

另外,广播系统中的扬声器数量指标如图 6-13 所示。

从图 6-13 可以看出,除 2 号线一期以外,广播系统扬声器数量指标中已建线路概算

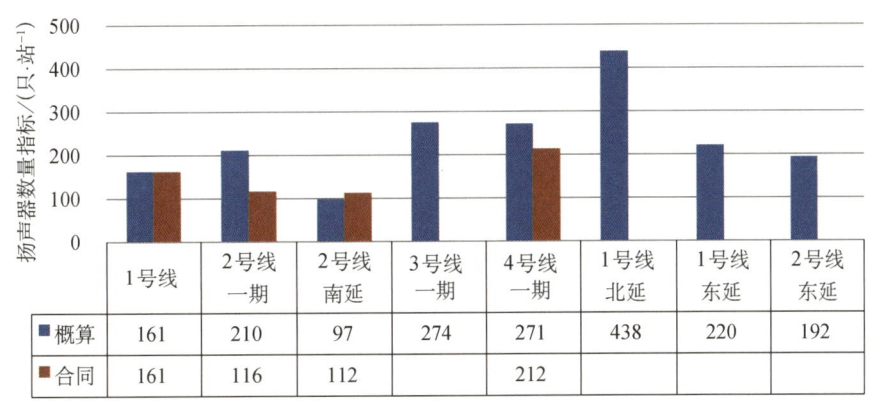

图 6-13　广播系统中的扬声器数量指标

与合同阶段数量指标相差不大,指标平稳趋近。另外,1 号线北延工程量概算指标异常高,复核后发现基础数据有误,故在指标区间取值时将之剔除。广播系统中扬声器数量概算指标建议取值范围为 97~274 只/站,合同指标建议取值范围为 112~212 只/站。

6.4.7　其他数量指标

南昌轨道交通通信系统其他数量指标主要分析钢管占正线长度指标,结果如图 6-14 所示。

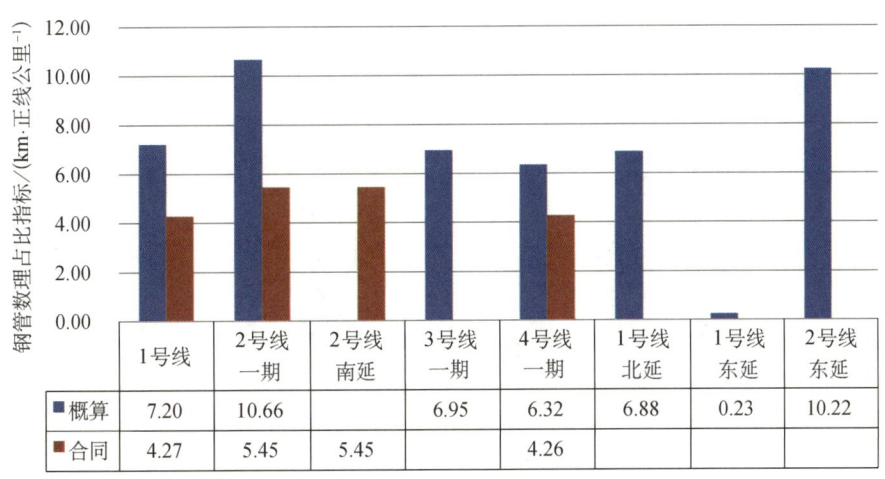

图 6-14　通信系统中的钢管数量占比指标

从图 6-14 可以看出,除 1 号线东延(概算编制时未考虑)以外,钢管数量占比指标中概算阶段已建线路与未建线路指标相差不大。另外,已建线路合同阶段数量占比指标相差也不大,指标较为平稳。通信系统的钢管数量概算阶段指标建议取值范围为 6.32~10.66 km/正线公里,合同阶段指标建议取值范围 4.26~5.45 km/正线公里。

第 7 章 信号系统

7.1 信号系统工程整体描述和指标数据分析

信号系统是城市轨道交通工程的重要组成部分，也是保证运营安全和提高运输效率的重要设备。城市轨道交通正线信号系统又被称为列车自动控制系统（Automatic Train Control，ATC），总体上包括列车自动监控（Automatic Train Supervision，ATS）子系统、列车自动防护（Automatic Train Protection，ATP）子系统、列车自动驾驶（Automatic Train Operation，ATO）子系统、计算机联锁（Computer Interlocking，CI）子系统、数据通信子系统（Data Communication System，DCS）。南昌轨道交通信号系统采用基于无线通信方式的移动闭塞系统（Communication Based Train Control System，CBTC），车地通信采用基于 LTE 的车地通信传输技术，通信频带为 1.8 GHz。

南昌轨道交通各条线路的信号系统指标（二级指标）如图 7-1 所示。

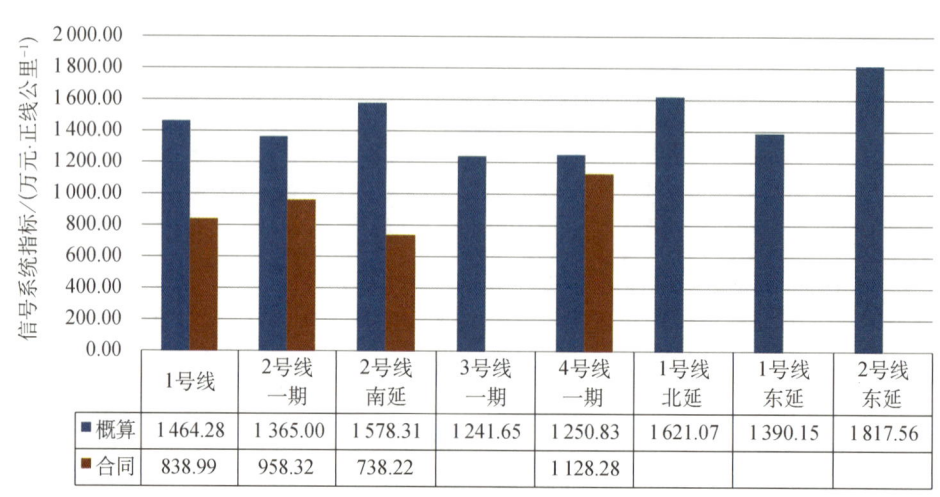

图 7-1 各条线路信号系统指标

由图 7-1 可以看出，各条线路的信号系统指标离散度较大，具体对比分析如下。

1. 概算阶段指标对比分析

1 号线北延信号系统概算指标偏高，概算中"接入信号系统接入 1 号线"这项的费用为 1 683.58 万元，"控制中心设备升级"这项的费用为 982.22 万元，故控制中心费用总计金额为 2 665.8 万元,较其他延伸线路的控制中心费用高出很多。主要原因是:1 号线北延控制中心为 8 号线及儒乐湖支线预留了后续线路的拆分、接入条件,也预留了相关设备及系统容量。若按照最新的 2 号线东延的控制中心设计标准即概算金额为 1 391.86 万元来同口径对比,则可减少造价 1 273.94 万元。另外,1 号线北延停车场信号指标为 120.21 万元/联锁道岔,约为其他线路停车场信号指标的两倍,主要原因是本工程停车场按照自动化段场设计,采用与正线一致的信号 ATC 系统,配置 ATP/ATO 设备、车地无线通信设备和网络设备等,并增加了相关接口,设计标准高于其他线路。若按照 2 号线东延设计标准及 56 万元/联锁道岔同口径比较,1 号线北延约可减少造价 1 477 万元。综合上述两点,1 号线北延调整口径后概算指标为 1 459 万元/正线公里,与其他延伸线指标相当。

2 号线东延信号系统概算指标偏高,主要原因是车载设备指标为 699.28 万元/正线公里,比其他线路高出很多。经了解,2 号线东延初步设计阶段共有 26 列车辆,其中对已建既有线路新增采购 11 列车辆,而实际用于 2 号线东延的仅有 15 列车辆。若剔除对已建既有线路新增的 11 列车辆的车载设备费 2 651 万元,则 2 号线东延概算修正造价指标为 1 563 万元/正线公里,与 2 号线南延指标基本相当。

2. 合同阶段指标对比分析

2 号线南延信号系统合同指标偏低,主要原因是合同阶段 2 号线南延随 2 号线一期同时招标,2 号线一期合同中的控制中心、车载设备、车辆基地、维修与培训中心等工作内容均已考虑了 2 号线南延的扩容,故 2 号线南延合同阶段仅有正线车站等工作内容。若将 2 号线一期及 2 号线南延合并分析,概算指标修正为 1 418.19 万元/km,与 1 号线概算指标基本相当;合同阶段指标修正为 903.44 万元/km,比 1 号线合同阶段指标大致上浮 8%,这也符合正常的市场上浮行情。另外,1 号线和 2 号线一期合同指标较概算指标差距较大,主要原因是概算阶段与合同阶段的设备单价存在较大差异。随着时间的推移,信号系统设备价格也在不断上涨,相应地,4 号线一期合同阶段指标也较 1 号、2 号线高出很多。

3. 其他情况分析

图 7-1 中修正后的 1 号线北延和 2 号线东延的信号系统指标以及未修正的 1 号线东延和 2 号线南延的信号系统指标,在没有试车线工作内容的情况下与正线指标相当。

列车数量指标是影响信号系统指标的关键因素。若列车数量指标较大,由于车载设备造价高,故信号系统正线公里指标较高。正线段情况:1 号线里程 28.843 km,有 27 列车辆;2 号线一期里程 23.78 km,有 22 列车辆;3 号线一期里程 28.5 km,有 32 列车辆;4 号线一期里程 39.6 km,有 43 列车辆。延伸线段情况:1 号线北延里程 16.984 km,有 26 列车辆;1 号线东延里程 4.36 km,有 4 列车辆;2 号线东延线里程 10.42 km,有 15 列车辆(修正数量);2 号线南延里程 7.9 km,有 12 列车辆。延长线列车数量指标高于正线段,由图 7-1 可以看出,延长线的列车信号系统指标高于正线段的。

7.2 线路指标标准模型及三级指标分析

信号系统按设备所在位置分为控制中心设备、正线车站及轨旁设备、试车线设备、车载设备、车辆基地、车辆段及停车场设备、维修与培训中心设备。鉴于二级指标离散度较大，因此需依据分类拆解分析三级指标，然后通过标准模型的计算，得到二级指标合理的区间范围。

7.2.1 标准模型下的线路指标

结合南昌轨道交通所有线路信号系统的实际情况，建立线路指标标准模型：6B编组下正线公里数为30 km，全地下车站间距为1.2 km，包括中央控制中心1处、车站25站、初期配车按33辆，信号系统采用CBTC制式，车辆段1座及停车场1座，联锁道岔的数量参考4号线一期望城车辆段及高新停车场的数量。信号系统三级指标区间范围见表7-1。表中各子系统造价指标取值范围来自对每条线路子系统造价指标的分析，指标数据来源见表7-2。

表7-1 信号系统三级指标

三级指标子系统名称	单位	数量	概算阶段指标	合同阶段指标
中央控制中心	万元/座	1	1 284.77~1 994.98	598.60~1 065.98
正线车站及轨旁设备	万元/正线公里	30	701.19~921.61	529.14~721.18
试车线	万元/条	1	710.84~1 355.99	577.70~1 078.40
车载设备	万元/列	33	251.49~318.62	176.70~196.30
车辆基地、车辆段、停车场、定修段	万元/联锁道岔	83	54.61~66.95	26.41~54.61
维修与培训中心	万元/处	1	1 465.81~1 963.11	1 073.91~1 872.26

通过上述标准模型分析，信号系统概算经济指标建议取值范围为1 244.3万~1 634.46万元/正线公里，合同指标建议取值范围为871.58万~1 222.09万元/正线公里。

若与标准模型不同，信号系统正线公里指标则按以下公式调整：

信号系统指标＝[中央控制中心×个数＋正线车站及轨旁设备×正线公里数＋试车线×数量＋车载设备×列数＋车辆基地/车辆段/停车场/定修段×连锁道岔数量＋维修与培训中心×个数]/正线公里

7.2.2 三级指标各子系统工程描述

（1）中央控制中心。中央控制中心设ATS子系统中央级局域网，中央局域网设置冗余的快速交换式以太网（Ethernet）。中央控制中心设备布置在中央控制室、信号设备室、信号工区、网管室、打印室、运行图编辑室和控制中心ATS培训室。

（2）正线车站及轨旁设备主要包括ATS子系统车站设备、ATP/ATO子系统设备、DCS子系统设备、联锁子系统设备和电源设备。

（3）试车线的信号设备组成按照试车线要求进行单独设计。试车线轨旁设备的配置原则与正线系统的配置原则一致。在试车线旁设置信号设备室和控制室。试车线虚拟站台数量应不少于3个。试车线须设置一套完整的与车载 ATP/ATO 设备试验有关的地面设备，以完成连续式通信列车控制级别和点式列车控制级别的车载 ATP/ATO 设备静态、动态试验。试车线的无线通信 DCS 设备子系统覆盖整个试车线区域并与正线上的配置一样，具有频带和空间的冗余。

（4）车载设备。每列车配备冗余的车载 ATP/ATO 单元及其外围设备，分别安装在每列车的车头和车尾。车载设备的安装由车辆厂完成。

（5）车辆基地、车辆段、停车场、定修段的信号系统。车辆段、停车场信号设备室一般设置在运用库内，控制室与车辆段、停车场控制中心（Depol Control Center，DCC）合设，临近 DCC 设有车辆段、停车场派班室。

（6）信号系统维修与培训中心。培训中心根据正线区段 ATP/ATO 子系统、微机联锁设备选型，模拟一个完整的联锁区域，设置 ATP/ATO、微机联锁室内/外模拟培训设备。维修中心设备主要包括：维护及维修服务器、检测报警工作站、网络传输设备、打印机设备等。

7.2.3 信号系统各子系统三级指标分析

三级指标分析时各子系统分为六个子项：控制中心、正线车站及轨旁、试车线、车载设备、车辆基地/车辆段/停车场/定修段、维修与培训中心。各条线路相关造价指标如表 7-2 所列。

对表 7-2 中各子系统的指标差异进行分析，具体如下：

（1）由于2号线一期及2号线南延在合同阶段同时招标，且在2号线一期控制中心、试车线、车辆基地、维修与培训中心已考虑了2号线南延的内容，故2号线南延合同阶段仅有正线车站及轨旁和车载设备内容。

（2）1号线北延控制中心概算指标较高，主要原因是1号线北延控制中心为8号线及儒乐湖支线预留了后续线路的拆分、接入条件，也预留了相关设备及系统容量。

（3）1号线北延停车场概算指标较高，为120.21万元/联锁道岔，约为其他线路指标的两倍，主要原因是本工程停车场按照自动化段场设计，采用与正线一致的信号 ATC 系统，配置 ATP/ATO 设备、车地无线通信设备和网络设备等，并增加了相关接口，设计标准高于其他线路。

（4）1号线北延、1号线东延、2号线南延和2号线东延的维修与培训中心指标均较低，主要原因是既有线已施工，延伸线只是接入并改造。

7.2.4 信号系统各子系统造价占比

每条线路信号系统各子系统造价占比情况如表 7-3 所列。各子系统占信号系统的比率均值如图 7-2 所示。从图 7-2 可以看出，各条线路正线系统造价占比最大，均值约为 58.71%，其次为车载设备造价占比约为 24.42%。

表 7-2 每条线路信号系统各子系统造价指标

子系统名称	单位	1号线		2号线一期		2号线南延		3号线一期	4号线一期		1号线北延	1号线东延	2号线东延
		概算	合同	概算	合同	概算	合同	概算	概算	合同	概算	概算	概算
控制中心	万元/座	1 994.98	637.29	792.46	598.6	522.42	—	1 284.77	1 423.16	1 065.98	2 665.8	757.2	1 391.86
正线车站及轨旁	万元/正线公里	854.76	529.14	899.18	605.62	989.15	456.23	701.19	740.27	721.18	796.97	779.22	813.46
试车线	万元/条	1 270.15	613.67	710.84	577.70	—	—	932.35	1 355.99	1 078.40	—	—	—
车载设备	万元/列	318.62	176.70	215.52	202.11	327.66	185.64	251.49	261.00	180.10	321.61	445.34	280.25
车辆基地、车辆段、停车场、定修段	万元/联锁道岔	66.95	31.58	55.73	26.41	—	—	54.66	54.61	54.61	120.21	—	56.00
维修与培训中心	万元/处	1 963.11	1 146.89	1 265.81	1 073.91	200.00	—	1 749.22	1 899.55	1 872.26	204.10	125.00	216.41

表 7-3 每条线路信号系统各子系统造价占比

子系统名称	1号线		2号线一期		2号线南延		3号线一期	4号线一期		1号线北延	1号线东延	2号线东延	均值
	概算	合同	概算	合同	概算	合同	概算	概算	合同	概算	概算	概算	
控制中心	4.72%	2.63%	2.44%	2.63%	4.19%	0.00%	3.63%	2.84%	2.36%	9.68%	12.49%	7.35%	4.58%
正线车站及轨旁	58.37%	63.07%	65.87%	63.20%	62.67%	61.80%	56.47%	59.18%	63.92%	49.16%	56.05%	44.76%	58.71%
试车线	3.01%	2.54%	2.19%	2.54%	0.00%	0.00%	2.63%	2.71%	2.39%	0.00%	0.00%	1.50%	1.50%
车载设备	8.88%	19.72%	14.61%	19.51%	31.53%	38.20%	22.74%	22.42%	17.15%	30.37%	29.39%	38.47%	24.42%
车辆基地、车辆段、停车场、定修段	20.37%	7.31%	10.99%	7.42%	0.00%	0.00%	9.58%	9.05%	10.04%	10.04%	0.00%	8.28%	7.75%
维修与培训中心	4.65%	4.74%	3.90%	4.71%	1.60%	0.00%	4.94%	3.79%	4.15%	0.74%	2.06%	1.14%	3.04%

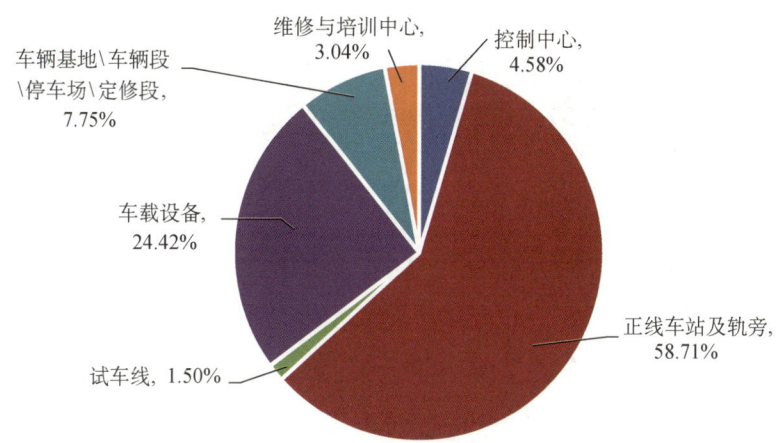

图 7-2　信号系统各子系统造价占比情况

7.3　四级价格指标

通过分析各系统的造价占比,可知安装费用约占 30%,主材、设备费用约占 70%。因此,选取主材、设备费用中占比较大的常见关键设备,给出其在概算及合同阶段的平均单价作为参考,结果如表 7-4 所列。

表 7-4　概算和合同阶段主要设备价格指标　　　　　　　　　　　　单位:万元/套

主要设备	概算阶段指标	合同阶段指标
控制中心:应用服务器	70	96
正线车站及轨旁:车站联锁设备	294	233
车载设备:车载 ATP/ATO 设备	129	90
车辆基地、车辆段、停车场、定修段:车辆段联锁设备	323	280

7.4　五级数量指标

1. 信号电缆

信号电缆的正线公里数量指标如图 7-3 所示。

信号电缆概算阶段数量指标建议取值范围为 19.01~26.04 km/正线公里,合同阶段数量指标建议取值范围为 18.45~26.45 km/正线公里。

2. 计轴设备

正线(含试车线)中的计轴设备数量占比指标如图 7-4 所示。

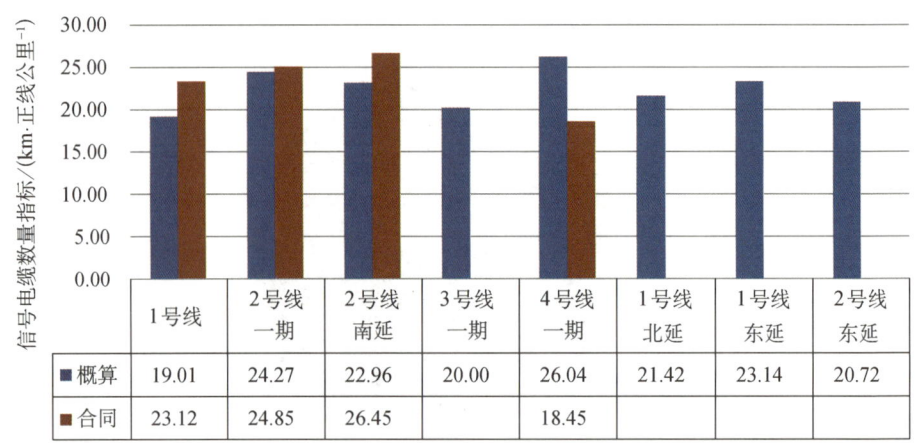

图 7-3　信号电缆正线公里数量指标

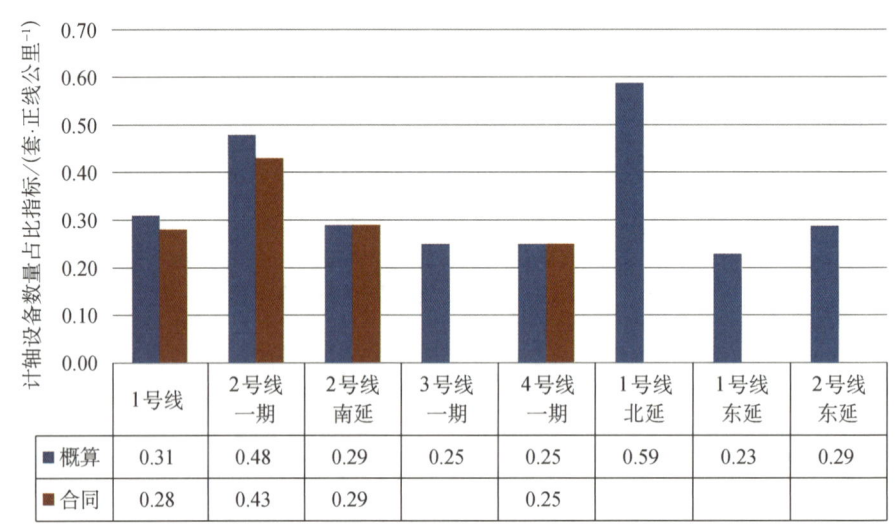

图 7-4　正线（含试车线）中的计轴设备数量占比指标

如图 7-4 所示,正线(含试车线)中的计轴设备数量指标概算阶段建议取值范围为 0.23~0.59 套/正线公里,合同阶段建议取值范围为 0.25~0.43 套/正线公里。

3. ATS 机柜

正线(含试车线)中的 ATS 机柜数量占比指标如图 7-5 所示。

从图 7-5 可以看出,概算阶段和合同阶段工程量指标差异较大,主要原因是概算阶段每个站均设置了一台 ATS 机柜,而合同阶段只有集中站才设置 ATS 机柜。ATS 机柜概算阶段数量指标建议取值范围为 0.47~0.93 套/正线公里,合同阶段数量指标建议取值范围在 0.25~0.42 套/正线公里。

4. 信标

正线(含试车线)信标数量占比指标如图 7-6 所示。

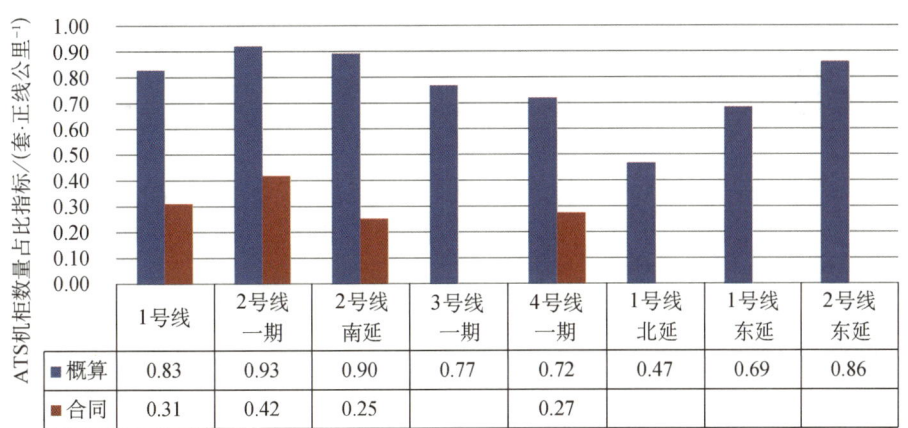

图 7-5　正线(含试车线)中的 ATS 机柜数量占比指标

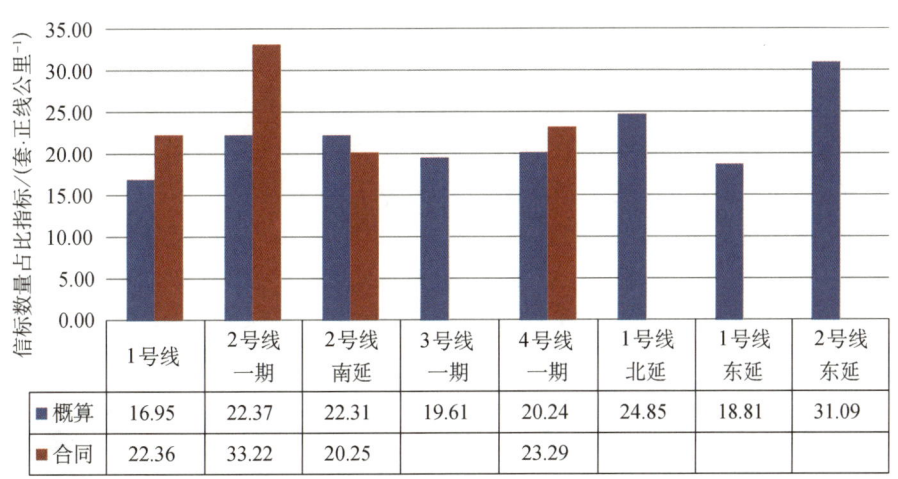

图 7-6　正线(含试车线)信标数量占比指标

从图 7-6 可以看出,信标概算阶段数量指标建议取值范围为 16.95～31.09 套/正线公里,合同阶段数量指标建议取值范围为 20.25～33.22 套/正线公里。

第8章 供电系统

8.1 供电系统指标整体描述

城市轨道交通供电系统由外部电源、主变电站、中压供电网络、牵引变电所、降压变电所、牵引网系统、电力数据采集与监控系统（SCADA）、杂散电流防护与接地系统、动力照明系统以及供电车间等组成。

鉴于施工阶段合同招标及行业习惯，动力照明指标将在风水电章节分析，本节供电系统不含动力照明部分，概算指标也做了相应拆分和调整；疏散平台一般放在供电系统合同中，本节供电系统指标含疏散平台部分，而疏散平台部分在概算阶段是放在区间专业及轨道专业中的，为了与合同阶段口径统一，指标做了相应拆分和调整。

供电系统（不含车站动力照明）整体指标如图 8-1 所示，各条线路概算阶段指标最低为 2 605.68 万元/正线公里，最高为 4 538.61 万元/正线公里，差异较为明显。因此，只有建立标准指标模型，才能给出合理的指标区间范围。

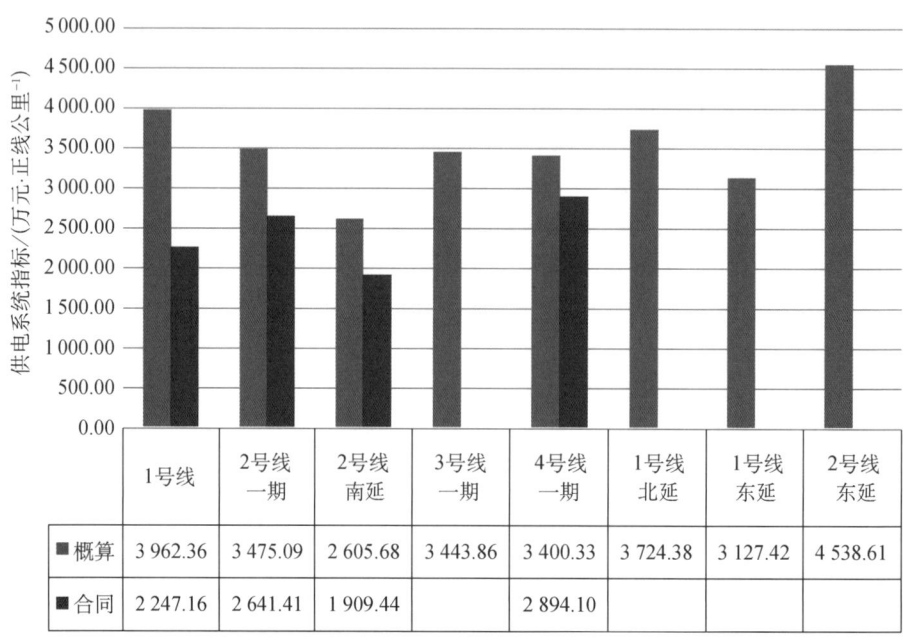

图 8-1 供电系统（不含车站动力照明）整体指标

8.2 线路指标标准模型及三级指标分析

结合南昌轨道交通所有线路实际情况,建立线路指标标准模型:6B编组下正线公里数为30 km,全地下车站间距为1.2 km,包括地下车站25站、新建主变电站2座,设一座车辆段和一座停车场,采用DC1500V接触网受电。牵降变由于线路差异程度较大,以最近正线4号线的指标作为标准模型(设置正线牵引降压混合变电所15座、车辆段牵引降压混合变电所1座、停车场牵引降压混合变电所1座、降压变电所14座、跟随所9座)。环网电缆指标、电力监控指标、接触网指标和杂散电流防护指标参考各正线指标区间。疏散平台、供电车间和再生制动能量吸收装置相关指标在本书8.4.7节中单独分析。

三级指标区间范围见表8-1,表中各子系统造价指标取值范围来自对每条线路子系统造价指标的分析。

表8-1 供电系统标准模型指标分析

工程费用名称	单位	参考数量	概算阶段指标	合同阶段指标
供电系统标准模型指标	万元/正线公里	30	3 592.4～3 973.53	2 607.9～2 857.05
一、主变电站电所				
其中:(1)主变电站房建及变电	万元/座	2	5 039～5 977	3 673.07～4 312
(2)变电隔间	万元/个	4	205～351	137.32～277
(3)电力进线	万元/km	30	724.83～878.61	621.98～688.83
二、牵降变	万元/km	30	1 177.25	852.11
三、环网电缆	万元/条公里	515	45.5	24.14
四、电力数据采集与监控	万元/正线公里	30	76.52～124.25	39.91～55.47
五、接触网	万元/正线公里	30	366.23～420.93	343.74～413.30
六、杂散电流防护	万元/正线公里	30	103.26～146.14	72.63～108.54

若与标准模型不同,供电系统正线公里指标按以下公式调整:

供电系统指标=[主变电站房建及变电×数量+变电隔间×数量+电力进线×进线线路长度+牵降变×正线公里数+环网电缆×公里数+电力数据采集与监控×正线公里数+接触网×正线公里数+杂散电流防护×正线公里数]/正线公里

8.3 供电系统各子系统造价占比

供电系统各子系统造价占比情况如表8-2所列,其中,对供电系统指标影响较大的4个子系统依次为:牵降变(占比34.76%)、主变电站(占比20.2%)、环网电缆系统(占比18.77%)、接触网系统(占比14.33%)。供电系统各子系统造价占比如图8-2所示。

表 8-2 供电系统各子系统占比

子系统名称	1号线概算	2号线一期概算	2号线南延概算	3号线一期概算	4号线一期概算	1号线北延概算	1号线东延概算	2号线东延概算	1号线合同	2号线一期合同	2号线南延合同	4号线一期合同	占比
主变电站	34.13%	17.27%	0.00%	20.44%	23.10%	36.23%	0.00%	31.83%	26.67%	20.74%	0.00%	32.00%	20.20%
牵降变	31.18%	41.91%	39.45%	39.03%	35.02%	28.29%	44.56%	30.56%	17.79%	38.07%	38.83%	32.35%	34.76%
环网电缆系统	12.08%	16.59%	35.79%	16.99%	17.43%	13.64%	22.19%	12.66%	26.79%	12.10%	26.96%	12.02%	18.77%
电力监控	1.93%	2.09%	2.30%	16.10%	3.40%	3.69%	4.00%	4.55%	2.16%	0.85%	1.05%	4.07%	3.85%
接触网	11.79%	18.17%	16.67%	1.40%	15.24%	13.18%	19.22%	12.56%	18.25%	15.79%	16.69%	13.05%	14.33%
杂散电流	2.51%	3.96%	5.79%	1.51%	4.05%	4.97%	6.10%	4.07%	3.24%	3.84%	3.46%	4.12%	3.97%
其他	6.38%	0.00%	0.00%	4.53%	1.75%	0.00%	3.93%	3.76%	5.10%	8.61%	12.99%	2.39%	4.12%

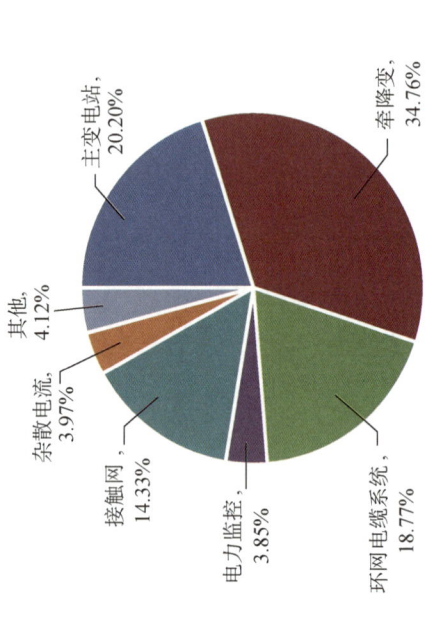

图 8-2 供电系统各子系统造价占比

8.4 供电系统各子系统三级指标分析

8.4.1 主变电站指标分析

由于主变电站概算费用中包含主变电站工程、变扩建间隔及电力进线工程等因素的影响,为合理分析造价指标,因此把每条地铁线路的主变电站费用提取出来分析。

1. 主变电站工程

各条线路主变电站造价汇总如表8-3所列。

表8-3　各条线路主变电站造价指标　　　　　　　　　单位:万元/座

各条线路主变电站名称	概算阶段指标	合同阶段指标
1号线北京东路主变电站	9 414	7 917
1号线珠江路主变电站	9 015	8 748.07
2号线一期学府大道主变电站	5 562	4 244.23
2号线一期医学院主变电站	5 565	3 673.07
3号线一期阳光路主变电站	5 687	—
4号线一期希望大道主变电站	4 769	4 312
4号线一期云天主变电站	5 309	4 310
1号线北延昌北主变电站	5 637	—
2号线东延昌东主变电站	5 761	—

需要说明的是,1号线2个主变电站概算编制时"与站址有关的单项工程"中考虑了基坑支护,由于这块费用较高,故较其他线路的此项费用高出约1 200万元,且概算编制时考虑的"编制年价差"也较其他线路高出约500万元。另外,地铁1号线为南昌的第一条地铁线路,主变电站的设备费较其他线路要高,合同阶段2个主变电站是代建合同,合同金额参考的是概算金额,因此主变电站指标分析时暂不考虑1号线相关数据。

经上述分析,结合表8-3可得,主变电站指标范围:概算阶段为4 769万~5 761万元/座,合同阶段为3 673.07万~4 312万元/座。

2. 变扩建间隔

南昌轨道交通各条线路变扩建间隔造价汇总如表8-4所列。

表8-4　每条线路的变扩建间隔费用　　　　　　　　　单位:万元/个

各条线路变扩建间隔	概算阶段	合同阶段
1号线双港变扩建珠江路变间隔	275	277
1号线顺外变电站扩建至北京路变间隔	300	264

(续表)

各条线路变扩建间隔	概算阶段	合同阶段
1号线昌东变电站扩建至北京路变间隔	300	264
2号线一期动物园变扩建间隔	351	—
2号线一期前湖变扩建间隔	380	—
3号线一期青云谱变扩建间隔	180	—
4号线一期前湖扩建间隔	199	157.03
4号线一期生米扩建间隔	205	—
4号线一期迎宾扩建间隔	250	133.44
4号线一期云飞扩建间隔	250	137.32
1号线北延临空扩建间隔	298	—
1号线北延鱼目山扩建间隔	170	—
2号线东延抚河扩建间隔	153	—
2号线东延观田扩建间隔	144	—

从表8-4可以看出,1号线北延鱼目山扩建间隔、2号线东延抚河扩建间隔和2号线东延观田扩建间隔指标偏低,主要原因是其概算中110 kV和126 kV的GIS组合电器单价较其他线路约低了55万元,从而导致以上线路的扩建间隔指标偏低。

另外,2号线一期扩建间隔含在主变电站合同及各种设备合同中,合同金额无法拆分,因此不参与指标分析。

经上述分析再结合表8-4可得,变扩建间隔指标范围:概算阶段为205万～351万元/个,合同阶段为137.32万～277万元/个。

3. 电力进线

南昌轨道交通各条线路电力进线造价汇总如表8-5所列。

表8-5 每条线路的电力进线指标　　　　　　　　　　　单位:万元/km

各条线路电力进线(外线)	概算阶段指标	合同阶段指标
1号线	878.61	688.83
2号线一期	1 198.54	621.98
3号线一期	1 077.85	—
4号线一期	503.26	644.81
1号线北延	831.33	—
2号线东延	724.83	—

从表8-5可以看出,相比其他线路4号线一期指标偏低,原因是其管线敷设方式为五孔排管,而2号线一期和3号线一期的管线敷设方式为18孔顶管,顶管管材材质为MPP

管材,工艺比 4 号线一期先进,故造价相对较高。其他线路管线敷设方式及电缆界面尺寸相近,单位造价接近。

经上述分析,概算阶段不考虑地铁 2 号线一期、3 号线一期和 4 号线一期的指标,电力进线指标范围:概算阶段为 724.83 万~878.61 万元/km,合同阶段为 621.98 万~688.83 万元/km。

8.4.2 牵降变指标分析

南昌轨道交通早期线路如 1 号线、2 号线一期、3 号线一期均设置了牵引变电所和降压变电所,后期为了节约投资,新线路即从 4 号线一期开始,牵引变电所一般与降压所合设为混合所,且设置在站台层。牵降变指标分为六类分别为:①正线牵引降压混合变电所;②车辆段牵引降压混合变电所;③停车场牵引降压混合变电所;④降压变电所;⑤跟随所;⑥开闭所。牵降变总体指标受混合所、牵引所、降压所、跟随所的占比影响。牵降变各子项造价指标如表 8-6 所列。

表 8-6 牵降变各子项造价指标　　　　　　　　　　单位:万元/座

牵降变分类子项名称	概算阶段指标	合同阶段指标
正线牵引降压混合变电所	1 650.64~2 046.87	992.67~1 462.22
车辆段牵引降压混合变电所	2 125.20~3 226.51	1 825.44~2 425.65
停车场牵引降压混合变电所	1 716.00~2 690.47	1 536.28~1 856.24
降压变电所	578.20~969.19	442.02~561.15
跟随所	351.64~718.46	270.72~416.98
开闭所	215.50	—

表 8-6 中造价指标的数据来源为 1~4 号线、2 号线南延、1 号线北延、1 号线东延和 2 号线东延。其中,开闭所只有 2 号线东延有设置,概算阶段建议取值参考 2 号线东延指标为 215.50 万元/座。

在表 8-1 标准模型中,牵降变指标由如下公式求得:

牵降变指标=[正线牵引降压混合变电所指标×15 座+车辆段牵引降压混合变电所指标×1 座+停车场牵引降压混合变电所指标×1 座+降压变电所指标×14 座+跟随所指标×9 座]/正线公里数(30 km)。

混合所、牵引所、降压所、跟随所数量及正线公里数若与标准模型不同,可按实际情况调整,再通过上述公式计算出牵降变指标。

8.4.3 环网电缆系统指标分析

国内既有城市轨道交通的中压供电网络电压等级大多采用 35 kV。环网电缆分为纵向和横向两路,纵向把上级主变电站和下级牵引所、降压所连接起来,横向则把全线各个牵引所、降压所连接起来,最终形成中压供电网络。

国内城市轨道交通的中压供电网络绝大部分采用分区环网方案。地下区段选用铜芯、低烟、无卤、阻燃、交联聚乙烯绝缘、铠装、单芯电缆,并具有防水、防鼠功能。地面及高架区段则选用铜芯、低烟、低卤、阻燃、交联聚乙烯绝缘、铠装、单芯电缆,并具有防水、防紫外线、防鼠功能。

图 8-3 为南昌轨道交通各条线路环网电缆系统指标。

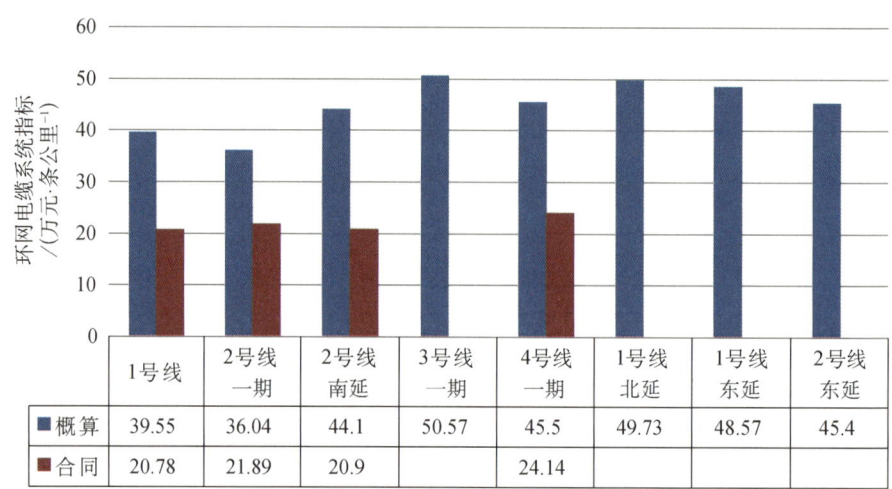

图 8-3　各条线路环网电缆系统指标

从图 8-3 可以看出,价格水平趋稳上涨。供电环网电缆系统经济指标建议取值范围:概算阶段为 36.04 万~50.57 万元/条公里,合同阶段为 20.78 万~24.14 万元/条公里。

8.4.4　电力数据采集与监控指标分析

南昌轨道交通工程电力数据采集与监控系统(Supervisory Control And Data Acquisition,SCADA)由电力调度系统(主站)、主变电站和变电所综合自动化系统(被控站)、通信通道和供电复示系统构成。SCADA 信息系统的站级、中央级独立组网自成系统,而在中央级与综合监控系统间进行信息互连,以实现信息互通。SCADA 系统实行中央级、车站级两级管理,以及中央级、车站级和现场级三级控制。SCADA 系统的主要功能有:控制、数据采集处理、显示、报警、调度事务管理、维修、事故抢修等。

考虑到南昌轨道交通各条线路电力监控的口径不太一致,为了更好地对比分析,都使其统一范围。SCADA 指标内容包含电力监控、电能质量管理系统、变电站综合自动化以及与各个系统的调试,且在概算与合同口径中均不含可视化接地系统。图 8-4 为各条线路电力数据采集与监控指标。

其中,1 号线北延由于增加了智能运维功能,每个所 1 套,每套约 110 万元,因此指标

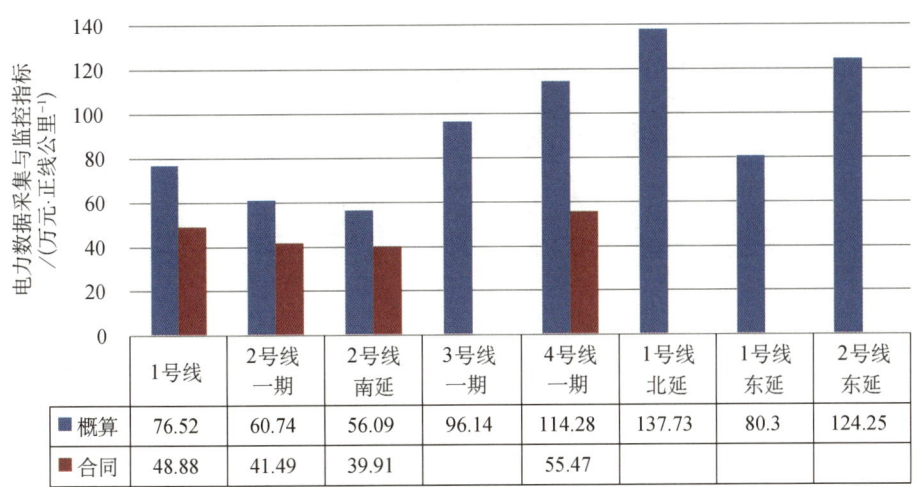

图 8-4 电力数据采集与监控指标

偏高。

另外,从图 8-4 可以看出,价格水平趋稳上涨。供电环网电力数据采集与监控经济指标建议取值范围:概算阶段为 56.09 万~124.25 万元/正线公里,合同阶段为 39.91 万~55.47 万元/正线公里。

8.4.5 接触网指标分析

本书在分析接触网指标时分为条公里数指标和正线公里数指标。

各条线路接触网条公里数指标结果如图 8-5 所示,可以看出价格水平趋稳上涨,供电接触网经济指标建议取值范围:概算阶段为 146.08 万~177.13 万元/条公里,合同阶段为 106.27 万~129.19 万元/条公里[①]。

把接触网条公里数指标按正线、车辆段、停车场进行拆分,其中正线又分为地下区段和高架区段,具体指标如表 8-7 所列。

表 8-7 接触网正线、车辆段、停车场条公里数指标　　　单位:万元/条公里

工程及费用名称	概算阶段指标	合同阶段指标
正线(地下区段)	146.4~182.27	105.97~162.70
正线(高架区段)	153.38~185.74	128.70
车辆段	141.7~187.02	109.59~147.62
停车场	144.99~189.52	102.94~205.77

---

① 合同阶段存在不平衡报价,建议取值范围不考虑不合理的数值。

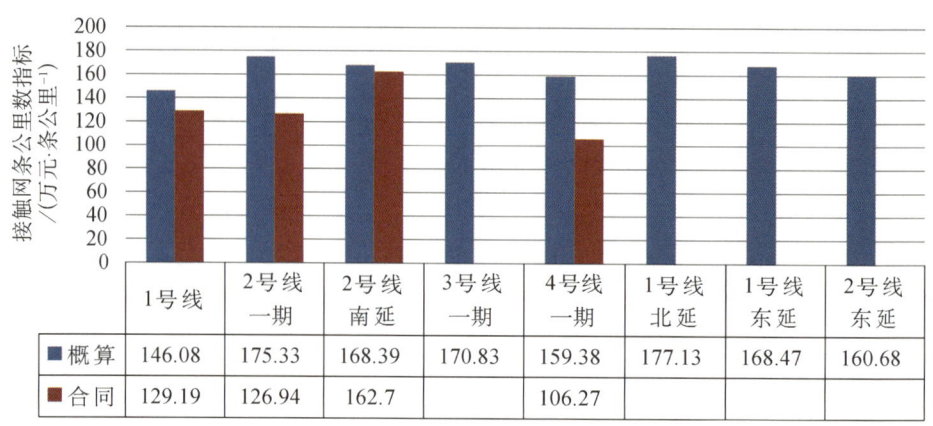

图 8-5 接触网条公里数指标

各条线路接触网正线公里数指标如图 8-6 所示,可以看出价格水平趋稳且较为平均,接触网经济指标建议取值范围:概算阶段为 366.23 万~420.93 万元/正线公里,合同阶段为 343.74 万~413.30 万元/正线公里。

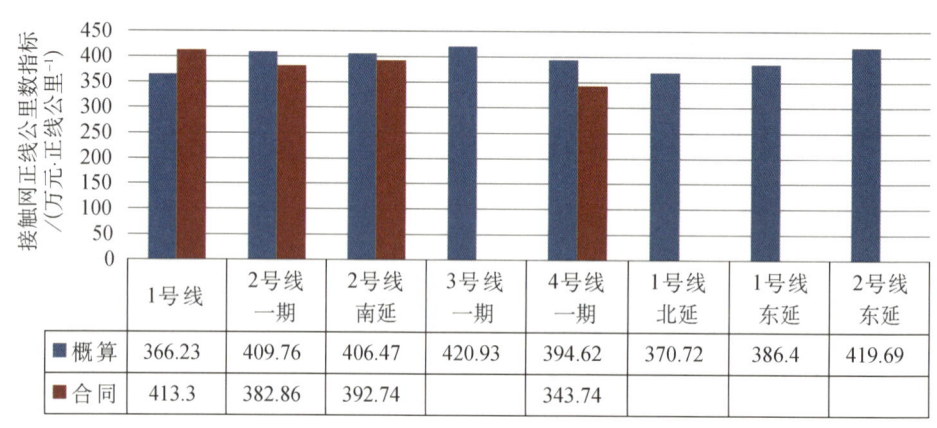

图 8-6 接触网正线公里数指标

8.4.6 杂散电流指标分析

杂散电流正线公里数指标如图 8-7 所示,可以看出概算阶段与合同阶段的数据跨度差不多。杂散电流经济指标建议取值范围:概算阶段为 99.55 万~146.94 万元/正线公里,合同阶段为 72.63 万~108.54 万元/正线公里。

杂散电流指标可进一步拆解为杂散电流防护指标和接地系统指标,结果如表 8-8 所列。

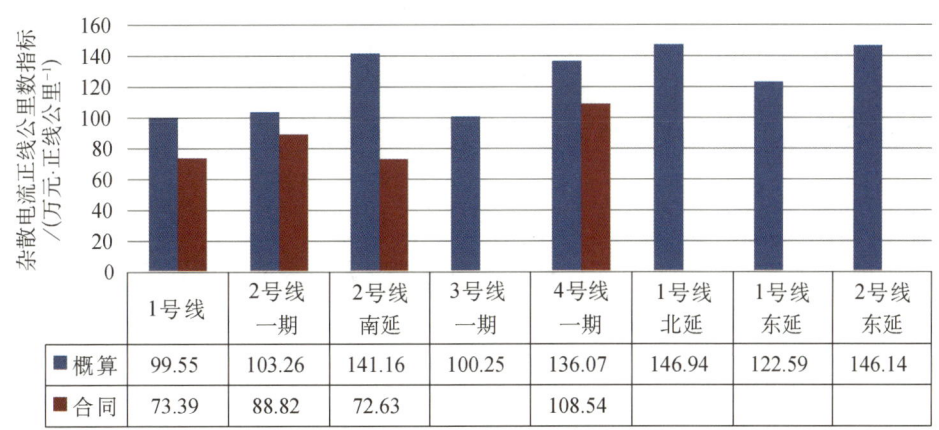

图 8-7 杂散电流正线公里数指标

表 8-8 杂散电流防护和接地系统的正线公里数指标　　单位:万元/正线公里

工程及费用名称	概算阶段指标	合同阶段指标
杂散电流防护	72.45～104.91	46.13～88.35
接地系统	31.45～48.09	22.21～38.69

8.4.7 其他项目指标分析

1. 疏散平台

地铁疏散平台是指在地铁区间隧道内设置的用于疏散乘客的专用通道。南昌轨道交通项目疏散平台地下线单线采用复合型水泥基一体化方案(板材及支墩均是水泥基复合材料),高架线及地下线 T 形支撑地段则采用水泥基板材+T 形钢支架方案。

疏散平台经济指标建议取值范围:概算阶段为 1 200～1 600 元/m²,合同阶段为 1 100～1 400 元/m²。

2. 供电车间

供电车间是供电系统的基层维修与管理部门,主要承担供电系统设备的运行管理、维护检修、事故抢修和材料供应等工作,以保证供电系统的正常运行。

供电车间指标会因使用部门对其具体要求的不同,导致造价差异较大,主要表现在供电车间指标中常包含千降变、接触网等专业的专用工具和备品备件以及车间内的仿真实训系统。按正线公里数分析相关数据,得到供电车间经济指标建议取值范围:概算阶段为 59.50 万～89.28 万元/正线公里,合同阶段则参考 4 号线一期的数据即 62.95 万元/正线公里。

3. 再生制动能量吸收装置

再生制动能量吸收装置是降低轨道交通运营成本,实现轨道交通可持续发展的重要手段,主要分为电阻消耗型、储能型和逆变回馈型三种基本模式。

再生制动能量吸收装置经济指标建议取值范围：概算阶段为 212.39 万～306.62 万元/套，由于设置此装置的线路暂时均无合同数据，因此合同指标暂不列举。

8.5 供电系统四级价格指标

通过分析供电系统的造价占比，可知安装费用的占比约为 30%，设备费用的占比约为 70%。因此，本节选取供电系统设备费用中占比较大的常见关键设备，给出其在概算阶段和合同阶段的平均单价作为参考，具体详见表 8-9。

表 8-9 供电系统的概算和合同阶段价格指标

工程费用名称		单位	概算阶段指标单价	合同阶段指标单价
一、主变电站电所	主变电站压器 110 kV 三相双绕组 31.5/31.5 MV·A	万元/套	500	320
	SF6 气体绝缘开柜 2 000 A 25 kA 进线柜	万元/套	35	12.6
	SF6 气体绝缘开关柜 1 250 A 25 kA 馈线柜	万元/套	35	13.63
	SF6 气体绝缘开关柜 2 000 A 25 kA SVG	万元/套	35	11.65
	(GIS)组合电器 126 kV 1 250 A 31.5 kA	万元/套	150	124
	35 kV 动态无功补偿装置 -8 000—+8 000 kvar	万元/套	500	249.6
二、牵降变	35 kV GIS(进线)	万元/面	35	17.85
	35 kV GIS(馈线)	万元/面	32	17.45
	负极柜	万元/面	25	16.7
	纵差保护装置	万元/面	6	3.5
	直流电源盘	万元/面	15	8.85
	低压开关柜(滤波)	万元/面	25	11.39
	蓄电池屏(100 Ah)	万元/面	7	5.64
	配电变压器(1 600 kV·A)	万元/面	39	29.25
	配电变压器(1 250 kV·A)	万元/面	36	24.78
三、环网电缆	35 kV 1×300 mm² 电力电缆	万元/m	0.033	0.019
	35 kV 1×150 mm² 电力电缆	万元/m	0.02	0.012
	35 kV 1×95 mm² 电力电缆	万元/m	0.014 5	0.012
	35 kV 1×300 mm² 电力电缆中间头	万元/套	0.48	0.32
	35 kV 1×150 mm² 电力电缆中间头	万元/套	0.42	0.42
	35 kV 1×95 mm² 电力电缆中间头	万元/套	0.2	0.15

(续表)

工程费用名称		单位	概算阶段指标单价	合同阶段指标单价
四、电力数据采集与监控	控制信号屏	万元/套	30	14.2
	变电所内网络设备	万元/套	8	9.85
	车辆段接触网隔离开关监控系统主控屏	万元/套	16	15.68
	光电转换器	万元/套	1	0.56
五、接触网	分段绝缘器	万元/套	3.6	4.02
	电动隔离开关	万元/套	6	3.42
	手动隔离开关	万元/套	3.5	2.86
	接触网带电显示装置	万元/套	1.5	0.72
	承力索 JT-150	万元/m	0.009 8	0.011
	接触线 CTM150	万元/m	0.014	0.008 9
	地线 JT-120	万元/m	0.013	0.006 1
六、杂散电流防护	单向导通装置	万元/台	15	5.75
	钢轨电位限制装置	万元/面	25	13.66
	自动监测装置	万元/台	4.8	2.84
	微机管理系统	万元/台	10	4.68
	便携式智能测试仪	万元/台	0.8	1.94
	排流柜	万元/台	10	9.72

第 9 章 车站及区间风水电

9.1 风水电指标描述

9.1.1 动力照明指标描述

动力照明系统由动力配电系统和照明配电系统组成。其中,动力配电系统主要为环控设备、车站插座、区间检修箱、废水泵、电梯、人防门等设备提供动力电能,以及为通信、信号、综合监控、FAS、BAS、屏蔽门、自动售检票、消防水泵等系统提供双电源;照明配电系统主要由普通照明和应急照明组成。动力照明系统的构成如图9-1所示。

在概算编制过程中,动力照明系统被划到供电系统中。在合同阶段,目前依照南昌轨道交通的招标模式,风水电装修一般会整体招标,而供电系统单独招标。为保持计价指标口径一致,本书在第 8 章供电系统指标中去掉了动力照明部分,故本章单独分析动力照明系统指标。

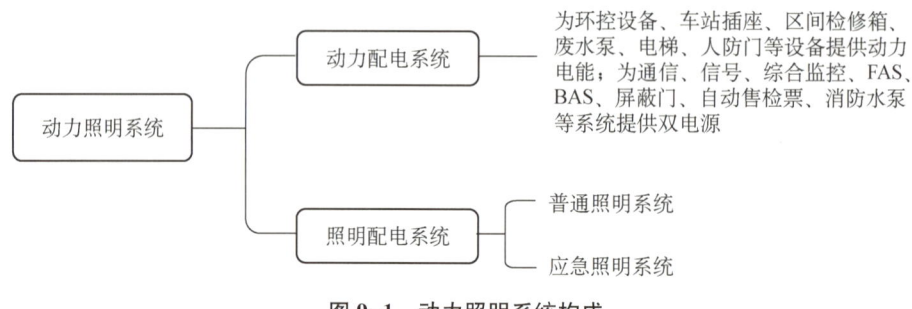

图 9-1 动力照明系统构成

9.1.2 通风、空调指标描述

通风、空调系统由车站通风空调系统和隧道通风系统两部分组成。其中,车站通风空调系统可分为公共区通风空调系统(以下简称"大系统")、设备及管理用房通风空调系统(以下简称"小系统")和空调循环水系统(以下简称"水系统");隧道通风系统可分为区间隧道通风系统和车站隧道通风系统。通风、空调系统的构成如图9-2所示。

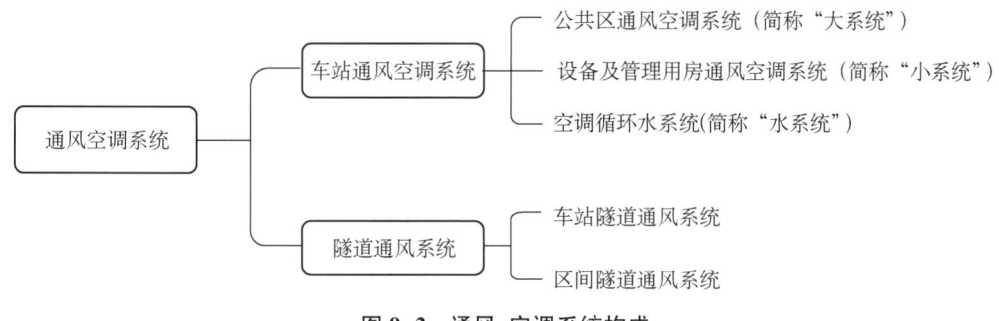

图 9-2　通风、空调系统构成

9.1.3　给排水与消防指标描述

给排水及消防水系统由给水系统、消防水系统和排水系统组成。其中,给水系统包括生产给水系统、生活给水系统;排水系统包括污水系统、废水系统和雨水系统;消防水系统包括消火栓系统和喷淋系统。给排水与消防水系统构成如图 9-3 所示。

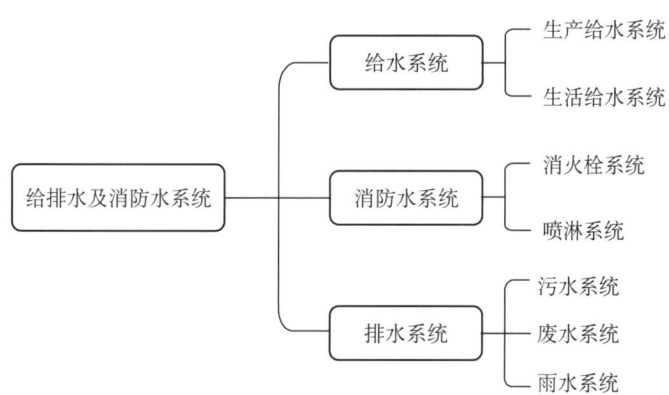

图 9-3　给排水与消防水系统构成

9.2　数据分析整体说明及指标标准模型分析

9.2.1　数据分析整体说明

本章采取概算与合同价对比的方法,具体数据统计如表 9-1 所列。参与分析的地下车站数量较车站统计总数少是因为部分站点存在共线,故不重复分析。地下车站共 116 个,高架车站共 6 个,地下区间长度 151.486 km,高架区间长度 8.901 km。

本书通过 SPSS 软件对数据进行正态性检验,确定置信区间,得出取值范围。

表 9-1 已建与在建线路参与分析的数据统计

名称	地下车站数/个	高架车站数/个	地下区间长度/正线公里	高架区间长度/正线公里
1 号线	24		28.843	
2 号线一期	21		23.78	
2 号线南延	7		7.9	
3 号线一期	22		28.5	
4 号线一期	25	4	34.729	4.871
1 号线北延	6	2	12.954	4.03
1 号线东延	2		4.36	
2 号线东延	9		10.42	

注：仅高架段归在高架区间分析，地面及出入段线都放在地下区间分析。

9.2.2 各条线路风水电整体指标情况

风水电安装三级指标为单位建筑面积造价指标，数据选取线路名称、指标阶段（概算、合同）、建筑面积、给排水造价、通风造价、动力照明造价等，根据数据分析可以得到单位面积给排水、通风、动力照明的经济指标，风水电安装专业总造价以及与其对应的经济指标。南昌轨道交通各条线路的风水电造价均值与指标均值的对比分析结果如表 9-2 所列。表 9-2 中按行业惯例分析了两个计量单位指标，分别是正线公里指标和单位建筑面积指标。

基于表 9-2 分别绘制概算阶段及合同阶段各条线路的指标趋势图，如图 9-4—图 9-7 所示。从这四个图可以看出整体指标的趋势是较为平缓的。

对整体指标的差异化原因进行分析，具体如下：

（1）1 号线合同阶段指标偏低，主要原因是设备采购合同资料缺失导致无法统计，而风水电工程中设备费占比较高，故合同阶段 1 号线指标较其他线路偏低。

（2）2 号线东延概算阶段的线路指标偏高，主要原因是其正线公里数短、车站面积大，而风水电工程中车站风水电造价有绝对占比，平摊至正线公里数则指标偏高，平摊至建筑面积反而会使指标较低。

表 9-2 各线路的风水电造价均值和指标均值的对比分析

序号	项目名称	单位	1号线概算	1号线合同	2号线一期概算	2号线一期合同	2号线南延线概算	2号线南延线合同	3号线一期概算	4号线一期概算	4号线一期合同	1号线北延概算	1号线东延概算	2号线东延概算
1	动力照明(1)	万元/正线公里	1 439.40	852.29	1 517.90	1 119.51	1 242.26	971.01	1 339.45	1 283.88	1 061.98	949.84	1 117.52	1 721.41
2	环控通风空调(1)	万元/正线公里	871.24	430.51	947.74	744.33	837.20	694.09	972.33	779.61	764.60	594.89	870.96	1 326.68
3	给排水与消防(1)	万元/正线公里	322.86	233.49	451.50	271.19	405.92	257.97	457.61	351.82	313.45	477.61	433.16	429.65
	小计线路指标	万元/正线公里	2 633.50	1 516.29	2 917.14	2 135.03	2 485.38	1 923.07	2 769.39	2 415.31	2 140.03	2 022.34	2 421.64	3 477.74
4	动力照明(2)	万元/m²	0.116 0	0.066 8	0.122 7	0.091 8	0.107 3	0.098 7	0.119 0	0.108 9	0.097 7	0.123 2	0.116 2	0.086 8
5	环控通风空调(2)	万元/m²	0.070 2	0.033 7	0.076 6	0.061 0	0.072 3	0.070 5	0.086 4	0.066 1	0.070 3	0.077 2	0.090 6	0.066 9
6	给排水与消防(2)	万元/m²	0.026 0	0.018 3	0.036 5	0.022 2	0.035 1	0.026 1	0.040 7	0.029 8	0.028 8	0.062 0	0.045 0	0.021 7
	小计建筑面积指标	万元/m²	0.212 2	0.118 8	0.235 8	0.175 0	0.214 7	0.195 4	0.246 1	0.204 8	0.196 8	0.262 4	0.251 8	0.175 4

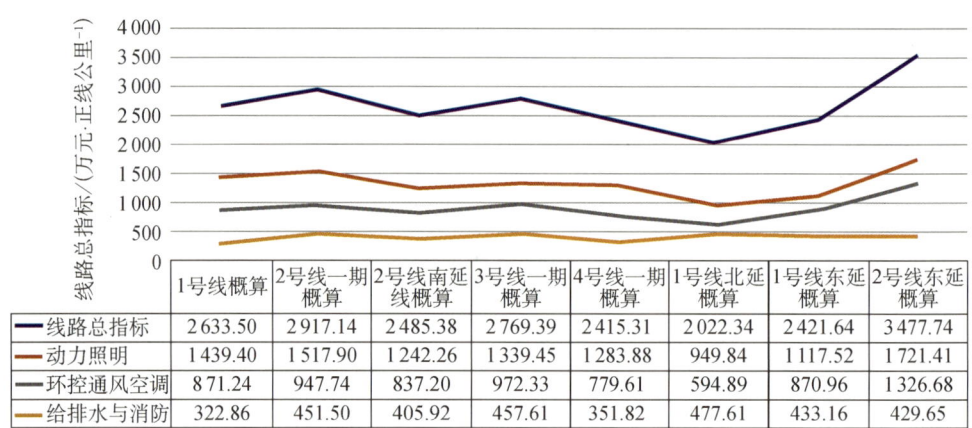

图 9-4　风水电概算阶段线路总指标

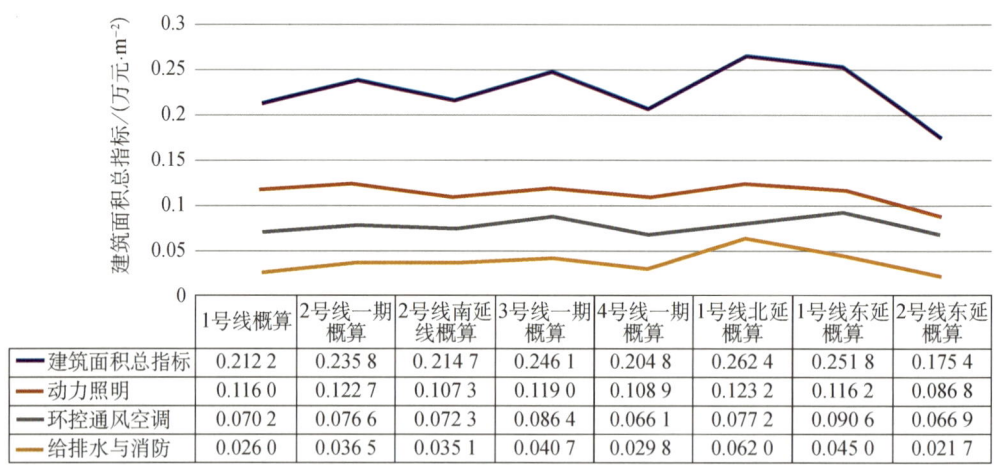

图 9-5　风水电概算阶段建筑面积总指标

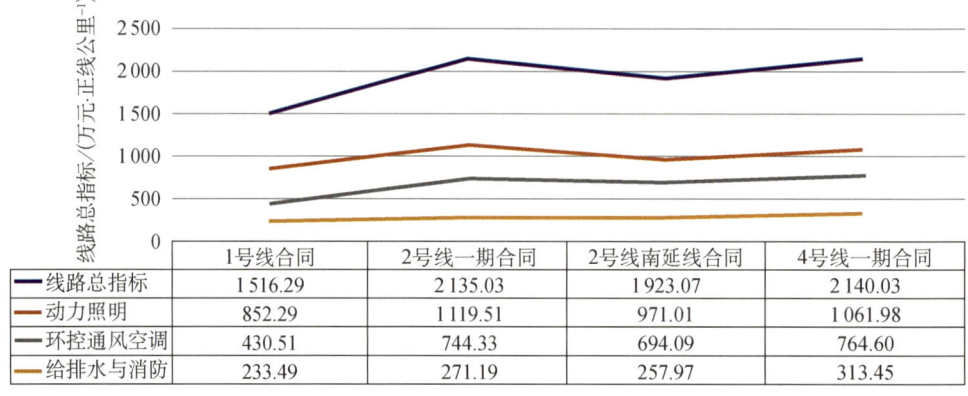

图 9-6　风水电合同阶段线路总指标

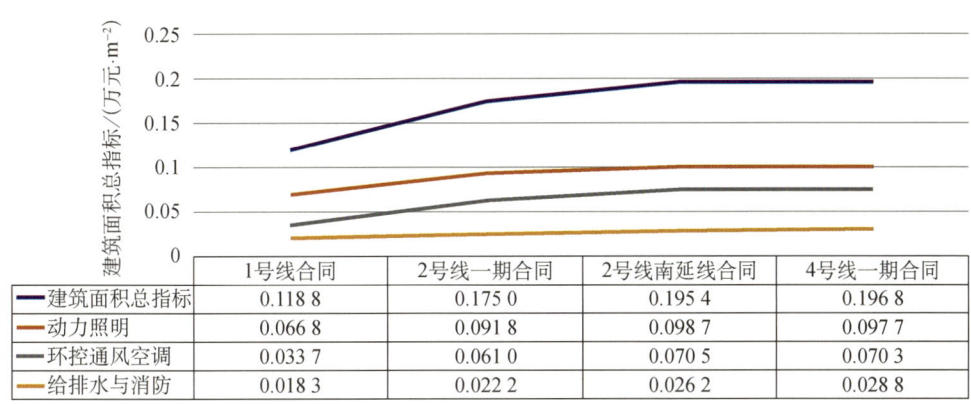

图 9-7 风水电合同阶段建筑面积总指标

9.2.3 标准模型下风水电各专业指标

建立风水电各专业指标的标准模型对于指标区间的确定具有实际意义。按照三个专业即动力照明、通风空调、给排水与消防水系统,通过对南昌轨道交通各条线路三级指标的统计和汇总,得到标准模型下的各个指标,具体情况如下。

1. 标准动力照明三级指标

通过统计以及 SPSS 软件分析各条线路 6B 编组标准地下两层车站、标准高架车站(三层)以及地下区间的标准动力照明指标(数据来源于本书 9.3 节中各条线路相关专业的指标),得出取值范围如表 9-3 所列。

表 9-3 标准动力照明三级指标

指标名称	单位	概算阶段指标	合同阶段指标	备注
标准地下车站	万元/站	1 186~1 516	1 025~1 264	站点指标
	元/m²	0.091~0.117	0.073~0.105	建筑面积指标
标准高架车站	万元/站	580~677	468~540	站点指标
	元/m²	0.077~0.086	0.062~0.074	建筑面积指标
地下区间	万元/km	257~414	222~394	区间线路长度指标

2. 标准通风空调系统三级指标

通过统计以及 SPSS 软件分析各条线路 6B 编组标准地下两层车站、标准高架车站(三层)以及地下区间的标准通风空调系统指标(数据来源于 9.3 节中各条线路相关专业的指标),得出取值范围如表 9-4 所列。

表 9-4 标准通风空调系统三级指标

指标名称	单位	概算阶段指标	合同阶段指标	备注
标准地下车站	万元/站	1 091～1 353	1 031～1 207	站点指标
	元/m²	0.078～0.113	0.077～0.096	建筑面积指标
标准高架车站	万元/站	207～286	215～237	站点指标
	元/m²	0.029～0.032	0.027～0.033	建筑面积指标
地下区间	万元/km	区间指标含在车站内	区间指标含在车站内	区间线路长度指标

3. 标准给排水与消防水系统三级指标

通过统计以及 SPSS 软件分析各条线路 6B 编组标准地下两层车站、标准高架车站（三层）以及地下区间的标准给排水与消防水系统指标（数据来源于 9.3 节中各条线路相关专业的指标），得出取值范围如表 9-5 所列。

表 9-5 标准给排水与消防水系统三级指标

指标名称	单位	概算阶段指标	合同阶段指标	备注
标准地下车站	万元/站	304～394	302～331	站点指标
	元/m²	0.021～0.031	0.021～0.027	建筑面积指标
标准高架车站	万元/站	205～300	200～230	站点指标
	元/m²	0.028～0.035	0.026～0.032	建筑面积指标
地下区间	万元/km	218～324	83～115	区间线路长度指标

4. 标准模型及指标区间

风水电概算线路总指标可依据上述表 9-3、表 9-4 和表 9-5 中的指标范围计算求得，计算公式为

风水电概算线路总指标 = [∑风水电各专业标准地下车站概算站点指标×地下车站数 + ∑风水电各专业标准高架车站概算站点指标×高架车站数 + 区间概算线路长度指标×区间长度]/正线公里；

同理，风水电概算建筑面积指标的计算公式为

风水电概算建筑面积指标 = [∑风水电各专业标准地下车站概算建筑面积指标×地下车站建筑面积 + ∑风水电各专业标准高架车站概算建筑面积指标×高架车站建筑面积 + 区间概算线路长度指标×区间长度]/车站总建筑面积；

对于合同阶段的指标公式,只要把上述公式中的概算阶段数据替换为合同阶段数据即可,此处不再赘述。

结合南昌轨道交通所有线路风水电安装的实际情况,建立线路指标标准模型:6B 编组下正线公里数为 30 km,全地下车站间距为 1.2 km、地下车站 25 站,全地下区间,区间长度为 30 km,通过公式计算可得:

标准模型下的风水电指标概算阶段正线公里指标区间为 2 626 万~3 457 万元/正线公里,其中动力照明指标为 1 245 万~1 677 万元/正线公里,环控通风空调指标为 909 万~1 128 万元/正线公里,给排水与消防指标为 472 万~652 万元/正线公里。

标准地下车站建筑面积指标为 1 900~2 557 元/m^2,其中动力照明指标为 910~1 117 元/m^2,环控通风空调指标为 780~1 130 元/m^2,给排水与消防指标为 210~310 元/m^2。

标准模型下的风水电指标合同阶段正线公里指标区间为 2 270 万~2 844 万元/正线公里,其中动力照明指标为 1 076 万~1 447 万元/正线公里,环控通风空调指标为 859 万~1 006 万元/正线公里,给排水与消防指标为 335 万~391 万元/正线公里。

标准地下车站建筑面积指标为 1 710~2 280 元/m^2,其中动力照明指标为 730~1 050 元/m^2,环控通风空调指标为 770~960 元/m^2,给排水与消防指标为 210~270 元/m^2。

5. 标准模型数据说明

近年来发布了较多新规范,相应地,新线路即 4 号线一期以及 1 号线北延和东延、2 号线东延均增加了许多新功能、新需求,因此新线路的造价比 1 号线及 2 号线一期要高。1 号线及 2 号线一期在给排水专业设计中无直饮加热及净水系统,而该部分约为 50 万~60 万元/站;通风空调专业中无车站通风空调变频节能系统及集中排烟系统,而该部分约为 150 万~200 万元/站;动力照明专业中无消防电源监控系统,而该部分约为 40 万~50 万元/站。另外,1 号线及 2 号线一期的造价口径与后续新线路较为不同,给排水中的洁具造价被划分至装饰装修专业中,动力照明中的 EPS 应急电源被划分至供电专业中。综上所述,标准模型下不参考 1 号线和 2 号线一期的数据。

9.3 各条线路三级指标各专业特点分析

9.3.1 地下车站风水电指标

由于各条线路的车站间距不同,因此不再分析车站的线路指标,而是只分析建筑面积指标。4 号线一期及 1 号线北延有高架车站,需单独分析。汇总各条线路各个地下站点的风水电三级指标,结果如表 9-6 所列。通过图 9-8 地下车站风水电建筑面积指标可知,概算阶段指标较为平稳,合同阶段指标呈逐步上升趋势。

表 9-6　地下车站风水电指标　　　　　　　　　　单位：万元/m²

指标阶段	车站形式	总指标均值	车站动照指标均值	车站通风指标均值	给排水指标均值
1号线概算	地下车站	0.200 1	0.103 6	0.077 4	0.019 1
1号线合同	地下车站	0.107 8	0.058 5	0.038 1	0.011 2
2号线一期概算	地下车站	0.198 9	0.106 3	0.074 3	0.018 3
2号线一期合同	地下车站	0.131 5	0.063 6	0.053 3	0.014 2
2号线南延概算	地下车站	0.195 5	0.097 9	0.078 3	0.019 4
2号线南延合同	地下车站	0.144 4	0.067 3	0.059 9	0.017 1
3号线一期概算	地下车站	0.193 7	0.090 1	0.084 5	0.019 1
3号线一期合同	地下车站	0.187 9	0.087 3	0.082 0	0.018 5
4号线一期概算	地下车站	0.186 2	0.089 5	0.077 1	0.022 8
4号线一期合同	地下车站	0.175 0	0.080 0	0.073 9	0.021 1
1号线北延概算	地下车站	0.182 4	0.091 0	0.068 5	0.022 9
1号线东延概算	地下车站	0.180 8	0.093 8	0.063 5	0.023 5
2号线东延概算	地下车站	0.190 6	0.093 1	0.078 3	0.019 1

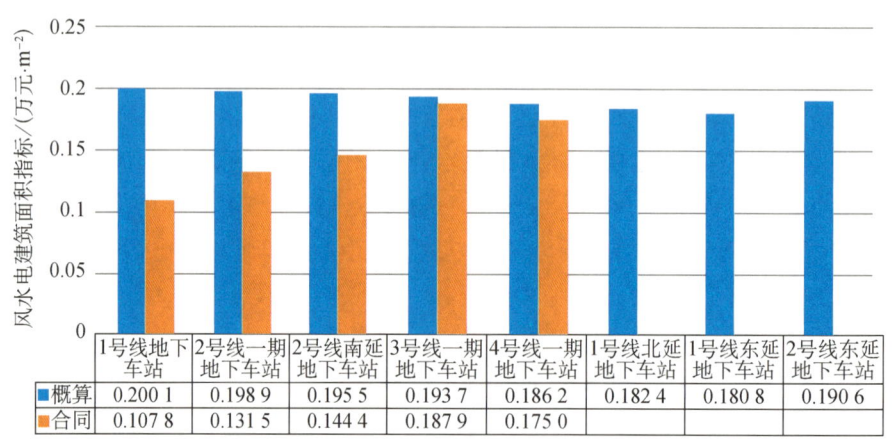

图 9-8　地下车站风水电建筑面积指标

9.3.2　地下标准车站和非标准车站对比分析

以4号线一期沙沟站和1号线北延曰修路站为例，对比分析地下标准车站（两层）和非标准车站（换乘站有三层）的风水电指标，结果如表9-7所列。

表 9-7 地下标准车站和非标准车站指标对比　　　　单位：万元/m²

指标阶段	车站形式	总指标	车站动照指标	车站通风指标	给排水指标
4 号线一期概算	非标准站	0.207 9	0.094 3	0.088 0	0.025 6
1 号线北延概算	标准站	0.152 6	0.068 8	0.068 2	0.017 6

由表 9-7 可知，地下非标准车站比标准车站的风水电总指标高出约 500 元/m²。

9.3.3 高架车站风水电

4 号线一期有 4 个高架车站，1 号线北延有 2 个高架车站。高架车站风水电三级指标的结果如表 9-8 所列。

表 9-8 高架车站风水电指标　　　　单位：万元/m²

指标阶段	总指标均值	车站动照指标均值	车站通风指标均值	给排水指标均值
4 号线一期概算	0.139 6	0.077 8	0.028 7	0.033 0
4 号线一期合同	0.126 5	0.068 3	0.030 1	0.028 0
1 号线北延概算	0.144 9	0.081 4	0.029 4（原 0.053 9）	0.034 1

从表 9-8 可以看出，1 号线北延的车站通风原始数据异常高，主要原因是多联体空调的工程量及价格有误，从而导致每个站点的多联体空调设备费高达 200 万元，若剔除该部分费用，则修正指标为 0.029 4 万元/m²，上述 1 号线北延指标为修正后指标。

9.3.4 高架车站和地下车站风水电建筑面积指标对比

高架车站和地下车站的风水电建筑面积指标对比如图 9-9 所示，可以看到概算阶段高架车站比地下车站指标平均低 380 元/m²，合同阶段低 426 元/m²。将风水电各专业拆分后对比高架车站与地下车站，结果如图 9-10 所示。

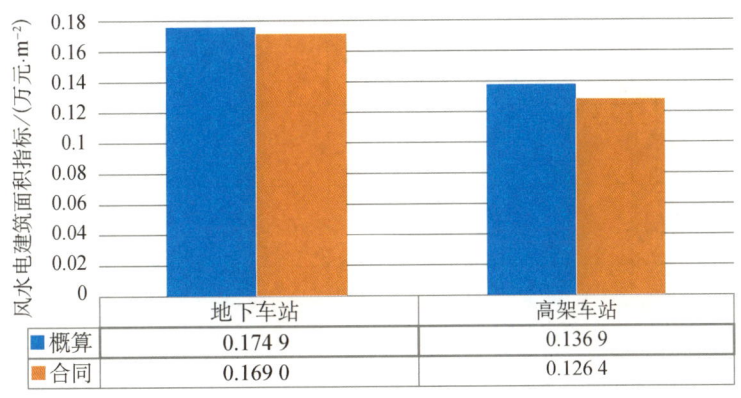

图 9-9 地下车站与高架车站的风水电建筑面积指标对比

各专业拆分对比情况如下图 9-10 所示。

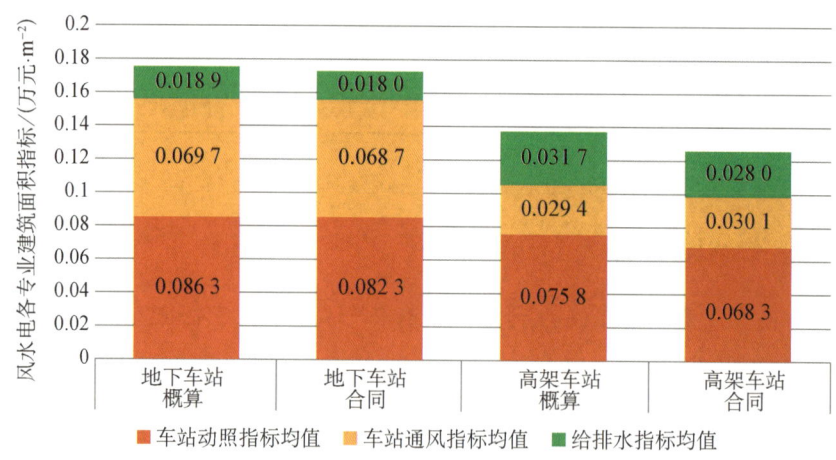

图 9-10　地下车站与高架车站风水电各专业指标对比

9.3.5　区间风水电

各条线路区间风水电指标汇总情况如表 9-9 所示。

表 9-9　各条线路区间风水电指标汇总

序号	线路名称	指标阶段	区间范围	区间线路长度/正线公里	指标1:给排水/(万元·正线公里$^{-1}$)	指标2:通风	指标3:动力照明/(万元·正线公里$^{-1}$)	安装总指标/(万元·正线公里$^{-1}$)
1	1号线	概算	双港大道站—奥体中心站	24.58	163.24	—	337.91	501.15
2	1号线	合同	双港大道站—奥体中心站	24.38	114.83	—	222.34	337.17
3	2号线一期	概算	站前南大道站—辛家庵站	16.98	324.75	—	218.76	543.52
4	2号线一期	合同	站前南大道站—辛家庵站	16.83	83.12	—	272.90	356.03
5	2号线南延	概算	生米南综合基地—腾龙站	6.74	218.99	—	234.46	453.45
6	2号线南延	合同	生米南综合基地—腾龙站	6.73	63.82	—	197.41	261.24
7	3号线一期	概算	莲塘站—京东大道站	22.82	287.85	—	372.77	660.61
8	4号线一期	概算	白马山站—鱼尾洲站	27.07	228.42	—	414.53	642.95

(续表)

序号	线路名称	指标阶段	区间范围	区间线路长度/正线公里	指标1:给排水/(万元·正线公里$^{-1}$)	指标2:通风	指标3:动力照明/(万元·正线公里$^{-1}$)	安装总指标/(万元·正线公里$^{-1}$)
9	4号线一期	合同	白马山站—鱼尾洲站	27.15	110.02	—	394.67	504.69
10	1号线东延	概算	瑶湖西站—麻丘站	3.48	232.41	—	335.64	568.05
11	1号线北延	概算	昌北机场站—双港站	14.89	230.70	—	257.04	487.74
12	2号线东延	概算	辛家庵站—昌东停车场出入场线	8.41	175.09	—	390.72	565.81

注:区间通风专业内容一般含在相邻车站中,因此指标不做考虑。

从表9-9可以看出,1号线和2号线一期部分指标较低,这主要是由于它们的风水电专业口径与后续线路不一致,同时,后续线路还增加了新功能、新规范设计。例如,1号线及2号线一期给排水专业中的洁具被划分至装修专业中;给排水专业无直饮加热系统及净水系统;通风空调无变频节能控制系统及集中排烟系统;动力照明专业中EPS电源被划分至供电专业中且无消防电源监控系统等。

9.4 费用组成占比分析

各条线路的平均风水电造价占比结果如图9-11所示,由图可知,概算阶段和合同阶段占比大致相同,动力照明费用占比约为50%,环控通风空调费用占比约为35%,给排水与消防费用占比约为15%。

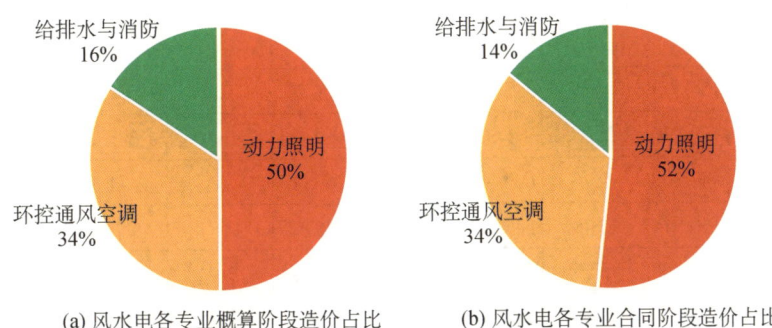

(a) 风水电各专业概算阶段造价占比　　(b) 风水电各专业合同阶段造价占比

图9-11　风水电各专业不同阶段造价占比

9.5 四级单价指标及五级数量指标

风水电四级指标为风水电主要设备、材料的单价指标，风水电五级指标为单位建筑面积数量指标或总数量指标，数据选取线路名称、指标阶段（概算、合同）、专业、建筑面积、主要设备或材料、规格型号、单位、数量、（平均）单价、总价等，依据所选取的数据可以形成主要设备或材料的单位面积数量指标、总价指标等。指标录入界面如图 9-12 所示。

南昌轨道交通关键技术经济指标——风水电层面（四级指标）

序号	线路名称	指标阶段	站点名称	专业	建筑面积（1）	主要设备、材料	规格型号	单位	数量（5）	材料单价	是否甲招	指标1：（5）/（1）	备注	总价（6）	总价指标（6）/（1）
1	4号线	概算	白马山站	给排水	7245	塑料水管	≥DN100	米	1015.00	90.00	否	0.14		91350.00	12.61
2	4号线	概算	白马山站	给排水	7245	塑料水管	<DN100	米	110.00	11.75	否	0.02		1292.50	0.18
3	4号线	概算	白马山站	给排水	7245	钢管水管	≥DN100	米	862.00	113.72	否	0.12		98026.64	13.53
4	4号线	概算	白马山站	给排水	7245	钢管水管	<DN100	米	725.00	47.25	否	0.10		34256.25	4.73
5	4号线	概算	白马山站	给排水	7245	洁具		个	68.00	838.53	否	0.01		57020.04	7.87
6	4号线	概算	白马山站	给排水	7245	阀门	≥DN100	个	131.00	616.55	否	0.02		80768.05	11.15
7	4号线	概算	白马山站	给排水	7245	阀门	<DN100	个	162.00	522.23	否	0.02		84601.26	11.68
8	4号线	概算	白马山站	给排水	7245	水泵		台	20.00	13225.00	否	0.00		264500.00	36.51
9	4号线	概算	白马山站	给排水	7245	灭火器		台	144.00	249.74	否	0.02		35962.56	4.96
10	4号线	概算	白马山站	动力照明	7245	荧光灯具		套	1860.00	429.65	否	0.26		799149.00	110.31
11	4号线	概算	白马山站	动力照明	7245	钢管	≥DN100	米	300.00	50.05	否	0.04		15015.00	2.07
12	4号线	概算	白马山站	动力照明	7245	钢管	<DN100	米	28700.00	10.92	否	3.96		313404.00	43.26
13	4号线	概算	白马山站	动力照明	7245	[illegible]		米	750.00	[illegible]	否	0.10		[illegible]	[illegible]

图 9-12　风水电四级指标录入界面

9.5.1 动力照明专业电缆工程四、五级指标分析

动力照明专业四、五级指标分析主要针对 1 号线至 4 号线这 4 条地铁线路中的典型站点电缆，将电缆分为四类：截面面积 90 m^2 以上、截面面积 90 m^2 以下、控制电缆和电缆总量，进行站点间纵向对比分析和线路间横向对比分析。表 9-10 为动力照明站点电缆指标数据统计。

表 9-10　动力照明站点电缆指标数据统计

线路名称	截面面积 90 m^2 以上		截面面积 90 m^2 以下		控制电缆		电缆总量		平均单价
	长度/m	指标/($m \cdot m^{-2}$)	长度/m	指标/($m \cdot m^{-2}$)	长度/m	指标/($m \cdot m^{-2}$)	长度/m	指标/($m \cdot m^{-2}$)	元/m^2
1 号线概算	106 675	0.27	565 962	1.44	221 207	0.7	893 844	2.28	145
1 号线合同	139 720	0.36	995 936	2.54	450 141	1.15	1 585 797	4.05	101
2 号线一期概算	148 808	0.4	623 867	1.69	369 061	1	1 141 736	3.09	108
2 号线一期合同	156 814	0.48	546 262	1.67	296 427	0.91	999 503	3.05	61
2 号线南延概算	30 692	0.36	191 816	2.26	172 740	2.04	395 248	4.66	76
2 号线南延合同	33 431	0.43	177 414	2.3	115 233	1.49	326 078	4.22	54
3 号线一期概算	106 804	0.29	401 392	1.13	176 887	0.52	685 083	1.93	140
3 号线一期合同	—	—	—	—	—	—	—	—	—

(续表)

线路名称	截面面积 90 m² 以上		截面面积 90 m² 以下		控制电缆		电缆总量		平均单价
	长度/m	指标/(m·m⁻²)	长度/m	指标/(m·m⁻²)	长度/m	指标/(m·m⁻²)	长度/m	指标/(m·m⁻²)	元/m²
4号线一期概算	182 727	0.31	508 276	1.05	363 805	0.75	1 022 994	2.11	152
4号线一期合同	238 895	0.54	853 157	1.92	513 610	1.16	1 605 662	3.62	90

从表 9-10 可以看出,电缆的平均单价波动较为明显。为了分析铜价对电缆价格的影响,本书汇制了各条线路概算编制期和合同编制期的铜现货价,如图 9-13 所示。

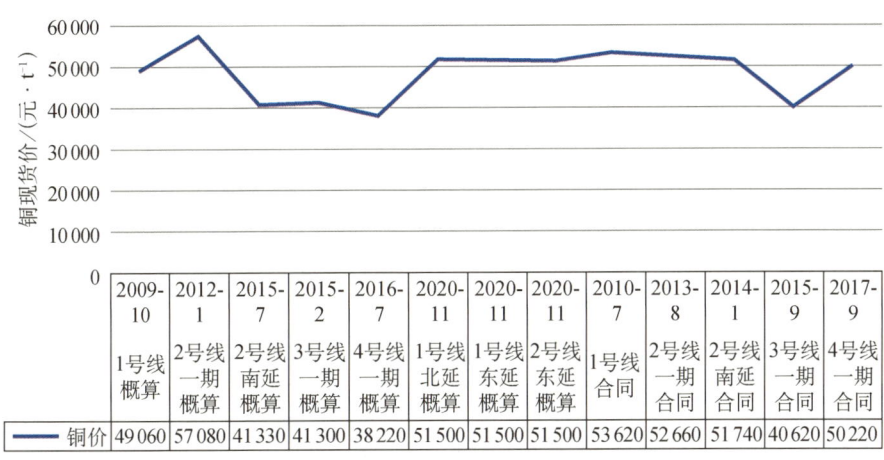

图 9-13 各条线路概算编制期和合同编制期的铜现货价

通过分析表 9-10 和图 9-13 可以看出,2009 年到 2015 年铜现货价略微降低,2 号线一期、2 号线南延在概算与合同阶段的电缆经济指标区间也同步下降,由此可见电缆经济指标趋势与铜现货价相关性较大。4 号线一期合同阶段电缆平均单价为 90 元/m²。电缆长度占建筑面积比的数量指标在概算阶段均值约为 2.81 m/m²,在合同阶段均值约为 3.74 m/m²。

9.5.2 照明灯具建筑面积数量指标及单价

本节将 1 号线至 4 号线这 4 条地铁线路中典型站点的建筑面积灯具数量和灯具综合单价进行汇总,结果如表 9-11 所列。

表 9-11 照明灯具建筑面积数量指标及单价

线路名称	照明灯具		平均单价/(元·套⁻¹)
	数量/套	指标/(套·m⁻²)	
1号线概算	50 195	0.13	428
1号线合同	26 008	0.07	244

(续表)

线路名称	照明灯具		平均单价/(元·套$^{-1}$)
	数量/套	指标/(套·m^{-2})	
2号线一期概算	58 736	0.16	399.34
2号线一期合同	19 583	0.06	151.68
2号线南延线概算	7 286	0.08	324.69
2号线南延线合同	6 610	0.08	156.8
3号线一期概算	26 320	0.07	440
4号线一期概算	57 587	0.12	637.51
4号线一期合同	42 565	0.09	141.81

从表9-11可以看出,照明灯具建筑面积数量指标较为平均,因而数量指标具有总结意义。概算阶段照明灯具建筑面积数量指标均值为0.112套/m^2,合同阶段均值为0.075套/m^2。

同样地,对表9-11中照明灯具单价指标数据进行分析可以发现,除了4号线一期概算指标较高(复查发现原始数据有误),其他线路的单价指标较为平均,且合同阶段的价格指标较概算阶段的指标更具有实际意义。除去4号线一期的单价指标,概算阶段灯具单价平均约为398.00元/套,合同阶段灯具单价平均约为173.57元/套。

9.5.3 给排与消防水管建筑面积数量指标及单价

本节将1号线至4号线这4条地铁线路中的给排与消防水管的建筑面积数量指标和单价进行汇总,结果如表9-12所列。

表9-12 给排与消防水管建筑面积数量指标及单价

线路	钢管水管		平均单价(按口径给指标)/(元·m^{-1})
	长度/m	指标/(m·m^{-2})	
1号线概算	81 797.74	0.26	113.57
1号线合同	84 268.04	0.21	86.44
2号线一期概算	63 554	0.17	128.00
2号线一期合同	90 507	0.28	73.00
2号线南延概算	23 954	0.28	103.00
2号线南延合同	23 282	0.30	79.00
3号线一期概算	104 288.83	0.29	112.55
3号线一期合同	—	—	—
4号线一期概算	141 865	0.29	120.07
4号线一期合同	139 674	0.31	93.38

从表9-12可以看出,给排与消防水管建筑面积数量指标和平均单价均较为平均,故数量指标和单价指标都具有总结意义。

从表9-12可得,概算阶段水管建筑面积数量指标均值为 0.258 m/m²,概算阶段单价指标均值约为 115.44 元/m;合同阶段水管建筑面积指标均值为 0.275 m/m²,合同阶段单价指标均值约为 82.96 元/m。

9.5.4 通风、空调关键设备四、五级指标

选取南昌轨道交通各线路各站点的环控柜、配电箱、冷却塔、冷水机组、冷冻冷却水泵、轴流风机、组合式空调、消声器和水泵设备,分析各设备的概算数量指标、合同数量指标、概算指标单价均值和合同指标单价均值,统计结果如表9-13所列。

表9-13 通风、空调关键设备四级、五级指标

	设备名称	概算数量指标(均值)/(台·站$^{-1}$)	合同数量指标(均值)/(台·站$^{-1}$)	概算指标单价均值/(元·台$^{-1}$)	合同指标单价均值/(元·台$^{-1}$)
动力照明	环控柜	33	28	76 718	57 377
	配电箱	178	178	7 299	4 718
通风	冷却塔	2	2	75 333	75 958
	冷水机组	2	2	51	28
	冷冻冷却水泵	5	4	19 235	14 293
	组合式空调	20	27	48 717	25 826
	轴流风机	35	47	53 541	18 746
	消声器	39	35	26 403	21 836
给排水设备	水泵	34	32	23 329	11 382

第 10 章 综合监控系统

10.1 综合监控系统指标整体情况分析

综合监控系统(ISCS)由中央级综合监控系统、车站级(含车辆段、停车场)综合监控系统、维修管理系统、培训系统、软件测试平台、主干网络系统、网络管理系统等组成。综合监控系统采用两级管理、三级控制的模式。两级管理分别是中央级管理和车站级管理,三级控制分别是中央级控制、车站级控制和现场级控制。

概算阶段的设备监控及集成系统包含了综合监控系统和环境与设备监控系统(BAS),指标分析时把二者拆分开使之与合同阶段指标口径一致。本章主要分析综合监控系统,BAS 在本书第 11 章分析。南昌轨道交通各线路综合监控系统整体指标如表 10-1 所列,表中另外列出了设备监控及集成系统整体指标和 BAS 整体指标,以做参考。

表 10-1 各线路设备监控及集成系统整体指标、ISCS 整体指标和 BAS 整体指标

单位:万元/正线公里

线路	指标阶段	设备监控及集成系统指标	修正后的设备监控及集成系统指标	ISCS整体指标	BAS整体指标
1 号线	概算	455.25	455.25	269.09	186.16
1 号线	合同	281.34	281.34	148.58	132.76
2 号线一期	概算	504.54	504.54	290.43	214.11
2 号线一期	合同	377.04	377.04	231.11	145.93
2 号线南延	概算	369.21	369.21	175.94	193.27
2 号线南延	合同	295.77	295.77	156.35	139.42
3 号线一期	概算	503.43	503.43	263.83	239.60
4 号线一期	概算	418.29	418.29	247.57	170.72
4 号线一期	合同	419.55	315.21	209.39	105.82
1 号线北延	概算	344.87	344.87	213.10	131.77
1 号线东延	概算	287.31	287.31	139.43	147.88
2 号线东延	概算	623.74	623.74	368.62	255.12

表 10-1 中指标修正说明如下:①3 号线一期的合同为 PPP 合同,对应合同金额为概算费率下浮 3%;②4 号线一期的合同中二级指标包含了智慧车站的金额,将之剔除后,合

同指标调整为315.21万元/正线公里。

使用表10-1中的ISCS指标数据绘制柱状图,结果如图10-1所示,从而可以分析南昌轨道交通各条线路的ISCS整体指标趋势。

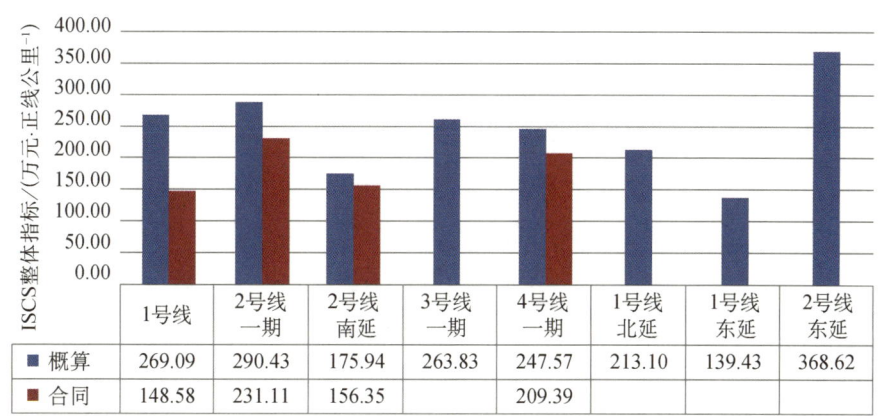

图10-1　各条线路的ISCS整体指标

从图10-1可以看到,2号线东延的ISCS指标高于正线指标,通过进一步三级指标的拆解分析发现,三级指标与其他线路同级对比未有异常,工艺做法的内容除了含2号线一期、2号线南延工程改造,也无其他新增内容。因而指标高的原因可能是ISCS整体指标为正线公里指标,而2号线东延距离短,但作为费用影响因素的停车场指标是一个固定的影响因素,不随正线公里数的增加而增加。另外,1号线东延指标较低,原因是其车站平均间距是其他线路的2倍,摊到正线公里指标上反而较低。

10.2　线路指标标准模型及三级指标分析

通过将三级指标进行拆解分析,综合监控系统指标可分为五个指标:中央级系统指标、车站级指标、停车场指标、车辆段指标以及其他辅助管理系统(培训维护管理系统)指标。结合南昌轨道交通所有线路综合监控系统的实际情况,建立线路指标标准模型:6B编组下正线公里数为30 km,全地下车站间距为1.2 km,包括中央控制中心1处、地下车站25站、车辆段1座和停车场1座。概算阶段、合同阶段的三级指标区间及标准模型下综合监控系统指标区间如表10-2所列。

表10-2　南昌轨道交通线路标准模型下ISCS指标

指标名称	单位	概算阶段指标	合同阶段指标
ISCS	万元/正线公里	199.78～268.53	144.86～172.68
车站级	万元/站	208.12～285.59	153.08～180.93
中央级(控制中心)	万元/正线公里	48.03～85.39	58.73～76.13

(续表)

指标名称	单位	概算阶段指标	合同阶段指标
车辆段	万元/座	209.98～228.84	101.66～182.62
停车场	万元/座	201.76～275.74	70.5～92.8
培训维护管理系统	万元/处	300.51～326.21	288.02～305.61

若与标准模型不同，综合监控系统的正线公里指标按下式进行调整：

综合监控系统指标=[车站级指标×车站数+中央级指标×正线公里数+车辆段指标×车辆段数量+停车场指标×停车场数量+培训维护管理系统指标×培训维护管理系统数量]/正线公里

10.2.1 车站级指标

南昌轨道交通各条线路 ISCS 车站级指标如图 10-2 所示。

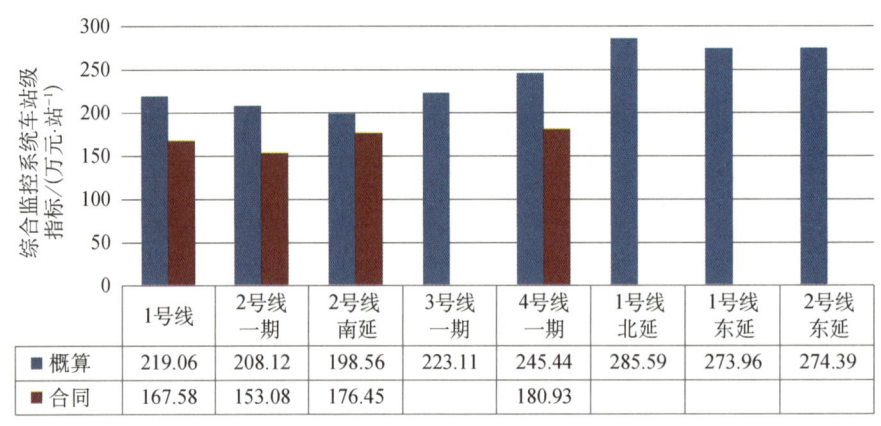

图 10-2　各条线路 ISCS 车站级指标

根据 ISCS 车站级占比情况分析发现综合监控设备对造价影响较大。从图 10-2 可以看出，ISCS 车站级指标范围：概算阶段为 198.56 万～285.59 万元/站，合同阶段为 153.08 万～180.93 万元/站。

10.2.2 中央级(控制中心)指标

南昌轨道交通各线路 ISCS 中央级(控制中心)指标如图 10-3 所示。其中，1 号线北延和 2 号线东延的概算指标偏低，这是因为 1 号线北延与 1 号线以及 2 号线东延与 2 号线一期均采用共用一个控制中心的方式，延长线只是增加了一些设备和接入费用，因此延长线指标较正线指标低。各正线中央级设备按 1 号线至 4 号线的指标来看比较平均，故指标区间范围采用正线指标，概算阶段指标建议取值范围为 48.03 万～85.39 万元/正线公里，合同阶段指标建议取值范围为 58.73 万～76.13 万元/正线公里。

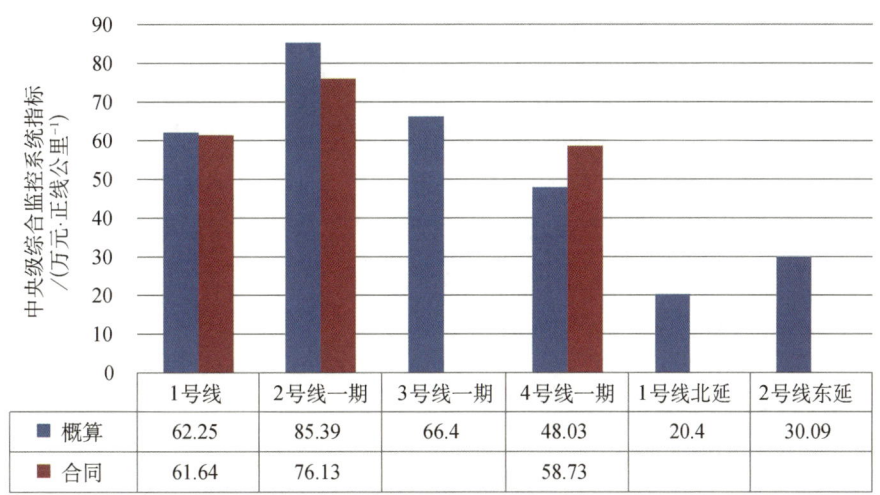

图 10-3 各线段 ISCS 中央级(控制中心)指标

10.2.3 车辆段指标

南昌轨道交通各线路 ISCS 车辆段指标如表 10-3 所列。

表 10-3 ISCS 车辆段指标　　　　　　　　　　　　　单位：万元/座

名称	1号线瑶湖定修段	2号线一期生米南车辆基地	3号线一期莲塘车辆段	4号线一期望城车辆段
车辆段（概算）	209.98	228.84	216.84	228.67
车辆段（合同）	124.08	182.62	—	101.66

从表 10-3 可以得出，车辆段概算阶段指标建议取值范围为 209.98 万～228.84 万元/座，合同阶段指标建议取值范围为 101.66 万～182.62 万元/座。

10.2.4 停车场指标

南昌轨道交通各线路 ISCS 停车场指标如表 10-4 所列。

表 10-4 ISCS 停车场指标　　　　　　　　　　　　　单位：万元/座

名称	1号线蛟桥停车场	3号线一期高新停车场	4号线一期高新停车场	1号线北延昌北停车场	2号线东延昌东停车场
车辆段（概算）	206.92	223.84	208.75	275.74	201.76
车辆段（合同）	70.5	—	92.8	—	—

从表 10-4 可以得出，停车场概算阶段指标建议取值范围为 201.76 万～275.74 万元/座，合同阶段指标建议取值范围 70.5 万～92.8 万元/座。

10.2.5 培训维护管理系统指标

培训维护管理系统由培训管理系统服务器、培训管理系统工作站、培训管理系统交换机、培训管理系统车站级前端处理器(Front End Processor,FEP)和培训管理系统软件组成,主要为安全行车和调度指挥提供应急处理方案及丰富的信息,从而进一步提高城市轨道交通的服务质量和行车运营管理水平。

培训维护管理系统指标概算阶段建议取值范围为 300.51 万～326.21 万元/处,合同阶段建议取值范围为 288.02 万～305.61 万元/处。

10.3 ISCS 各子系统造价占比

南昌轨道交通各线路 ISCS 各子系统造价占比结果如表 10-5 所列。

表 10-5 ISCS 各子系统造价占比

子系统名称	1号线概算	2号线一期概算	2号线南延概算	3号线一期概算	4号线一期概算	1号线北延概算	1号线东延概算	2号线东延概算	1号线合同	2号线一期合同	2号线南延合同	4号线一期合同	综合占比
中央级	23.02%	29.40%	0.00	25.17%	19.61%	16.14%	0.00	13.47%	41.49%	32.95%	0.00	28.34%	19.13%
车站级	67.74%	63.28%	100.00%	65.27%	72.60%	69.68%	100.00%	69.59%	46.20%	58.49%	100.00%	63.28%	73.01%
车辆基地:车辆段	2.71%	7.32%	0.00	6.58%	2.33%	0.00	0.00	0.00	5.79%	8.56%	0.00	2.35%	2.97%
车辆基地:停车场	2.67%	0.00	0.00	2.98%	2.13%	14.18%	0.00	10.55%	3.29%	0.00	0.00	2.35%	3.18%
培训维护管理系统	3.86%	0.00	0.00	0.00	3.33%	0.00	0.00	6.39%	3.23%	0.00	0.00	3.68%	1.71%

从表 10-5 可以看出,综合监控系统(ISCS)中车站级子系统的占比最大,占比均值为 73.01%;其次是中央级,占比均值为 19.13%。因此,综合监控系统造价指标关注的重点为车站级综合监控系统指标。

10.4 ISCS 四级价格指标

通过分析综合监控系统(ISCS)的造价占比可知,安装费用占比约 30%,设备费用占比约70%,因此,选取设备费用中占比较大的常见关键设备,给出其在概算阶段和合同阶段的平均单价作为参考,具体如表10-6所列。

表10-6 ISCS常见关键设备价格指标

	设备、材料名称	单位	概算阶段指标单价	合同阶段指标单价
车站级	车站服务器	万元/套	27.5	4.55
	车站网络交换设备	万元/套	15	3.12
	车站 FEP	万元/套	10	2.16
	IBP 总成	万元/台	15	6.81
	车站 UPS(25 kVA)	万元/套	15.5	12.95
中央级（控制中心）	中央服务器	万元/套	70	24.68
	信息安全及网络管理交换机	万元/套	50	21.98
	综合显示屏（OPS）	万元/套	450	622
	中央磁盘阵列	万元/套	50	5.08
	中央级综合监控系统软件	万元/套	500	162
车辆段	车辆段服务器	万元/套	25	5.71
	网络交换设备	万元/套	15	2.82
	车辆段综合监控系统软件	万元/套	52.92	50.21
停车场	停车场服务器	万元/套	32.5	5.71
	停车场操控台总成	万元/套	18	5.85
	停车场 FEP	万元/套	10	2.1
	停车场网络交换设备	万元/套	15	5.11
	停车场综合监控系统软件	万元/套	55	50.21

10.5 ISCS 五级数量指标

五级指标为数量指标,本书选取南昌轨道交通各条线路ISCS分别在概算阶段和合同阶段的主要设备、材料的工程数量对比正线公里数、车站建筑面积等指标,通过SPSS软件寻找符合正态分布的指标,总结出符合客观规律的指标区间。

ISCS 五级数量指标经 SPSS 软件得出车站级的电力电缆数量指标满足正态分布检验,各条线路的指标均值如图 10-4 所示,可以看出指标趋势较为稳定。

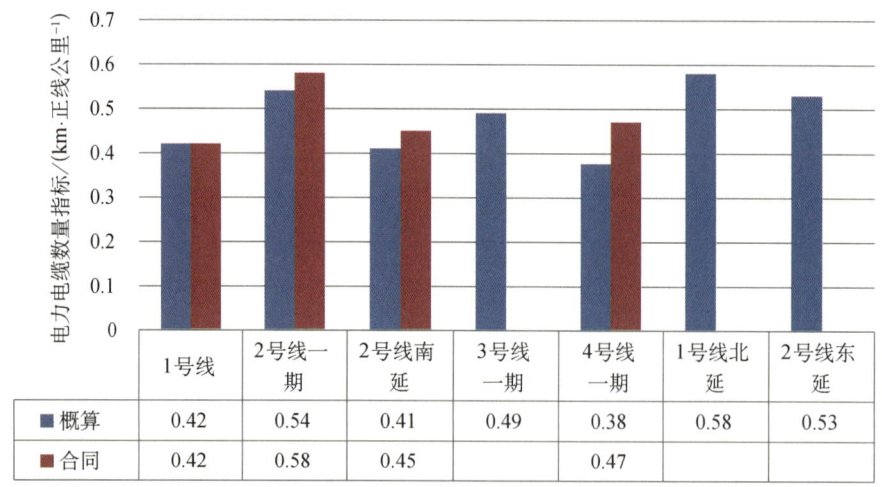

图 10-4　各条线路车站级电力电缆数量指标

车站级电力电缆数量指标概算阶段建议取值范围为 0.38～0.58 km/正线公里;合同阶段建议取值范围为 0.42～0.58 km/正线公里。

第11章 环境与设备监控系统

11.1 环境与设备监控系统指标整体情况分析

南昌轨道交通全线各车站、车辆段和停车场均设置了环境与设备监控系统(BAS)。BAS 主要对全线车站、车辆段和停车场的通风空调设备、给排水设备、照明设备、导向设备、自动电扶梯等机电设备进行控制和监测,以创造舒适、节能、安全、可靠的乘车环境。特别是在地下车站发生火灾的情况下,BAS 与火灾自动报警系统(FAS)密切配合,使相关救灾设施能够按照设计工况运行,从而保障人身安全。

BAS 采用中央级、车站级两级管理,以及中央级、车站级、现场级三级控制的管理监控模式。三级指标的拆解分为车站级(包含地下车站、高架车站)系统指标、车辆段系统指标和停车场系统指标。各条线路 BAS 整体指标如图 11-1 所示,可以看出指标存在一定的离散性,因此需要建立线路指标标准模型才能给出合适的指标区间。

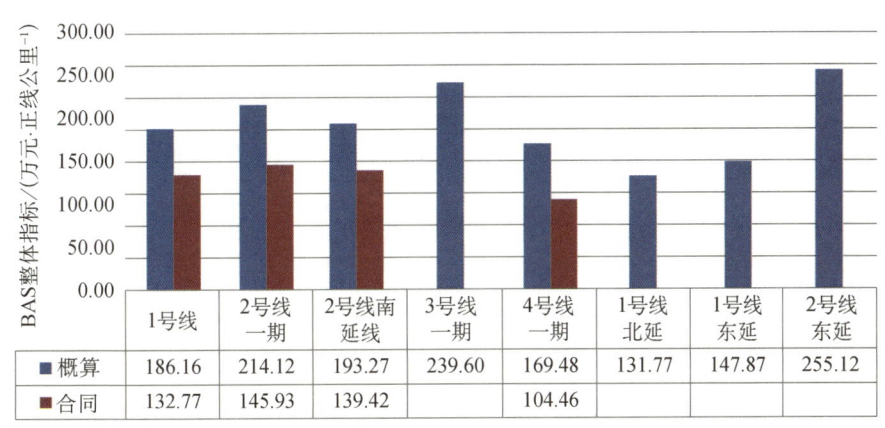

图 11-1 各条线路 BAS 整体指标

11.2 BAS 三级指标及线路指标标准模型

结合南昌轨道交通各条线路 BAS 的实际情况,建立线路指标标准模型:6B 编组下正线公里数为 30 km,地下车站 25 站、停车场和车辆段各 1 处。概算阶段与合同阶段的三级指标区间及标准模型下 BAS 指标区间如表 11-1 所列。

表 11-1　南昌轨道交通线路标准模型下 BAS 指标

指标名称	单位	数量	概算阶段指标	合同阶段指标
BAS	万元/正线公里	30	180.14～243.45	125.33～137.01
地下车站	万元/站	25	202.72～270.63	146.91～160.05
车辆段	万元/座	1	168.98～219.48	44.48～60.03
停车场	万元/座	1	167.30～318.21	42.74～49.11

若与标准模型不同，BAS 正线公里指标按以下公式进行调整：

BAS 指标＝[地下车站指标×车站数＋车辆段指标×车辆段数量＋停车场指标×停车场数量]/正线公里

11.3　BAS 各子系统指标分析

首先，BAS 各条线路地下车站指标均值如表 11-2 所列。

表 11-2　BAS 各条线路地下车站指标均值　　　单位：万元/站

阶段	线路							
	1号线	2号线一期	2号线南延	3号线一期	4号线一期	1号线北延	1号线东延	2号线东延
概算	202.72	232.01	218.12	310.39	228.24	270.63	256.44	260.02
合同	146.91	160.05	157.35	—	151.14	—	—	—

3 号线一期的 BAS 概算指标中考虑了与既有换乘车站的软件修改费用，从而导致概算指标偏高，需去除。BAS 各条线路地下车站概算指标建议取值范围为 202.72 万～270.63 万元/站，合同指标建议取值范围为 146.91 万～160.05 万元/站。

其次，各条线路 BAS 各子系统指标汇总情况如表 11-3 所列。

表 11-3　各条线路 BAS 各子系统指标

系统指标名称	单位	概算阶段指标	合同阶段指标	指标对应线路
地下站	万元/站	202.72～310.39	146.91～160.05	1～4号线及各延长线均值
高架站	万元/站	165.90～179.47	66.98	4号线一期、1号线北延均值
车辆段	万元/座	168.98～219.48	44.48～60.03	1～4号线均值
停车场	万元/座	167.30～318.21	42.74～49.11	1号线、3号线一期、4号线一期、1号线北延、2号线东延均值

11.4 BAS 四级价格指标

通过分析 BAS 的造价占比可知,安装费用占比约 30%,主材、设备费用占比约 70%,因此,选取主材、设备费用中占比较大的常见关键设备,给出其在概算阶段和合同阶段的平均单价作为参考,具体如表 11-4 所列。

表 11-4 BAS 常见关键设备价格指标

设备、材料名称	单位	概算阶段指标单价	合同阶段指标单价
主控制柜	万元/台	15	5.01
远程控制柜	万元/台	14	4.47
维修工作站	万元/套	6.6	7.75
UPS 主机	万元/套	15	6.5
监控系统软件	万元/套	5	3

11.5 BAS 五级数量指标

五级指标为数量指标,选取各条线路 BAS 概算阶段与合同阶段的主要设备、材料的工程数量对比正线公里数、车站建筑面积等指标,通过 SPSS 软件寻找符合正态分布的指标,总结出符合客观规律的指标区间。

BAS 五级数量指标经 SPSS 软件得出车站级的电缆数量占比指标满足正态分布检验,各条线路的指标均值如图 11-2 所示,可以看出指标趋势较为稳定。

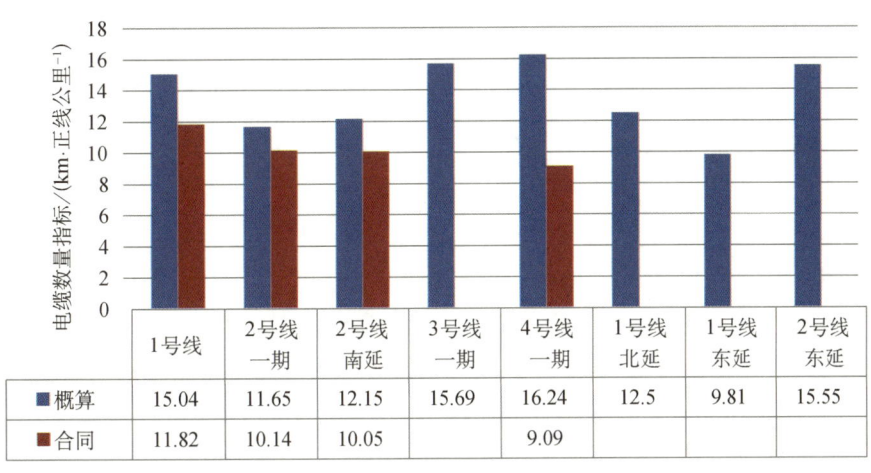

图 11-2 各条线路车站级电缆数量指标

在车站级 BAS 电缆数量指标中，1 号线东延由于车站数量少，线路相对简单，因此概算指标偏低。除此之外，其他线路指标波动范围较小。

车站级 BAS 电缆数量指标概算阶段建议取值范围为 11.65~16.24 km/正线公里，合同阶段建议取值范围为 9.09~11.82 km/正线公里。

第12章 火灾自动报警系统

12.1 火灾自动报警系统指标整体情况分析

火灾自动报警系统(FAS)的设置范围包括车站及区间隧道、区间变电所、车辆基地、控制中心和主变电站电所等。

FAS一般由设置在控制中心的中央级监控管理系统、车站及车辆基地的车站级监控管理系统、现场级监控设备和相关通信网络等组成。

三级指标的拆解分为车站级系统指标、主变电站系统指标、车辆段系统指标和停车场系统指标。各条线路的FAS整体指标如图12-1所示,可以看出指标存在一定的离散性。

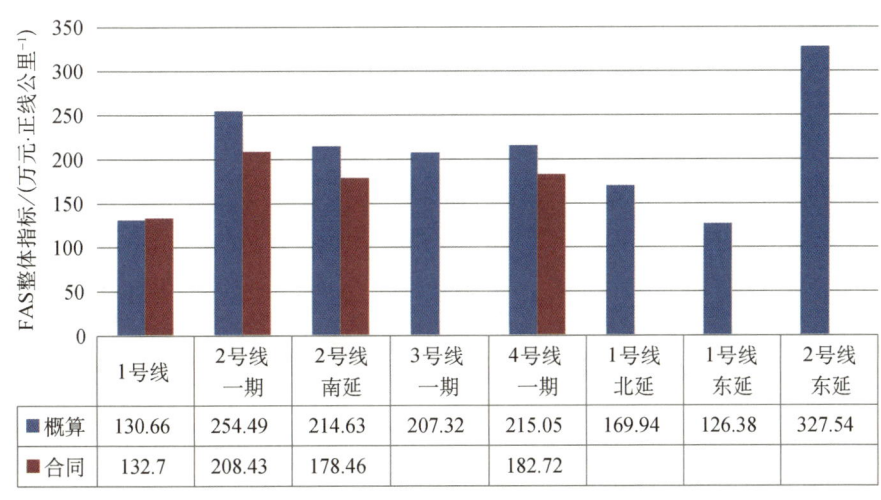

图12-1 各条线路的FAS整体指标

	1号线	2号线一期	2号线南延	3号线一期	4号线一期	1号线北延	1号线东延	2号线东延
概算	130.66	254.49	214.63	207.32	215.05	169.94	126.38	327.54
合同	132.7	208.43	178.46		182.72			

由图12-1可以看出,2号线东延的概算指标高于正线指标。通过对三级指标的拆解分析发现,指标偏高的原因是2号线东延距离短,但作为费用影响因素的停车场指标却是固定影响因素。为了得到线路二级指标范围,需根据三级指标的拆解来设立合理的标准模型。

12.2 FAS 三级指标及线路指标标准模型

12.2.1 各条线路 FAS 各子系统指标情况

各条线路 FAS 各子系统指标统计情况如表 12-1 所列。

表 12-1 各条线路 FAS 各子系统指标

子系统名称	单位	1号线		2号线一期		2号线南延		3号线一期		4号线一期		1号线北延	1号线东延	2号线东延
		概算	合同	概算	合同	概算	合同	概算	合同	概算	合同	概算	概算	概算
车站级	万元/站	132.87	110.83	238.96	195.98	242.22	201.41	261.54	232.91	200.48	265.78	275.51	271.63	
主变电站	万元/座	70.26	56.67	148.67	84.84			77.36		246.01	112.42	119.46	70.26	56.67
车辆段/基地	万元/座	269.12	399.47	736.23	671.42					707.92	631.15		269.12	399.47
停车场	万元/座	170.13	383.76							561.45	565.64	521.08	170.13	383.76

从表 12-1 可以看出指标存在差异,具体分析如下:

(1) 1 号线总体指标均偏低,主要原因是 1 号线为南昌轨道交通的首条地铁线路,综合工日单价低,设备单价低。因此。建议 1 号线指标不列入参考范围内。

(2) 3 号线一期 FAS 主变电站概算指标较低,复查时发现概算中镀锌钢管的总数量需修正,修正后的 3 号线一期概算造价为 189.73 万元,概算阶段指标为 94.86 万元/座。

(3) 4 号线一期 FAS 主变电站概算指标异常高,复查时发现概算中接线盒数量为 60 600 个,这一数量与实际差距较大,材料与安装造价共计 242.76 万,撇开此项,概算阶段指标为 124.63 万元/座。

最终,FAS 主变电站概算指标采用 2 号线一期、3 号线一期和 4 号线一期的修正指标的均值即 122.72 万元/座。

12.2.2 线路指标标准模型

结合南昌轨道交通所有线路 FAS 的实际情况,建立线路指标标准模型:6B 编组下正线公里数为 30 km,全地下车站间距为 1.2 km,包括主变电站 2 处、地下车站 25 站、车辆段 1 座和停车场 1 座。概算阶段和合同阶段的三级指标区间及标准模型下 FAS 指标区间如表 12-2 所列。

表 12-2 南昌轨道交通线路标准模型下 FAS 指标

指标名称	单位	数量	概算阶段指标	合同阶段指标
FAS	万元/正线公里	30	263.16	212.40
车站级	万元/站	25	255.51	199.29
主变电站	万元/座	2	121.90	98.63
车辆段/车辆基地	万元/座	1	722.07	651.28
停车场	万元/座	1	541.27	541.27

若与标准模型不同,FAS 指标正线公里指标按以下公式进行调整：

FAS 指标 = [车站级指标×车站数 + 主变电站指标×主变电站数量 + 车辆段/车辆基地指标×车辆段数量 + 停车场指标×停车场数量]/正线公里

12.3 FAS 各子系统造价占比

各条线路 FAS 各子系统造价占比结果如表 12-3 所列。

表 12-3 各条线路 FAS 各子系统造价占比

子系统名称	1号线 概算	1号线 合同	2号线一期 概算	2号线一期 合同	2号线南延 概算	2号线南延 合同	3号线 概算	4号线 概算	4号线 合同	1号线北延 概算	1号线东延 概算	2号线东延 概算	占比均值
车站级	84.62%	76.57%	82.92%	83.03%	100.00%	100.00%	97.38%	79.32%	80.35%	73.67%	100.00%	71.63%	79.69%
主变电站	3.73%	2.96%	4.91%	3.42%	0.00	0.00	2.62%	5.78%	3.11%	8.28%	0.00	7.37%	3.09%
车辆段/车辆基地	7.14%	10.44%	12.17%	13.55%	0.00	0.00	0.00	8.31%	8.72%	0.00	0.00	0.00	9.63%
停车场	4.51%	10.03%	0.00	0.00	0.00	0.00	0.00	6.59%	7.82%	18.05%	0.00	21.00%	7.59%

从表 12-3 可以看出,车站级设备占比均值在 79% 以上,故它是对 FAS 指标影响最大的子系统,其次是车辆段/车辆基地占比(9.63%),以及停车场占比(7.59%)。

12.4 FAS 四级价格指标

通过分析 FAS 的造价占比可知,安装费用占比约 30%,主材、设备费用占比约 70%,因此,选取主材、设备费用中占比较大的常见关键设备,给出其在概算阶段和合同阶段的平均单价作为参考,具体如表 12-4 所列。

表 12-4 FAS 常见关键设备价格指标

设备、材料名称	单位	概算阶段指标单价	合同阶段指标单价
吸气式烟感探测主机	元/台	30 000	18 700
隧道温度探测主机	元/台	150 000	103 801
火灾报警控制盘 1 500 点	元/台	104 000	61 986
感温电缆控制器	元/个	3 000	1 442
智能感烟(感温)探测器	元/个	600	230
输入(输出)模块	元/个	400	187

第13章 安防和门禁系统

13.1 安防和门禁系统指标整体情况分析

13.1.1 安防系统

城市轨道交通的安防系统主要包括车站的安检系统(含安检设备)及车辆段、停车场的周界告警系统。各条线路的情况如下:

(1) 1号线概算安防系统包含定修段、停车场的周界告警系统及楼宇用电视监控系统,但不含安检设备。

(2) 2号线一期概算安防系统包含车辆基地周界告警、广播、视频监视系统,但不含安检设备。

(3) 3号线一期概算安防系统包含车站安检系统和车辆段、停车场的周防系统,以及安防管理平台、周界报警系统、视频监视系统、公共广播、电子巡更子系统和周界管道等。

(4) 4号线一期概算安防系统中停车场车辆段的周界安防包含在停车场子项中,因此需要对指标进行口径调整。

(5) 1号线北延、1号线东延和2号线东延的概算均考虑了安检系统(含安检设备)。

(6) 1号线、2号线一期、4号线一期对应合同部分归在通信合同中,因此均不含安检设备部分,对应金额分别约为282.34万元、1 301.13万元和1 135.99万元。

安防系统在各条线路的汇总情况如表13-1所列。

表13-1 安防系统在各条线路的汇总情况

系统名称	单位	1号线		2号线一期		2号线南延		3号线一期	4号线一期		1号线北延	1号线东延	2号线东延
		概算	合同	概算	合同	概算	合同	概算	概算	合同	概算	概算	概算
安防系统	万元/正线公里	26.26	9.79	65.84	54.72	0	0	167.95	136.61	28.69	248.64	160.98	430.17

从表13-1可以看出指标存在差异,具体分析如下:基于各条线路实际情况再结合指

标可知,由于 1 号线、2 号线一期均未含安检设备,故概算指标分析仅考虑 3 号线、4 号线、1 号线北延、1 号线东延和 2 号线东延。然而,延长线由于路程较短,故指标会相对高一些。其中,2 号线东延由于安防集成平台包含了停车场部分,故其概算指标高于其他延长线。1 号线北延概算阶段安防包含集成平台、安检系统和入侵报警系统,相比 1 号线东延多了入侵报警系统和安防集成平台中的中心级部分,二者共计约 1 062.39 万元,指标为 62.55 万元/正线公里,除去此部分后,修正指标为 186.09 万元/正线公里,就与 1 号线东延指标接近。故安防系统概算指标建议采用 3 号线一期、4 号线一期、1 号线东延的概算指标以及 1 号线北延的修正指标,最终得到指标均值约为 162.91 万元/正线公里。

另外,合同阶段由于工作内容和概算阶段相比口径不一致,且拆解较困难,因此不做参考建议。

13.1.2 门禁系统

门禁系统(ACS)的设置范围包括中央级、车站级、车辆段、停车场和主变电站电所。ACS 为集中式管理系统,具体分为中央级、车站级两级管理,以及中央级、车站级、现场级三级控制。

各条线路的门禁系统整体指标如图 13-1 所示。可以看出,指标存在一定的离散性,需建立线路指标标准模型才能给出合适的指标区间。

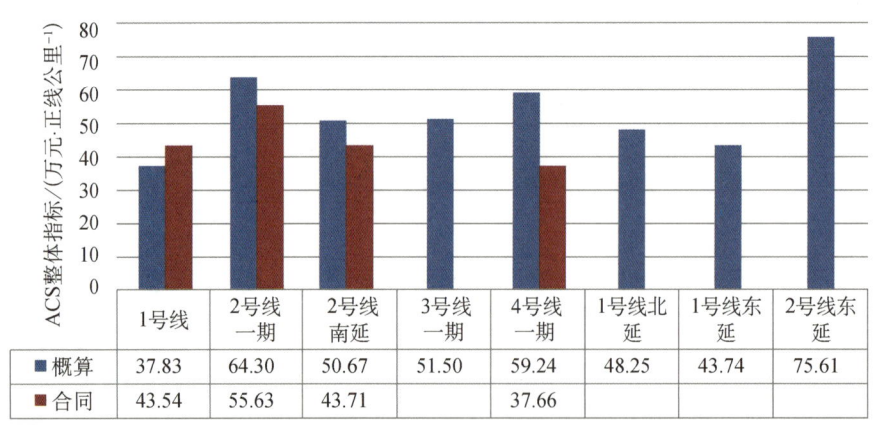

图 13-1 各条线路 ACS 整体指标

ACS整体指标/(万元·正线公里⁻¹)	1号线	2号线一期	2号线南延	3号线一期	4号线一期	1号线北延	1号线东延	2号线东延
概算	37.83	64.30	50.67	51.50	59.24	48.25	43.74	75.61
合同	43.54	55.63	43.71		37.66			

13.2 ACS 三级指标及线路指标标准模型

13.2.1 安防系统

安防系统三级指标主要包括两部分:车站级指标以及车辆段与停车场指标。各条线路的子系统统计情况如表 13-2 所列。

第 13 章 安防和门禁系统

表 13-2 各条线路安防系统三级指标

子系统名称	单位	1号线		2号线一期		2号线南延		3号线一期		4号线一期		1号线北延	1号线东延	2号线东延
		概算	合同	概算	合同	概算	合同	概算	合同	概算	合同	概算	概算	概算
车站	万元/站	0.00	0.00	0.00	0.00	0.00	0.00	153.07	150.47	0.00		452.85	350.95	
车辆段与停车场	万元/座	378.75	141.17	1 565.77	1 301.13	0.00	0.00	709.47	523.05	567.99		600.00	0.00	498.04

从表 13-2 可以看出指标存在差异,具体分析如下:

(1) 1号线和 2 号线一期的安防系统仅存在于车辆段部分,故车站指标皆为零。由于 2 号线一期和 2 号线南延共用一个车辆段,导致 2 号线一期车辆段与停车场的概算指标较高。

(2) 由于延长线站点少,故概算指标偏高,且考虑到 3 号、4 号线一期概算指标均含有安防部分,故车站、车辆段与停车场的概算指标建议采用 3 号、4 号线一期的概算均值。合同阶段指标则采用 4 号线一期的合同指标。

结合南昌轨道交通所有线路安防系统的实际情况,建立线路指标标准模型:6B 编组下正线公里数为 30 km、车站 25 站、停车场和车辆段各 1 处。标准模型指标如表 13-3 所列。

表 13-3 南昌轨道交通线路标准模型下安防系统指标

指标名称	单位	数量	概算阶段指标	合同阶段指标
安防系统	万元/正线公里	30	167.55	164.34
车站	万元/站	25	151.77	151.77(参考概算)
车辆段与停车场	万元/座	2	616.26	567.99

若与标准模型不同,安防系统正线公里指标按以下公式进行调整:

安防系统指标 = [车站指标×车站数量 + 车辆段与停车场指标×车辆段与停车场数量]/正线公里

13.2.2 门禁系统

门禁系统(ACS)三级指标包括系统控制中心级指标、车站级指标、车辆段指标、停车场指标和主变电站指标。另外,部分线路还有中间风井指标。各条线路 ACS 子系统指标统计情况如表 13-4 所列。

表 13-4 各条线路 ACS 子系统指标

子系统名称	单位	1号线		2号线一期		2号线南延		3号线一期	4号线一期		1号线北延	1号线东延	2号线东延
		概算	合同	概算	合同	概算	合同	概算	概算	合同	概算	概算	概算
系统控制中心	万元/处	—	169.01	98.70	103.98	—	—	82.26	62.54	12.30	—	—	—
车站	万元/站	45.47	40.67	60.00	52.46	57.18	49.33	60.97	64.35	44.32	78.21	82.83	62.79
车辆段	万元/座	—	84.04	170.38	117.18	—	—	—	169.88	82.68	—	—	—
停车场	万元/座	—	26.55	—	—	—	—	146.49	—	50.83	111.54	—	160.60
主变电站	万元/座	—	—	—	—	—	—	44.01	59.23	30.23	41.14	—	62.15
中间风井	万元/处	—	—	—	—	—	—	—	41.65	—	—	14.08	—

从表 13-4 可以看出指标存在差异,具体分析如下:由于 4 号线一期门禁部分系统控制中心级仅是在原来 1 号线、2 号线一期的基础上接续软件授权,故其合同金额非常低,因此,合同阶段指标建议采用 1 号线和 2 号线一期的均值 136.495 万元/处。4 号线一期和 1 号线停车场合同阶段指标均未包含闸机通道,1 号线内合同金额异常低,指标区间不建议考虑。4 号线一期合同是施工招标取消了闸机通道,此部分对应概算设备金额为 22 万元,若加上这部分,4 号线一期合同阶段停车场指标约为 73 万元/座。因此,建议停车场合同部分指标范围为 73 万元/座。

结合南昌轨道交通所有线路门禁系统的实际情况,建立线路指标标准模型:6B 编组下正线公里数为 30 km,包括主变电站 2 处、车站 25 站、停车场和车辆段各 1 处。概算阶段、合同阶段的三级指标区间及标准模型下 ACS 指标如表 13-5 所列。

表 13-5 南昌轨道交通线路标准模型下 ACS 指标

指标名称	单位	数量	概算阶段指标	合同阶段指标
ACS	万元/正线公里	30	71.40	49.68
系统控制中心级	万元/处	1	136.49	95.10
车站	万元/站	25	63.98	46.69
车辆段	万元/座	1	170.13	94.64
停车场	万元/座	1	139.54	73.00
主变电站	万元/座	2	48.13	30.23

若与标准模型不同，门禁系统正线公里指标按以下公式进行调整：

ACS 指标 =［系统控制中心级指标×数量 + 车站级指标×车站数量 + 车辆段指标×车辆段数量 + 停车场指标×停车场数量 + 主变电站指标×主变电站数量］/正线公里

13.3 ACS 四级价格指标

通过分析设备的造价占比可知，安装费用占比约 30%，主材、设备费用占比约 70%，因此，选取主材、设备费用中占比较大的常见关键设备，给出其在概算阶段和合同阶段的平均单价作为参考，具体如表 13-6 所列。

表 13-6 安防和门禁系统常见关键设备价格指标

	设备、材料名称	单位	概算阶段指标单价	合同阶段指标单价
安防系统	设备机柜	元/套	6 000	4 600
	固定彩色摄像机	元/套	5 000	3 000
门禁系统（ACS）	主控制器	元/套	42 000	40 423
	就地控制器	元/个	4 200	4 000
	机柜	元/套	10 000	5 104
	磁力锁	元/台	3 000	675

第14章 气体灭火系统

14.1 气体灭火系统指标整体情况分析

气体灭火系统主要用于扑救忌水场所和重要电气设备的火灾。各车站站点的气体灭火系统是相对独立的,其报警控制部分自成体系,并与各自站点的火灾自动报警系统(FAS)相接,由 FAS 实施。气体灭火系统采用组合分配式气体灭火系统,实行全淹没灭火方式。南昌轨道交通系统的灭火介质采用惰性气体 IG541。各条线路气体灭火系统整体指标情况如图 14-1 所列。

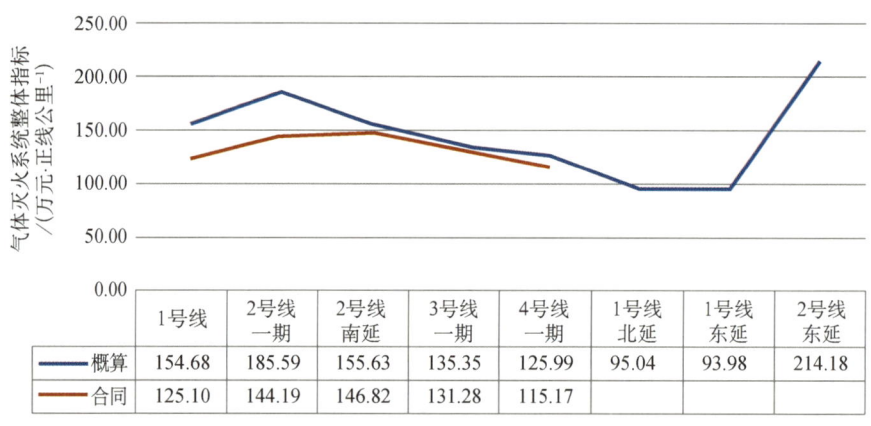

	1号线	2号线一期	2号线南延	3号线一期	4号线一期	1号线北延	1号线东延	2号线东延
概算	154.68	185.59	155.63	135.35	125.99	95.04	93.98	214.18
合同	125.10	144.19	146.82	131.28	115.17			

图 14-1 各条线路气体灭火系统整体指标

经过指标差异分析发现,气体灭火指标与所需覆盖面相关,且会因车站的层高及房间分布的差异而有所不同。

从图 14-1 可以看出,2 号线东延概算指标偏高,原因是编制概算时设备购置费过高,因此 2 号线东延不纳入指标区间范围。另外,3 号线一期的合同指标按概算下浮 3% 计入。可以看出,指标存在一定的离散性,需建立线路指标标准模型才能给出合适的指标区间。

14.2 三级指标及线路指标标准模型

结合南昌轨道交通各条线路气体灭火系统的实际情况,建立线路指标标准模型:6B

编组下正线公里数为 30 km,全地下车站间距为 1.2 km,包括主变电站 2 处、车站 25 站。标准模型指标如表 14-1 所列。

表 14-1　南昌轨道交通线路标准模型下气体灭火系统三级指标

指标名称	单位	数量	概算阶段指标	合同阶段指标
气体灭火系统	万元/正线公里	30	161.03～190.01	134.81～171.24
车站	万元/站	25	175.33～210.11	149.59～193.31
变电所	万元/站	2	223.75	152.24

若有中间风井,中间风井合同阶段指标为 152.31 万～231.06 万元/处。

若与标准模型不同,气体灭火系统正线公里指标按以下公式进行调整:

气体灭火系统指标＝[车站级指标×车站数量＋变电所指标×变电所数量]/正线公里

14.3　气体灭火系统四级价格指标

IG541 气体灭火系统的主要设备为控制主机、灭火剂贮瓶和探测器,主要材料为瓶头释放阀、储瓶集流管、三通管、选择阀、无缝钢管和喷嘴等,其中无缝钢管等材料的价格可以参考信息价。表 14-2 列出了一些常用设备的价格作为参考。

表 14-2　气体灭火系统常见关键设备在概算和合同阶段的价格指标　　单位:元/个

设备、材料名称	概算阶段指标单价	合同阶段指标单价
系统控制主机	50 000	35 000
现场控制盘	15 300	11 000
联动电源	12 500	4 100
手动/自动转换开关	1 500	300
光电感烟探测器	560	210
差定感温探测器	450	210
IG541 钢瓶及瓶头阀(80 L)	8 300	6 625

第15章 自动售检票系统

15.1 自动售检票系统指标整体情况分析

自动售检票系统(简称 AFC 系统)是集计算机、网络、通信、自动控制、机电一体化、模式识别、传感器、精密机械加工等多种技术于一体的系统。AFC 系统以计算机和信息传输网络为基础,以非接触式 IC 卡作为车票信息载体,从而实现轨道交通车票的自动和半自动出售;同时,它也是可以实现自动检票、计费、收费、统计、结算等全过程的自动化管理系统。

AFC 系统由清分系统、线路中央计算机系统、车站计算机系统、车站终端设备、传输通道和车票构成。另外,一般还会设置维修测试系统和培训系统。

南昌市轨道交通 AFC 系统是一个计程、计时的封闭式收费系统。系统采用自动或半自动售票,以自动售票为主(支持现金支付和非现金支付方式)、人工售票为辅,自动检票,与轨道交通各条线路通过付费区换乘。AFC 系统使用非接触式 IC 卡、银联卡、二维码电子票、"洪城一卡通"、"交通部一卡通"、手机 NFC 公交卡及其他形式的电子票等作为车票媒体。南昌市轨道交通 AFC 系统如图 15-1 所示。

南昌轨道交通 1 号线于 2015 年 12 月 26 日开通初期运营;2 号线首通段(南路站—地铁大厦站)于 2017 年 8 月 18 日开通初期运营,后通段(地铁大厦站—辛家庵站)于 2019 年 6 月 30 日开通初期运营;3 号线于 2020 年底开通初期运营,4 号线于 2021 年底开通初期运营,1~4 号线的 AFC 系统均采用独立线路中央计算机系统,车站局域网采用工业环形以太网,单程票为代币式 TOKEN,储值票为 CPU 卡,车站终端设备自带 UPS 或蓄电池。

南昌轨道交通 AFC 系统线路整体指标情况如图 15-2 所示,延长线由于还未进行施工合同招标,故仅分析概算阶段指标。

由图 15-2 可知,2 号线一期概算指标相较其他线路偏高,原因是 2 号线一期包含清分中心,因此其概算数据不具有参考性。

2 号线东延概算指标偏高,原因是自动售检票设备主要分布在车站内,而 2 号线东延区间公里数短,因此正线公里指标较高。

由于南昌轨道交通各条线路指标存在一定的离散性,因此需要建立标准模型才能给出合适的指标区间。

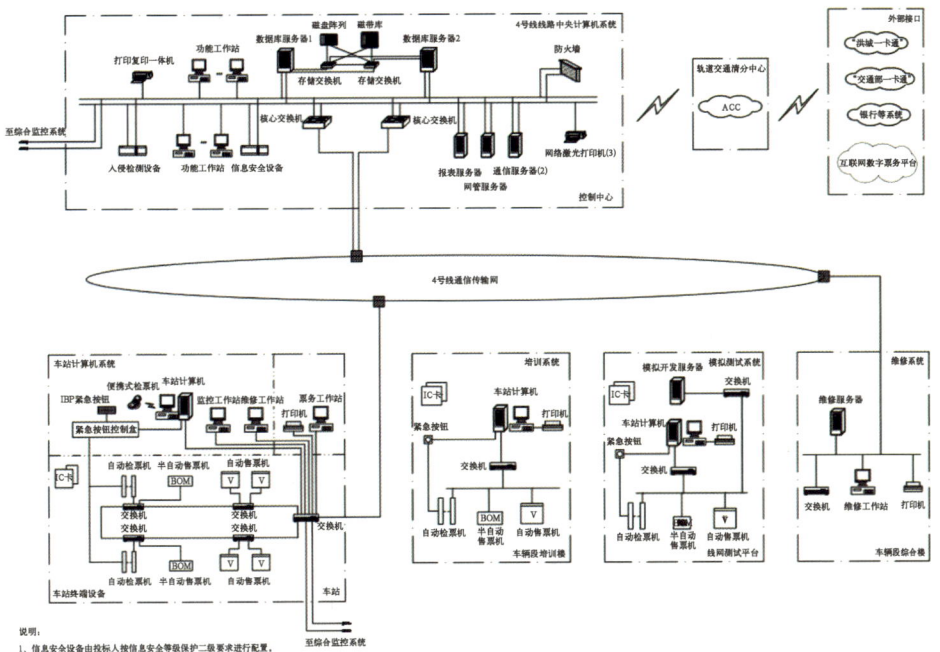

图 15-1　南昌轨道交通 AFC 系统

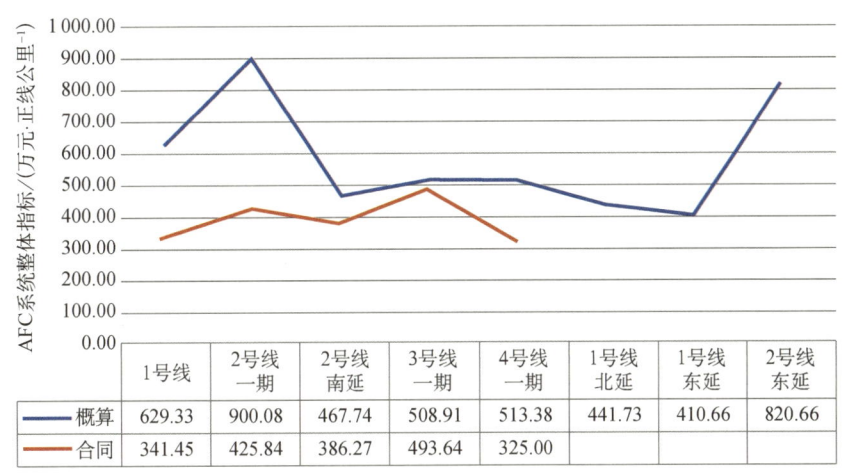

图 15-2　AFC 系统线路整体指标

15.2　三级指标及线路指标标准模型

15.2.1　三级指标

结合南昌轨道交通所有线路的实际情况,三级指标拆分情况各不相同,根据 AFC 系统所在地可分为清分中心、控制中心(线路中央计算机系统、票务中心系统)、车站(车站计算机系统、车站售检票设备)、车辆段、停车场、多元化支付管理平台及其他(票卡、运营周转设备、辅助设备、备品备件等)。各子系统的平均指标如表 15-1 所列。

表 15-1 各子系统平均指标

指标名称	单位	概算阶段指标	合同阶段指标	对应线路
清分中心	万元/处	5 291.41	1 998.32	2 号线
控制中心(线路中央计算机系统、票务中心系统)	万元/处	1 148.54~1 756.6	301.06~592.34	1~3 号线
车站(车站计算机系统、车站售检票设备)	万元/处	615.86~665.55	312.54~367.96	1~4 号线及各延线
车辆段	万元/处	285.70~388.73	176.24~381.05	1~4 号线
停车场	万元/座	492.20	—	2 号线东延
多元化支付管理平台	万元/站	149.05~166.67	—	1 号线北延及东延、2 号线东延
其他(票卡、运营周转设备、辅助设备、备品备件等)	万元/项	2 593.2~2 811.7	1 363.78~2 216.21	1~4 号线

从表 15-1 可以看出指标存在差异,具体分析如下:

(1) 4 号线一期的控制中心概算中未考虑软件费用,故导致指标偏低。另外,延长线指标主要是接入费用,故指标较正线较低。因此,控制中心子系统的指标主要参考 1~3 号线的正线数据。

(2) 各条线路其他项指标所包含的内容不尽相同,为了统一指标口径,将指标统一为票卡、运营周转设备、辅助设备和备品备件的金额之和。

15.2.2 线路指标标准模型

结合南昌轨道交通所有线路 AFC 系统的实际情况,建立线路指标标准模型:6B 编组下正线公里数为 30 km,全地下车站间距为 1.2 km,包括控制中心 1 处,车站 25 站,车辆段 1 处以及其他项(含票卡、运营周转设备、辅助设备、备品备件等)。标准模型 AFC 指标如表 15-2 所列。

表 15-2 南昌轨道交通线路标准模型下 AFC 指标

指标名称	单位	数量	概算阶段指标	合同阶段指标
AFC 系统	万元/正线公里	30	421.65~475.82	207.22~278.03
控制中心(线路中央计算机系统、票务中心系统	万元/处	1	1 148.54~1 756.6	301.06~592.34

(续表)

指标名称	单位	数量	概算阶段指标	合同阶段指标
车站(车站计算机系统、车站售检票设备)	万元/处	25	615.86～665.55	312.54～367.96
车辆段	万元/处	1	285.70～388.73	176.24～381.05
其他(票卡、运营周转设备、辅助设备、备品备件等)	万元/项	1	2 593.2～2 811.7	1 363.78～2 216.21

清分中心一般是在轨道交通建设初期设立的,南昌轨道交通的清分中心是在1号线时期建设,2号线时期考虑其相关费用,且综合考虑了后续其他几条线路的相关费用。因此,标准模型下不考虑清分中心费用,如需新建,则建议每条线路考虑费用在1 100万元左右。

多元化支付管理平台主要为刷脸支付,由于南昌轨道交通已建地铁线路均无此项内容,因此在标准模型时不考虑多元化支付管理平台的费用,如需增加,概算阶段建议取值范围为149.05万～166.67万元/站。

标准模型下未考虑停车场指标,如需增加,概算阶段建议取值为492.2万元/处。

若与标准模型不同,自动售检票系统正线公里指标按以下公式进行调整:

AFC指标=[控制中心指标×控制中心数量+车站级指标×车站数量+车辆段指标×车辆段数量+其他指标]/正线公里

15.3 AFC系统四级价格指标

通过分析设备的造价占比可知,安装费用占比约30%,主材、设备费用占比约70%,因此,选取主材、设备费用中占比较大的常见关键设备,给出其在概算阶段和合同阶段的平均单价作为参考,具体如表15-3所列。

表15-3 AFC系统常见关键设备价格指标

	设备、材料名称	单位	概算阶段指标单价	合同阶段指标单价
清分中心	三层核心交换机	元/台	100 000	51 160
	二层交换机	元/台	45 000	13 560
	清分服务器	元/台	1 400 000	720 000
	历史数据服务器	元/台	1 200 000	876 700
	SUN存储交换机	元/台	1 500 000	56 718
	报表服务器	元/台	35 000	63 250
	密钥系统(加密机)	元/台	600 000	200 000

(续表)

设备、材料名称		单位	概算阶段指标单价	合同阶段指标单价
控制中心（线路中央计算机系统、票务中心系统）	数据交换服务器	元/台	150 000	55 000
	通讯服务器	元/台	100 000	44 000
	报表服务器	元/台	74 000	51 000
	核心交换机	元/台	195 000	78 500
	功能工作站	元/台	16 000	8 500
	便携式 PC	元/台	20 000	11 000
	防火墙	元/套	82 000	35 000
车站（车站计算机系统、车站售检票设备）	自动售票机	元/台	236 000	163 000
	票房售票机	元/台	84 000	70 000
	进站检票机	元/台	105 000	60 000
	出站检票机	元/台	115 000	68 000
	标准通道双向检票机	元/台	128 000	75 000
	宽通道双向检票机	元/台	138 000	80 000
	便携式验票机	元/台	15 000	12 600
	车站交换机	元/台	20 000	18 000
车辆段	维修服务器	元/台	65 000	50 000
	维修工作站	元/台	16 000	8 500
	维修系统交换机	元/台	30 000	25 000
	模拟测试服务器	元/台	64 000	46 000
	激光打印机	元/台	6 750	5 000
停车场	纸币钱箱	元/部	6 000	5 400
	硬币钱箱	元/部	5 000	1 500
	单程票回收箱	元/部	3 000	2 500
	纸币找零回收箱	元/部	8 000	7 000
	硬币清点机	元/部	6 000	4 500
	纸币清点机	元/部	2 000	1 800
	单程票清点机	元/部	15 000	7 000
	储值票清点机	元/部	15 000	13 000

第16章 车站辅助设备

16.1 车站辅助设备指标整体情况分析

车站辅助设备指的是站内客运设备和站台门。其中,站内客运设备包括扶梯和电梯,而地下车站和高架车站的站台门也不同,分别为全封闭站台门和半封闭站台门。

南昌轨道交通各条线路整体车站辅助设备指标如图 16-1 和图 16-2 所示。图 16-1 为车站辅助设备正线公里数指标,图 16-2 则是平均到每个车站的辅助设备站点指标。

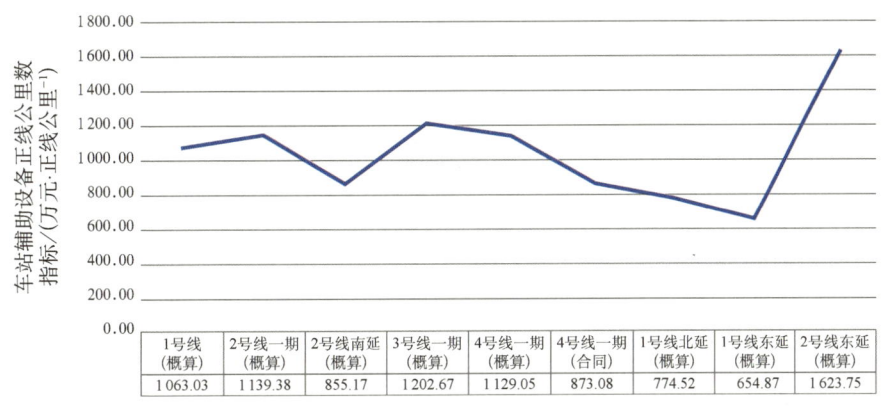

图 16-1 各条线路车站辅助设备正线公里数指标

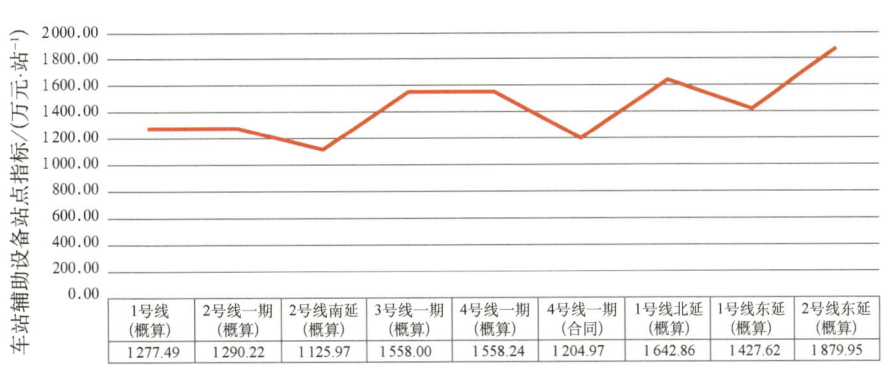

图 16-2 各条线路车站辅助设备站点指标

指标分析说明：

（1）从图16-1可以看出，1号线北延、1号线东延的概算指标较低，原因是其站间距较大，约是正线线路站间距的2倍，因此折算到正线公里数后指标就会偏低。

（2）从图16-2可以看出，2号线南延概算指标偏低，原因是2号线南延的车站形式为1层侧式出入口，电梯提升高度较低，故设备费较低，从而导致2号线南延车站指标偏低。

（3）从图16-2可以看出，2号线东延概算指标较高，原因是其车站内自动扶梯设计的个数较其他线路要多，从而导致车站概算指标偏高。

16.2　三级指标及线路指标标准模型

拆解分析各条线路车站辅助设备指标，三级指标着重分析四个内容：自动扶梯指标、电梯指标、地下车站全封闭站台门指标和高架车站半封闭站台门指标。各条线路车站辅助设备的三级指标如表16-1所列。

表16-1　各条线路车站辅助设备的三级指标

指标名称		单位	概算指标区间	合同指标均值
站内客运设备	自动扶梯	万元/部	76～98	59
	电梯	万元/部	32～48	25
站台门	全封闭站台门（地下车站）	万元/站	432～528	275
	半封闭站台门（高架车站）	万元/站	480	—

注：由于仅4号线一期合同阶段的数据无缺失，其他线路的合同资料均不全，故合同阶段采用的是4号线指标的均值。

结合南昌轨道交通各条线路站内客运设备、站台门的实际情况，加之各条线路自动扶梯和电梯的数量与车站形式及附属出入口的形式和个数都有关系。因此，建立线路指标标准模型具体工程数量参数如下：6B编组下正线公里数为30 km，地下车站25站，平均一个地下车站内自动扶梯10部，电梯2部。标准模型线路指标及拆分的三级指标如表16-2所列。

表16-2　标准模型线路指标及拆分的三级指标

指标名称	单位	数量	概算阶段指标	合同阶段指标
车站辅助设备	万元/正线公里	30	1 276	907
1. 站内客运设备	万元/站	25		
（1）自动扶梯	万元/部	250	98	75
（2）电梯	万元/部	50	48	32
2. 站台门	万元/站	25		
（1）全封闭站台门（地下车站）	万元/站	25	456	275
（2）半封闭站台门（高架车站）	万元/站	0	—	—

16.3 车站辅助设备四级价格指标

通过分析车站辅助设备的造价占比可知,安装费用占比约30%,主材、设备费用占比约70%,因此,选取主材、设备费用中占比较大的常见关键设备(如自动扶梯、电梯、站台门),给出其在概算阶段和合同阶段的平均单价作为参考,如表16-3所列。

表16-3 常见关键设备概算和合同阶段价格指标

	指标名称	单位	概算阶段指标单价	合同阶段指标单价
自动扶梯	自动扶梯提升高度0~50 m、倾斜角度30°	万元/部	83.81	59.07
	每增加0.2,指标增加	万元/部	8	3
电梯	电梯	万元/部	39.53	21.48
	站台门	万元/扇	0.57	0.31
	门机	万元/套	2.9	0.17
	门控单元	万元/套	2.65	0.75

第17章 停车场、车辆段及综合基地

17.1 停车场、车辆段及综合基地工程指标整体情况分析

南昌轨道交通车辆基地指停车场、车辆段及综合基地,具体包括:1号线瑶湖定修段、1号线蛟桥停车场、2号线红角洲大架修段(已取消,改设生米南综合基地)、3号线设莲塘车辆段和高新停车场、4号线设望城车辆段和高新停车场、1号线北延昌北停车场、2号线东延昌东停车场。控制中心由于部分线路存在共享等情况,故其整体分析见本书第1章节。上盖系统涉及投资运营项目的拆分,例如望城车辆段由于增加上盖开发,概算也进行了调整重新批复。由于本章分析内容不涉及上盖开发,因此采用调整前的概算进行指标对比分析。

车辆段/车辆基地、停车场的项目费用包括生产办公房屋土建、建筑设备工程、工艺设备、场内附属工程等工程费用,以及征地、拆迁、管线改移、绿化补偿等前期工作的相关费用。而合同阶段的招标模式,停车场、车辆段及综合基地常含有轨道、供电专业,故指标分析时口径调整一致。南昌轨道交通车辆基地的构成如图17-1所示。

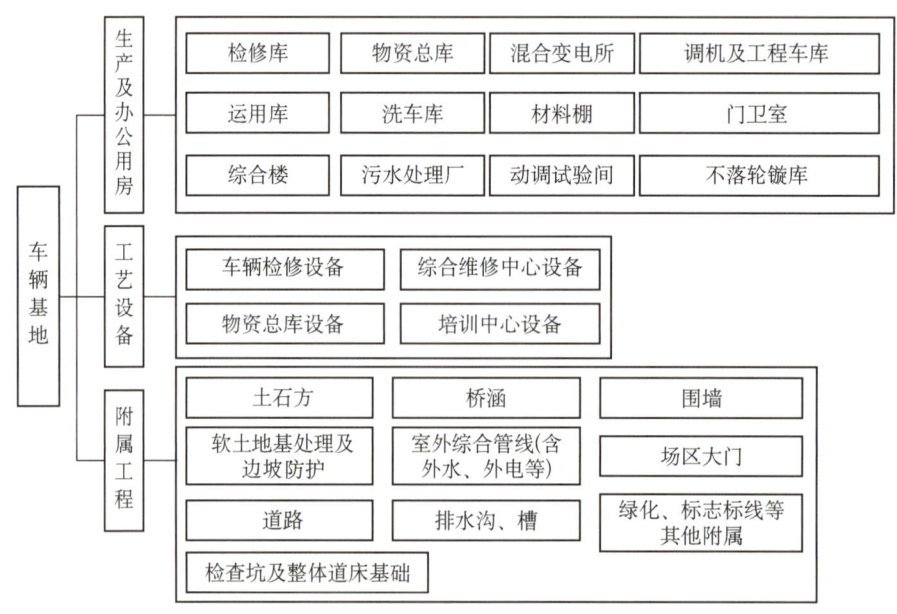

图17-1 南昌轨道交通车辆基地的构成

停车场与车辆段及综合基地的区别：停车场主要是停车之用，只配备停放车辆的股道和一般的车辆维修整备设备，在停车场内仅能完成车辆的运用管理、清洁整备、列车安全检查和月检等日常维修保养工作；车辆段必须配备相应修程的各种检修设备和设施，包括检修库和各种检修线路、各种辅助生产车间和设备以及为车辆检修服务的各种设施，如试车线、镟轮线、给水设备、供电设备和污水处理设备等。

为了充分利用设备、便于管理、节约基建投资，通常将停车场和车辆段合并设置在一起，统称为车辆段。只是在线路太长或车辆段用地面积受限或有运营特殊需要等情况下才设置独立的停车场。

本章按整体指标分析，不包含相关的供电、通信、信号、轨道等专业，这些专业在前述各专业章节中已有详细分析，本章不再赘述。

所有指标将分成三类（停车场、车辆段和综合基地）分别进行分析。

17.1.1 停车场建筑面积指标

南昌轨道交通各条线路的停车场建筑面积指标（二级指标）情况如图 17-2 所示。

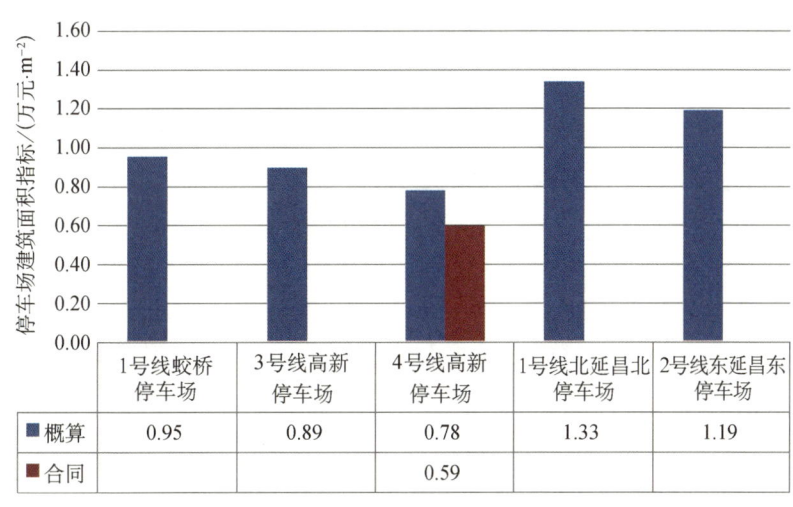

图 17-2 停车场建筑面积指标

从图 17-2 可以看出，停车场建筑面积指标新线较旧线要高，概算阶段指标区间为 0.78 万～1.33 万元/m²，合同阶段指标为 0.59 万元/m²。

17.1.2 车辆段建筑面积指标

南昌轨道交通各条线路的车辆段建筑面积指标（二级指标）情况如图 17-3 所示。

从图 17-3 可以看出，车辆段建筑面积指标概算阶段指标区间为 0.76 万～1.05 万元/m²，合同阶段指标区间为 0.66 万元/m²。

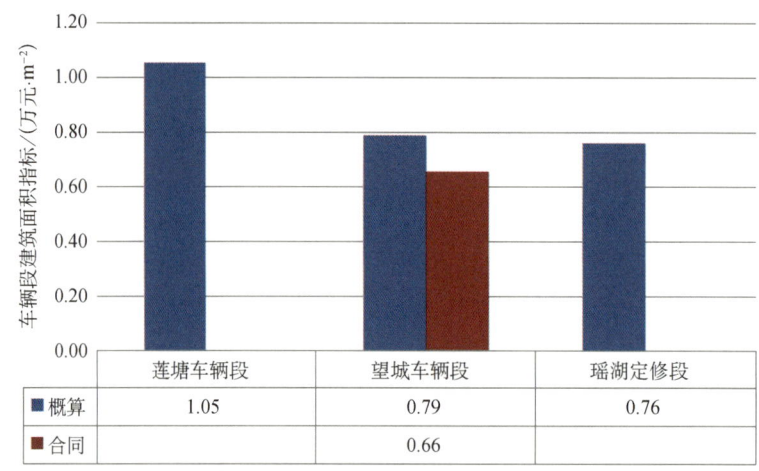

图 17-3　车辆段建筑面积指标

17.1.3　综合基地建筑面积指标

由于目前南昌轨道交通各条线路中综合基地仅有生米南综合基地,指标无对比,故概算阶段指标为 0.72 万元/m²,合同阶段指标为 0.55 万元/m²。

17.2　停车场、车辆段及综合基地三级指标

拆解三级指标,各专业分三大类分别分析,具体包括:①土建及安装;②工艺设备(含厨房设备);③附属(厂区道路、综合管线、绿化等总图工程)。其他附属工程主要包含道路及堆场、排水沟、围墙、围栏、大门、各类建筑设施、绿化、标志标线、车位、桥梁、箱涵、道路、水系等。

17.2.1　费用占比分析

南昌轨道交通各条线路土建及安装工程费用、工艺设备(含厨房设备)费用和附属(厂区道路、综合管线、绿化等总图工程)费用的占比结果如表 17-1 所列。

表 17-1　费用占比分析

专业类别	线路								均值
	1号线(概算)	2号线南延(概算)	2号线南延(合同)	3号线(概算)	4号线(概算)	4号线(合同)	1号线北延(概算)	2号线东延(概算)	
土建及安装	51.49%	49.80%	42.75%	42.28%	53.11%	44.22%	62.30%	48.65%	49.32%
工艺设备(含厨房设备)	23.23%	12.99%	21.41%	20.79%	16.56%	14.99%	10.65%	17.98%	17.33%

(续表)

专业类别	线路								均值
	1号线（概算）	2号线南延（概算）	2号线南延（合同）	3号线（概算）	4号线（概算）	4号线（合同）	1号线北延（概算）	2号线东延（概算）	
附属(厂区道路、综合管线、绿化等总图工程)	25.28%	37.21%	35.84%	36.93%	30.33%	40.79%	27.05%	33.37%	33.35%

从表 17-1 可知，土建及安装占比均值为 49.32%，是停车场、车辆段及综合基地造价的主体部分。其次为附属，占比均值为 33.35%。附属占比高的原因主要是土石方、围护等工程含在附属中。工艺设备占比均值仅为 17.33%。

17.2.2 各专业类别经济分析

1. 土建及安装三级经济指标

1）停车场土建及安装经济指标

停车场土建及安装建筑面积指标如图 17-4 所示，从该图可知，昌东停车场的建筑面积指标最高，这是由于其基坑做法特殊，大基坑围护加底板的费用为 27 526.12 万元，建筑面积指标就有 4 900 元/m²，将之剔除后再分析，其他线路的停车场土建及安装经济指标就较为稳定。概算阶段指标区间为 0.41 万～0.54 万元/m²，合同阶段指标为 0.4 万元/m²。

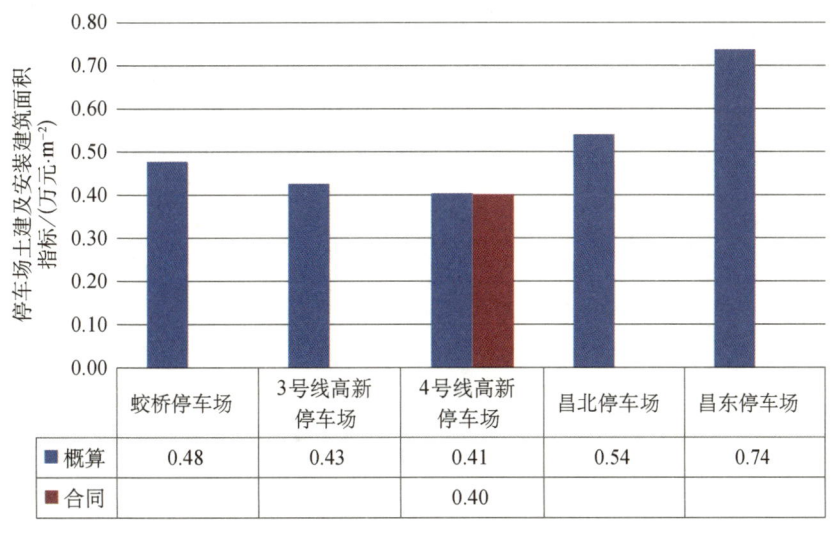

图 17-4 停车场土建及安装建筑面积指标

2) 车辆段土建及安装经济指标

车辆段土建及安装建筑面积指标如图 17-5 所示，从图中可知，车辆段土建及安装建筑面积指标概算阶段指标区间为 0.33 万～0.43 万元/m²，合同阶段未分析。另外，由于望城车辆段包含了上盖开发的内容，因此对应该车辆段的概算部分以调整前的概算为准。

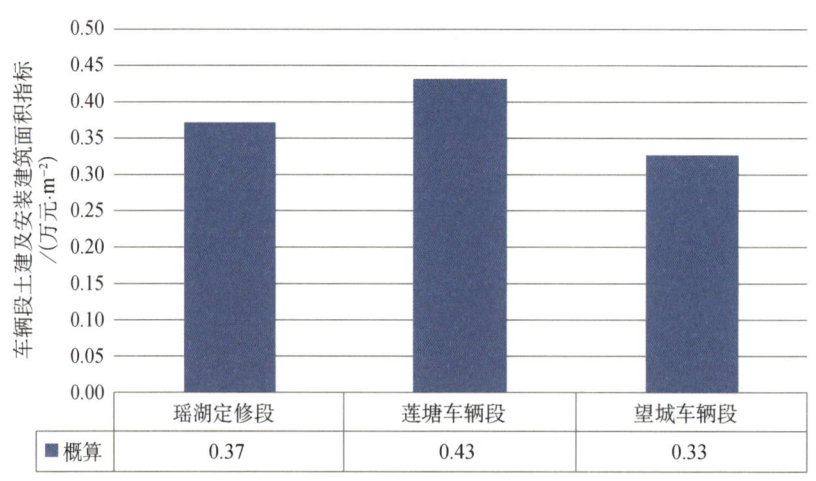

图 17-5　车辆段土建及安装建筑面积指标

3) 综合基地土建及安装经济指标

由于目前南昌轨道交通各条线路中综合基地仅有生米南综合基地，指标无对比，故概算阶段土建及安装建筑面积指标为 0.33 万元/m²。

2. 工艺设备三级经济指标

工艺设备合同由于分散在各个机电设备合同中，且合同阶段的统计资料无概算阶段规律，因此，仅作概算阶段的分析。一般而言，从功能角度分析，车辆段、综合基地的工艺设备数量及造价要明显高于停车场。在进行建筑面积指标分析时，发现指标较为离散，如图 17-6 所示。另外，从场段指标来看，新线路指标即 1 号线北延昌北停车场、2 号线东延昌东停车场的场段指标均达到 7 000 万元/段；望城车辆段指标为 19 000 万元/段，瑶湖定修段指标为 15 000 万元/段；生米南车辆基地指标为 18 807 万元/段。

3. 附属三级经济指标

南昌轨道交通各条线路的建筑面积指标差异明显，这和厂区选址规划方案、土石方工程量大小、地基加固方式、围护工程形式、边坡防护等均有较大关系。仅以距今时间较近的新线路为例，以其指标作为参考：1 号线北延昌北停车场占地面积指标为 1 427.62 元/m²、2 号线东延昌东停车场占地面积指标为 1 393.63 元/m²。

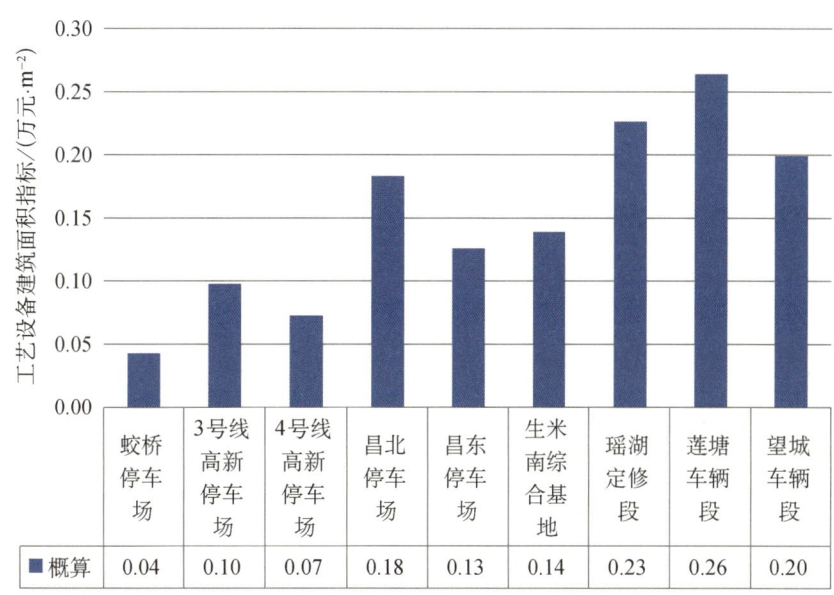

图 17-6 各线路停车场、车辆段、综合基地工艺设备建筑面积指标

17.3 停车场、车辆段及综合基地四级指标

17.3.1 土建及安装四级经济指标

该部分的经济指标以建筑面积指标为准,指标包括土建工程(含装修)指标、安装工程指标(包含动力照明、通风空调、给排水和消防工程)。由于样本数量少,故指标取样本平均值,而不做 SPSS 分析。土建及安装四级经济指标如表 17-2 所列。

表 17-2 土建及安装四级经济指标　　　　单位:元/m²

指标名称	概算阶段指标
生产及办公用房土建(含装修)指标	2 885
其中:(1) 联合检修库土建指标	2 786
(2) 运用库土建指标	2 916
(3) 综合楼土建指标	2 527
(4) 物资库土建指标	2 757
(5) 食堂公寓等土建指标	2 507
生产及办公用房安装指标	766

(续表)

指标名称	概算阶段指标
其中:(1) 动力照明	336
(2) 通风空调	230
(3) 给排水消防	200

注:表中土建建筑面积指标仅给出重点关注的五个建筑物单体:联合检修库、运用库、综合楼、物资库和食堂公寓。其他简单的建(构)筑物可参照食堂公寓指标。

17.3.2 工艺设备四级经济指标

车辆段工艺设备一般由车辆检修设备、综合维修中心设备、物资总库设备和培训中心设备等组成。

停车场工艺设备一般由车辆检修设备、综合工区设备等组成,其指标较车辆段低。

以望城车辆段为例,其工艺设备四级经济指标如表17-3所列。

表17-3　望城车辆段工艺设备四级经济指标　　单位:万元/段

指标名称	概算阶段指标
车辆段工艺设备	19 726
其中:(1) 车辆检修设备	17 154
(2) 综合维修中心设备	1 497
(3) 物资总库设备	968
(4) 救援设施设备	108

由于停车场、车辆段相关工艺设备的特殊性,故选取主材、设备费用中占比较大的常见关键设备,给出其在概算阶段和合同阶段的平均单价作为参考,详见表17-4。

表17-4　常见关键设备在概算和合同阶段的经济指标

	工程设备、材料名称	单位	概算阶段指标单价	合同阶段指标单价
停车场	固定式架车机	万元/台	900	710
	轮对受电弓动态监测设备	万元/套	650	368
	内燃调机	万元/台	450	423
	洗车机(含手动葫芦)	万元/套	450	160
	数控不落轮镟床	万元/台	890	767
	公铁两用车	万元/台	170	162

(续表)

	工程设备、材料名称	单位	概算阶段指标单价	合同阶段指标单价
车辆段	不落轮镟床	万元/台	1 200	767
	洗车机	万元/台	390	160
	轨道车	万元/台	475	320
	立体仓储设备	万元/套	650	855
	轮对踏面在线检测设备	万元/套	500	368
	固定式架车机组	万元/套	1 000	710
综合基地	不落轮镟床	万元/台	1 000	767
	公铁两用车	万元/台	200	190
	整体式地下架车机组	万元/台	1 000	710
	堆垛机	万元/套	60	44
	蓄电池叉车	万元/套	9	28
	内燃叉车 2 t	万元/台	20	21
	轨道车 400 kW	万元/套	300	320
	内燃调机	万元/套	400	326
	洗车机	万元/台	300	140
	轮对检测装置	万元/套	600	368

17.3.3 附属工程四级经济指标

在三级指标分析中可知，附属工程专业较多且杂，包含的工作内容有场区地基加固、围护及边坡防护、土石方工程、场区道路、综合管线、绿化、室外给排水、绿化、围墙工程、大门和标志标牌等。若涉及特殊地质还有可能包含河道整治、清淤换填等工作内容。因此，附属工程四级指标着重分析一些具有代表性的指标以供参考。汇总分析南昌轨道交通各条线路的停车场和车辆段，可得附属工程四级经济指标如表 17-5 所列。

表 17-5 部分附属工程在各条线路停车场、车辆段的指标

指标名称	单位	概算指标
土石方工程	元/m³	50
场区道路工程	元/m²	320
绿化	元/m²	180
围墙工程	元/m	1 100~1 200

第 18 章 人防工程单位站点指标

18.1 人防工程二级指标

人防工程是指为保障战时人员与物资掩蔽、人民防空指挥、医疗救护而单独修建的地下防护建筑,以及结合地面建筑修建的战时可用于防空的地下室。

在轨道交通工程中,人防工程具体指的是一个地下车站加相邻区间隧道作为一个防护单元,在两个防护单元之间的两个区间隧道正线上各安装一道用于区间防护的密闭门,该防护密闭门即为各防护单元之间的分界。在过江、过河水下隧道两端的车站内还需设置防淹门,以免灾害发生时,江河水入侵车站及其他区间。

南昌轨道交通各条线路人防工程单位站点指标差异较大,但概算阶段整体指标呈上升趋势,原因是人防技术标准的不断提高,具体指标如图 18-1 所示。

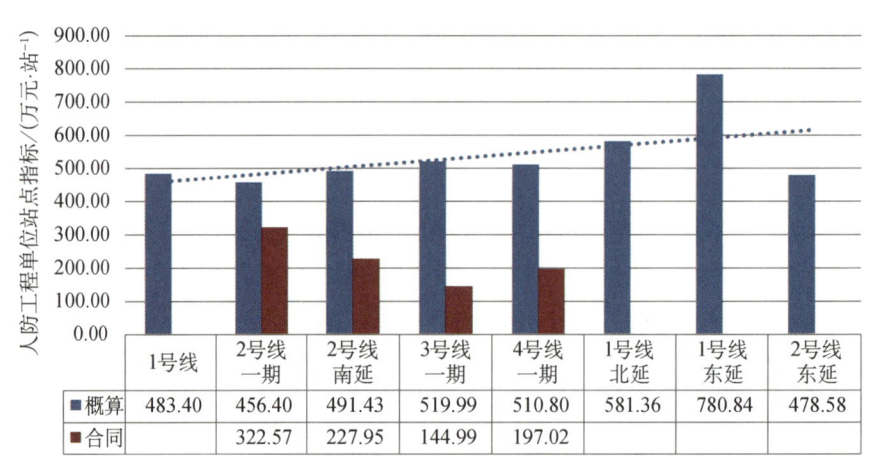

图 18-1 各条线路人防工程单位站点指标

从图 18-1 可以看出,指标存在一定的差异,具体分析如下:

（1）1 号线东延概算指标偏高,原因是 1 号线东延仅有两个站,其中瑶湖西和瑶湖东需穿越瑶湖,根据人防设计规范需设置防淹门来代替普通区间隔断门,在扣除防淹门较普通隔断门差价 120 万元/樘后,修正指标为 540 万元/站。

（2）人防的概算指标一直比较稳定,而市场由于受放开政策的影响,从 2 号线南延开始之后一直维持在一个相对市场化的水平上,从而导致概算价和合同价偏差较大的情况。

(3) 以在建线路为统计样本,不考虑年代久远的线路指标,即去除 1 号线、2 号线一期和 2 号线南延的数据,人防工程指标建议取值范围:概算阶段为 478.58 万～581.36 万元/站,合同阶段为 144.99 万～197.02 万元/站。

18.2 人防工程三级指标

通过组价分析发现,人防工程中人防设备的费用占比较高,安装费用占比较低,而人防主要设备为密闭门和隔断门。因此,人防工程三级指标着重给出常见的人防密闭门、隔断门的单价指标,以及防淹门设备的单价指标。

人防主要设备密闭门和隔断门的单价指标如表 18-1 所列。

表 18-1 人防主要设备密闭门和隔断门的单价指标　　　　单位:万元/樘

设备名称	概算阶段指标	合同阶段指标
钢结构无门槛双扇防护密闭门 BGFM5026-15	9.5	6.3
钢结构无门槛双扇密闭门 BGM5026	9.4	5.47
清洁式通风单扇防护密闭门 BFDFM3040-15	24	5.33
进风机单扇密闭门 BJDM3040	18	5.1
排风机单扇密闭门 BPDM3040	17.76	5
防护密闭封堵板 BDB5035	12.6	4.68
钢结构双扇防护密闭门 BGKFM4040-15	12.8	7.84
钢结构单扇防护密闭门 BGDKFM3040-15	10.2	5.59
区间隔断门 BQDWFM3845-05	42	12.64

防淹门单价指标如表 18-2 所列。

表 18-2 防淹门单价指标　　　　单位:万元/樘

设备名称	数量	概算阶段指标	合同阶段指标
防淹门	4	156.67	104.35

第19章 工程建设其他费、基本预备费、专项费用

19.1 工程建设其他费指标概述

就工程建设其他费而言,南昌轨道交通各条线路个性化较强,不论是单位站点指标还是正线公里指标线路间的可比性都不大,横向对比情况分析如图19-1所示。另外,由于合同阶段工程建设其他费合同数量较多,还存在部分概算内的项目未完成招标的情况,因此,合同阶段仅针对已经招标的项目,在三级指标中与概算做对比,以做参考。从图19-1可以看到,工程建设其他费正线长度指标从11 239.0万～27 685.5万元/正线公里,指标的区间范围是比较广的,这主要是因为各条线路正线长度差异化明显(站间距、线路区域位置等对长度均有影响),而工程建设其他费占线路长度指标未能准确反映实际情况。

通过分析工程建设其他费可以发现,其占总投资的比例较为稳定,因此以占比作为指标更具实际意义。概算阶段工程建设其他费占总投资的比例为26.06%,合同阶段由于还未到财务决算这一步,因此工程建设其他费未完成合同收集工作。以现有资料来看,较概算阶段还有结余。

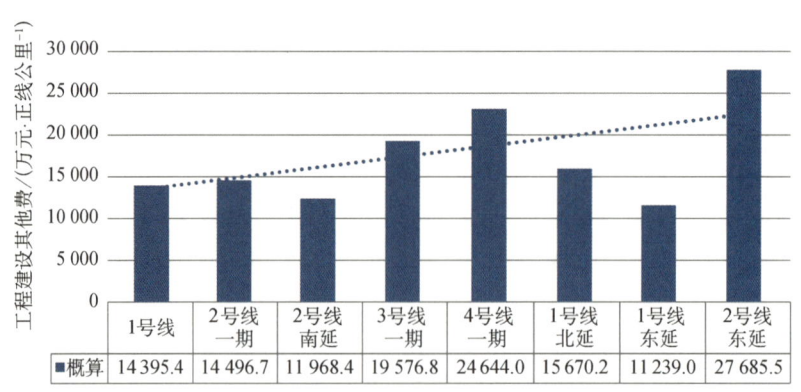

图19-1 各条线路工程建设其他费

19.2 工程建设其他费三级指标

一般,业内称工程建设其他费为二类费用,这部分费用多且杂,它是除建安工程费、设

备购置费、基本预备费和专项费用以外的,为保证工程建设顺利完成和交付使用后能够正常运行而发生的各项费用。这部分费用除了前期费用(征地拆迁补偿、管线搬迁补偿),剩余绝大部分在概算阶段是以费率的形式记取的。

19.2.1 征地动迁

南昌轨道交通各条线路动拆迁指标如图 19-2 所示。

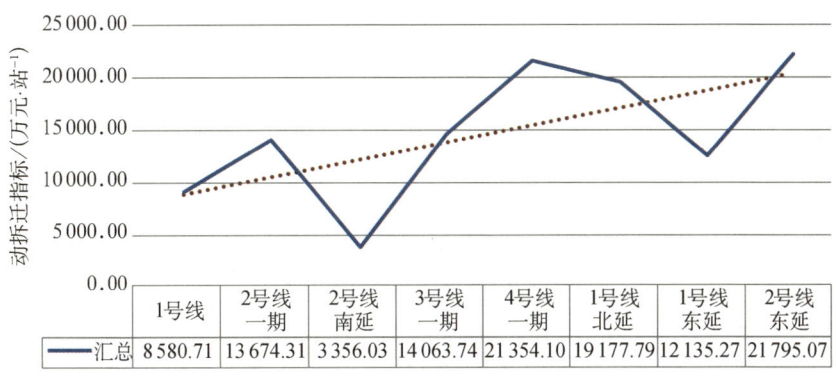

图 19-2 各条线路动拆迁指标

由图 19-2 可知,除 2 号线南延以外,其他线路指标整体呈上涨趋势。征地动迁经济指标最低为 8 580.71 万元/站,最高达到 21 795.07 万元/站。2 号线南延由于整条线路均位于郊区,涉及征地拆迁面积少,因此指标较低。拆解指标可按表 19-1 南昌市政府有关文件规定的标准来计算费用。

表 19-1 南昌市征地动迁经济补偿指标

名称	单位	概算指标
一、土地征用及补偿费	万元/亩	39.47
其中:(1) 集体土地	万元/亩	30.00
(2) 国有土地	万元/亩	100.00
二、临时占地费	万元/(m^2×月)	0.001
三、建(构)筑物拆迁补偿	万元/m^2	1.37
其中:(1) 住宅类	万元/m^2	1.50
(2) 商铺	万元/m^2	3.60
(3) 办公楼	万元/m^2	1.20
(4) 宅基地	万元/m^2	0.60
(5) 其他	万元/m^2	0.91

19.2.2 管线搬迁

南昌轨道交通各条线路概算阶段管线搬迁指标如图 19-3 所示。

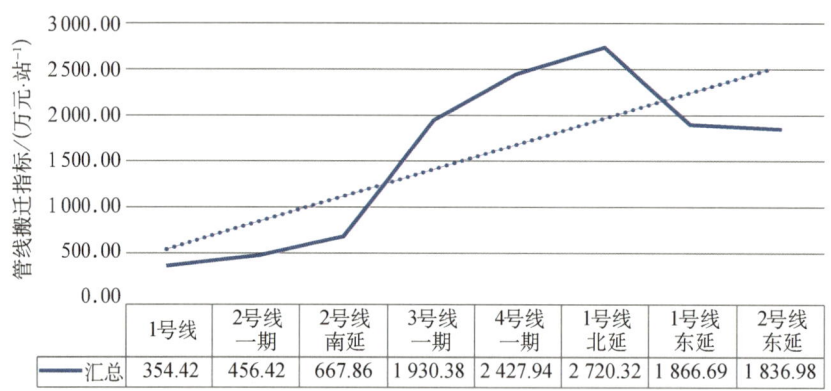

图 19-3　各条线路管线搬迁指标

如图 19-3 所示,管线搬迁指标各线路数据整体随着编制年份的递进,指标呈上涨趋势,概算阶段指标区间为 354.42 万～2 720.32 万元/站。

区间形式及穿越地段城市的建设发达程度对指标均有较大影响,例如,4 号线一期和 1 号线北延有部分高架和暗埋区间,其指标明显高于全地下线。

19.2.3　采用费率取费或估价的工程建设其他费

以下罗列了轨道交通常见的 20 项采用费率取费或是估价费用的工程建设其他费项目。一般而言,建设单位在编制概算阶段会根据实际情况酌情增减,费率依据为行业内收费标准或南昌市政府指导价格文件;合同阶段的费用使用情况则依据相关二类费用合同的签订情况,通常较概算阶段有结余。

(1) 场地准备费按工程费用的 1.5% 计列。

(2) 项目建设管理费:指项目建设单位从项目筹建之日起至办理竣工财务决算之日止所发生的管理性质的支出,按工程费用与管线迁改费用之和的 2.5% 计列。

(3) 建设工程监理与相关服务费:根据国家发改委、建设部关于印发《建设工程监理与相关服务收费管理规定》的通知(发改价格〔2007〕670 号),按标段分别计算后汇总,一般为工程费用的 1.8%。

(4) 招标代理及交易服务费:根据国家计委关于印发《招标代理服务收费管理暂行办法》(计价格〔2002〕1980 号)计取,一般为工程费用的 0.2%。

(5) 前期工作费:指建设项目前期工作所支付的咨询服务费用,包括建设项目专题研究、编制和评估项目建议书、编制和评估可行性研究报告,以及其他与建设项目前期工作有关的咨询服务费用,具体费用根据国家计委关于印发《建设项目前期工作咨询收费暂行规定》的通知(计投资〔1999〕1283 号)及国家计委、国家环境保护总局《关于规范环境影响咨询收费有关问题的通知》(计价格〔2002〕125 号)等规定计取。

(6) 研究试验费:指为项目实施所需而进行的相关研究试验费用。

(7) 勘察设计费:根据国家计委、建设部关于发布《工程勘察设计收费管理规定》(计价格〔2002〕10 号),一般勘察费用为工程费用的 0.8% 计列,设计费为工程费用的 4%。

(8) 引进技术及引进设备其他费:按照合同及国家有关规定计算。按引进设备费用的 1%~1.5% 计列。

(9) 联合试运转费:综合联调费按设备购置费与车辆购置费之和的 1.5% 计列;试运转费包含试运行费和试运营费,试运行费按 10 万元/(正线公里×月)计算(按 3 个月考虑),试运营费按 15 万元/(正线公里×月)计算(按 12 个月考虑)。

(10) 生产准备及开办费

① 生产职工培训费:按设计确定的定员人数×60%×30 000 元计列。

② 生产办公、生活家具用具购置费:按设计确定的定员人数×9 000 元计列。

③ 工器具购置费:按设计确定的定员人数×4 500 元计列。

(11) 设计咨询费:按工程费用的 0.35% 计列。

(12) 工程保险费:按费用总额的 0.6% 计列。

(13) 施工图审查费:按勘察设计费用的 6.5% 计列。

(14) 白蚁防治费:依据南昌市相关文件规定计列。

(15) 安全生产保障费:按建筑、安装工程费用的 1% 计列。

(16) 工程造价咨询费:按工程费用的 0.4% 计列。

(17) 专项检测及验收费:包括房屋鉴定费用、规划、工程质量、消防、职业安全、卫生防疫、统计、环境保护、竣工档案、人防、竣工决算审计、通信、供电、市政给排水等的检测费及验收费等,按 70 万元/站计列。

(18) 过铁路等配合费、文物保护费:依据南昌当地有关规定计列。

(19) BIM 及信息化费用:依据南昌当地有关规定计列。

(20) 在建工程安全质量远程视频监控费用:按第一部分建筑工程费、安装工程费之和的 0.3% 计列。

(21) 公交一体化:按 50 万元/站计列。

19.3　基本预备费

南昌轨道交通各线路基本预备费均按(工程费用+工程建设其他费)×5% 计取,合同阶段由于结算未全部完成,不做具体分析。以目前结算阶段进度来看,基本预备费的使用情况是有结余的。

19.4 专项费用

19.4.1 车辆购置费

南昌轨道交通各条线路车辆购置费指标如图 19-4 所示，所有线路的概算指标均为 650 万元/辆，合同阶段的指标范围为 616.6 万～625.61 万元/辆。

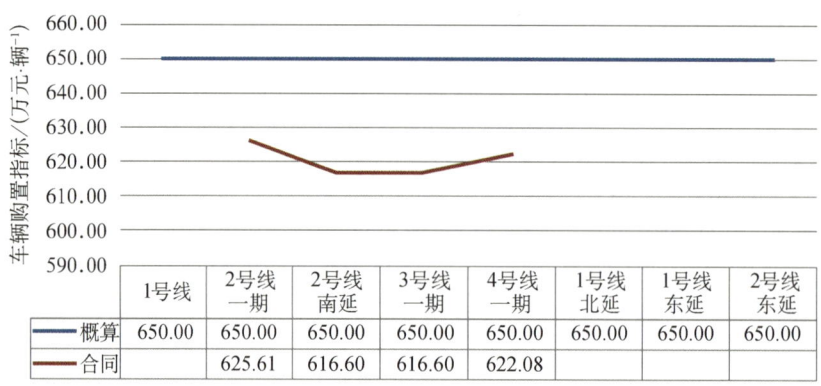

图 19-4　各条线路车辆购置费指标

19.4.2 建设期贷款利息

如图 19-5 所示，各条线路建设期贷款利息概算指标整体呈上涨趋势，而合同阶段由于均未到财务决算这一步，因此不做分析。建设期贷款利息主要与贷款比例、贷款利率和建设工期有关，贷款比例越大、贷款利率越高、建设工期越长，则建设期贷款利息越高。一般而言，建设期贷款利息占总投资的比例为 5.2%～9.1%。

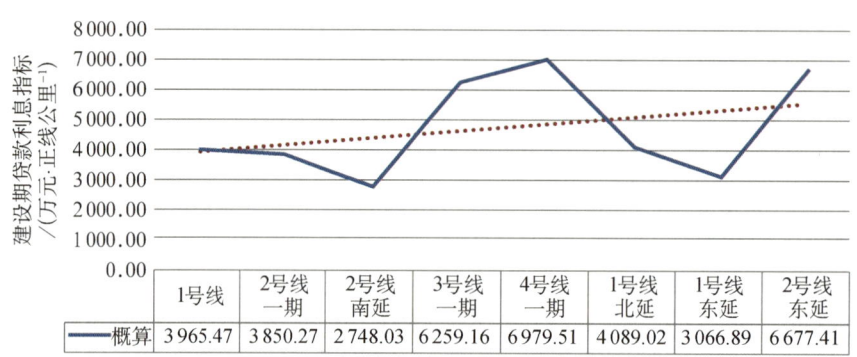

图 19-5　各条线路建设期贷款利息指标

19.4.3　铺底流动资金

南昌轨道交通各条线路的铺底流动资金概算阶段均按"车辆购置数×10 万元/辆"计入,而已运营线路实际执行过程中铺底流动资金均不设费用条目。

第20章 限额分解示例及展望

20.1 限额分解

基于前述各部分的占比情况,汇总各专业到三级的 WBS 结构数据,体现总限额(总投资数或单位正线公里投资指标)的分解路径,从而达到主动约束各专业设计限额的目的。以下通过案例对各级结构分解做一示意。

案例:以正线公里指标为例,假设一条线路的总投资控制限额指标为 120 000 万元/正线公里。注意:部分三级指标的计量单位个性化较为突出,比如单位立方米投资、单位平方米投资等,建议在三级限额分解时可用绝对数投资进行分解,以规避单位不统一的问题或者直接参考指标分析汇总表中的建议指标来进行适应性的投资约束。

(1) 一级各章节的建议指标可分解为:

第一部分建安工程费:120 000×56.02% = 67 224 万元/正线公里;

第二部分工程建设其他费:120 000×26.06% = 31 272 万元/正线公里;

第三部分基本预备费:120 000×4.06% = 4 872 万元/正线公里;

第四部分专项费用:120 000×13.86% = 16 632 万元/正线公里。

(2) 二级各章节的建议指标可分解为如表 22-1 所列。

表 22-1 二级各章节的建议指标分解　　　　　　　　　　单位:万元/正线公里

序号	专业	占总投资比例	分解指标
1	车站土建	16.19%	19 428
2	车站装修	1.85%	2 220
3	区间	13.96%	16 752
4	轨道	2.69%	3 228
5	通信系统	1.81%	2 172
6	信号系统	1.95%	2 340
7	供电(不含动照)	4.98%	5 976
8	动力照明	1.88%	2 256
9	设备监控及集成系统 ISCS(含车站级 BAS)	0.61%	732

(续表)

序号	专业	占总投资比例	分解指标
10	防灾报警	0.28%	336
11	安检设备及门禁	0.24%	288
12	通风空调	1.23%	1 476
13	给排水消防	0.55%	660
14	气体灭火	0.20%	240
15	自动售检票	0.84%	1 008
16	车站辅助设备	1.55%	1 860
17	控制中心/房屋建筑	0.47%	564
18	车辆段与综合基地	4.23%	5 076
19	人防	0.51%	612
20	动迁	14.68%	17 616
21	管线搬迁	1.54%	1 848
22	除动迁、管线外其他	9.84%	11 808
23	基本预备费	4.06%	4 872
24	车辆购置费	6.60%	7 920
25	建设期利息	7.16%	8 592
26	铺底流动资金	0.10%	120

(3) 三级各章节的指标分解以车站土建为例：

主体围护工程 = 车站土建指标 19 428 万元/正线公里 × 26.23%
= 5 095.96 万元/正线公里；

主体土方、支撑及降水 = 车站土建指标 19 428 万元/正线公里 × 14.12%
= 2 743.23 万元/正线公里；

主体结构 = 车站土建指标 19 428 万元/正线公里 × 32.22%
= 6 259.70 万元/正线公里。

附属（含附属围护、加固、结构）= 车站土建指标 19 428 万元/正线公里 × 24.79%
= 4 816.20 万元/正线公里。

……

以此类推可进行其他专业的各分部分解，但由于三级层面的正线公里指标实际参考意义有限，工程实践过程中此层面均以各部分的具体单位经济指标作为控制参考，因此可过渡到直接采用指标分析中的相关建议指标并进行必要调整后来作为具体投资控制的限额要求。

20.2 展望

本书所得分析结果将作为后续线路限额设计的参考,不仅可以沿用各部分结构占比进行限额分解,也给出了基于多条线路各阶段数据的指标范围;同时,五级数量指标表可用作数量查询参考,一方面积累数据,另一方面便于后续线路进行投资控制。

本书所做的分析是基于目前"大数据"的时代背景,利用南昌轨道交通多年积累的投资控制基础数据,在进行系统的整理分析后,从中寻找有价值的规律和参考范围。若能与相关软件公司合作,则可在前期已梳理的基础数据上扩充后续线路数据样本,并借助信息化手段,结合市场信息价的变化来建立相关投资预测模型,从而进一步提高投资控制的智能化水平。

参考文献

[1] 杜强,贾丽艳. SPSS 统计分析:从入门到精通[M]. 北京:人民邮电出版社,2009.
[2] 王立勇. 城市轨道交通工程技术经济指标[M]. 北京:中国建筑工业出版社,2016.
[3] 马小燕,罗滔,滕佳慧. 上海轨道交通中建安工程费中轨道部分经济指标估算模型分析[J]. 工程经济,2021,31(2):9-12.